CASA DE SANTOS DUMONT

NATAL RN
PIPA RN

1.000
lugares
fantásticos
no Brasil
EDITORA
GLOBO

mil vezes mil

O que alguém que já deu a volta ao mundo pode dizer de seu país? Que é o lugar mais bonito do mundo? E, se eu dissesse isso, você acreditaria? Pois isso é o que digo pelos quatro cantos do planeta.

Quanto mais longe do Brasil, mais abstrata é a idéia que as pessoas têm dele. Há um misto de estranheza, curiosidade, fascínio e até um certo desdém, como se a pessoa já estivesse pronta para ouvir sobre o quanto ele é maravilhoso.

Do Uzbequistão ao Chile, não há quem não diga que um dia quer conhecer o nosso país. Eles sabem que o Brasil é enorme, mas pensam que é possível entendê-lo com uma simples passadinha por um dos cantos desse imenso território. Boa sorte...

Isso me faz lembrar um episódio curioso que presenciei quando gravava a terceira temporada de *No Limite* na ilha de Marajó. A equipe – que, como eu gosto de brincar, não estava concorrendo a prêmio nenhum e, portanto, não precisava passar por privações – ficava hospedada numa pousada a cerca de 40 minutos dos locais de gravação (entre trechos de ônibus, barco e jipe). De vez em quando, chegava à pousada um grupo de turistas japoneses, vindo da Venezuela e que terminava sua viagem no Pará. Riam muito de tudo, é claro, bem como tiravam centenas de fotos. E depois voltavam para o Japão.

E eu ficava imaginando: quando alguém perguntasse a um deles como era o Brasil, o que eles descreveriam? Os rios que cortam a Ilha de Marajó? A mata densa que atravessaram para chegar lá? A dança do peru de Atalaia? O Brasil, é claro, também é isso. Mas não é só isso!

Amigos estrangeiros que vêm me visitar sempre me perguntam: "Como posso conhecer bem o Brasil em dez dias?". Isso me deixa aflito. Dez dias? Eles sempre querem começar pelo Rio, a primeira cidade presente no imaginário do turista que quer vir até aqui. Com certa dificuldade, eu insisto para que passem pelo menos duas noites em São Paulo para conferir a energia da cidade. E depois? Pelourinho, em Salvador? Cidades históricas de Minas? Missões gaúchas? Chapada dos Guimarães? Lençóis Maranhenses? Praia Mole, em Florianópolis? Rio São Francisco? E o Amazonas, como deixar o Amazonas de fora?

Além disso, há uma infinidade de experiências. Como escolher entre tantas boas opções? Ver o sol se pôr em Bonito (Mato Grosso do Sul), visitar uma tribo indígena na Ilha do Bananal (Tocantins), explorar o Museu da Língua Portuguesa na capital paulista, sobrevoar as Cataratas do Iguaçu (Paraná), saltar de asa-delta da Pedra da Gávea (Rio de Janeiro), descer as ladeiras de Olinda (Pernambuco) ou passar o dia sem fazer nada em Alter do Chão (Pará)? E esta é uma lista enxuta...

Felizmente, com este livro, as coisas vão ficar mais fáceis quando me pedirem uma boa dica. Ou será que ficarão mais difíceis? Basta abri-lo numa página aleatória e puxar uma sugestão, sem medo de errar. Mas escolher entre mil lugares?

Aliás, não é só o visitante estrangeiro que vai se ver diante do desafio de conhecer mil lugares fantásticos pelo Brasil. Nós que nascemos, moramos e tanto viajamos por aqui, quantos desses mil lugares conhecemos? Pode deixar que eu serei o primeiro a deixar o constrangimento de lado e assumir: não conheço nem a metade.

Lembro com grande satisfação de como surgiu, em meados de 2006, a idéia de relacionar mil lugares fantásticos do Brasil. Procurávamos, no *Fantástico*, um bom roteiro para ilustrar (e mostrar no programa) alguma atividade nas férias de julho. Queríamos eleger alguns lugares que pudessem levar o título de "fantástico". E logo veio a idéia de pedir a ajuda dos internautas, que sempre têm uma participação enorme no *site* do programa. Então pensamos alto: já que íamos pedir a ajuda deles, que são sempre tantos, por que não pegar carona nessa mania mundial de listas e escolher logo mil lugares?

As sugestões começaram a chegar rapidamente. Foram mais de seis mil e-mails, e logo nos deparamos com um pequeno problema: muitos deles indicavam lugares repetidos (porque os lugares tinham admiradores fervorosos ou porque eram realmente tão fantásticos que chamavam a atenção de muitas pessoas). Continuamos recebendo dicas dos internautas até outubro, quando uma equipe afinadíssima completou a lista – e criou o serviço: onde ficam esses lugares, porque é tão interessante visitá-los e quais as informações práticas para quem quer conhecê-los.

Agora é com você: experimente a sensação (que eu experimentei acompanhando os trabalhos deste livro e do site do *Fantástico* na internet) de que ainda falta tanta coisa legal para conhecer nesse Brasil. O constrangimento de não ter visitado nem a metade dos lugares da lista (no meu caso, nem um terço!) vai imediatamente se transformar num desafio. Estou certo de que, como eu, você vai querer não apenas "conquistar" esses lugares, mas também somar novas descobertas a esta lista. Quem sabe não descobrimos dois mil lugares fantásticos no Brasil? Cinco mil? Vinte mil? Cem mil? Pensa que foi à toa que eu brinquei, no título dessa introdução, com a expressão "mil vezes mil"?

Eu agora quero levar este livro mundo afora. São tantas voltas que eu ainda quero dar... E quero, sobretudo, folheá-lo displicentemente, para estar com a resposta na ponta da língua da próxima vez que alguém me perguntar se nosso país é mesmo bonito: o Brasil é mais que bonito. Ele é fantástico!

Zeca Camargo

COMO CONSULTAR

Para facilitar a consulta e evitar classificações comparativas, os 1.000 lugares são apresentados em ordem alfabética, numerados de forma crescente.

As consultas podem ser feitas a partir do número encontrado nos mapas das regiões ou por ordem alfabética na relação de 1 a 1.000 lugares.

Para que atrações como praias, cachoeiras, igrejas e museus (presentes em grande quantidade no livro) não fossem relacionadas em seqüência, os lugares foram ordenados pelo nome.

VEJA ALGUNS EXEMPLOS:

Ipanema – praia – Rio de Janeiro, RJ.
N.S. do Pilar – igreja – São João del Rey, MG.
Arthur de Azevedo – teatro – São Luís, MA.
Véu da Noiva – cachoeira – Chapada dos Guimarães, MT.
Caracol – parque – Canela, RS.

IMPORTANTE: nos casos em que os lugares são reconhecidos claramente pelo seu nome completo, mantivemos como tradicionalmente são chamados. Exemplos: Ilha do Mel e Ilha Fiscal.

Mapas de regiões

Nas páginas iniciais você encontra mapas das cinco regiões do país, acompanhados da relação de lugares pertencentes a cada região, Estado por Estado, em ordem alfabética e com os números com que aparecem na relação de 1 a 1.000. No interior dos mapas, localizamos os lugares e/ou as cidades a partir das quais se pode alcançá-los.

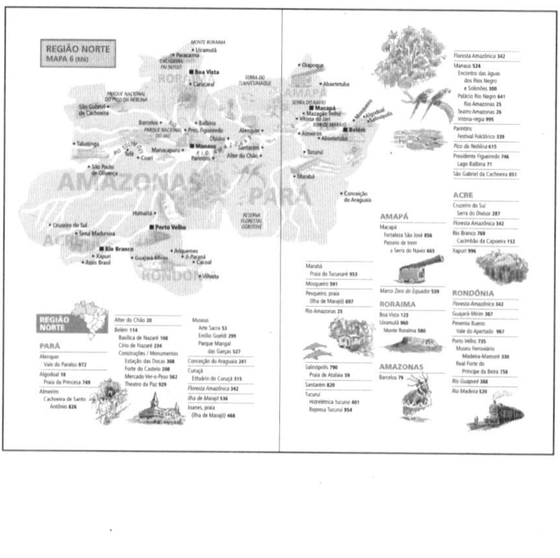

192

415. Ilha do Farol – praia – Arraial do Cabo, RJ (M3). 140 km de Rio de Janeiro e 14 km de Cabo Frio (mais 40 min de barco). De areia branca e fina, tem águas calmas e transparentes. Antes de agendar o passeio de barco é preciso obter uma autorização da Marinha local para desembarcar na Ilha. Veja também Arraial do Cabo.
O que há de fantástico? É considerada uma das praias mais limpas do país.

416. Ilha do Mel – Paranaguá, PR (M2). 130 km de Curitiba (mais 30 min de barco ou 1h30 de barco de Paranaguá; carros não transitam na Ilha). As riquezas ecológicas são incontáveis – praias de areia branca, grutas, ricas fauna e flora. Os golfinhos aparecem de dia e nas noites mais escuras os *"spyro gyros"* brilham na água e na areia. A infra-estrutura concentra-se nas vilas Encantadas e Nova Brasília. Veja também Farol das Conchas e Mirante da Fortaleza.
O que há de fantástico? Muito preservada, oferece trilhas, passeios de barco pelas águas calmas, esportes radicais, surfe e monumentos históricos.

417. Ilha Fiscal – museu – Rio de Janeiro, RJ (M3). Localizado na Baía de Guanabara, próximo ao centro. Abriga um castelo inaugurado em 1889 com a maior festa feita pela Coroa, com 5 mil convidados. O Baile da Ilha Fiscal tinha o objetivo de fortalecer a Monarquia, que caiu seis dias depois da festa. Recuperado em 2001, o castelo reúne rica coleção de vitrais, trabalhos em cantaria, pinturas e piso de parquê do torreão. A travessia é feita em uma escuna, que parte do cais do Espaço Cultural da Marinha. É cobrado ingresso. Veja também Rio de Janeiro.
O que há de fantástico? O castelo neogótico, inspirado nas obras francesas do século XIV, era uma das construções preferidas do Imperador D. Pedro II.

418. Ilha Grande – Angra dos Reis, RJ (M3). 125 km do Rio de Janeiro (mais 1h30 de barco de Angra dos Reis; carros não circulam na ilha). Reúne 86 praias com as características mais variadas, com enseadas, rios, lagoas, cachoeiras, planícies, montanhas, picos e Mata Atlântica. Parte de seu território pertence ao Parque

Ícones de identificação

Na relação de 1 a 1.000, cada lugar é precedido por um ícone que identifica o tipo de atração que representa e por seu respectivo número. A seguir são apresentados o nome, a cidade (quase sempre) e o Estado em que se localiza, o mapa da região a que pertence e as distâncias, da capital e, quando necessário, da principal cidade mais próxima. No final de cada verbete é destacado o que há de fantástico naquele lugar.

AS REGIÕES DO BRASIL

A localização dos *lugares fantásticos* ou dos pontos de acesso mais próximos a eles está nos mapas das cinco regiões do Brasil apresentados nas páginas seguintes.

Os mapas estão numerados de 1 a 6, sendo o número 1 o desta página – o Brasil dividido em suas cinco regiões. Os mapas das regiões têm as seguintes numerações, pela ordem de apresentação, de Sul para Norte.

MAPA 2 (M2): Região Sul
MAPA 3 (M3): Região Sudeste
MAPA 4 (M4): Região Centro-Oeste
MAPA 5 (M5): Região Nordeste
MAPA 6 (M6): Região Norte

As abreviaturas **(M2)** a **(M6)** você encontrará à frente dos nomes dos lugares, na apresentação em ordem alfabética e numérica dos *1.000 lugares fantásticos*, o que significa que você deverá procurar sua localização no respectivo mapa.

Se você quiser começar a consulta pelos mapas das regiões, junto de cada um aparece a relação dos *lugares fantásticos* por estado e o seu respectivo número.

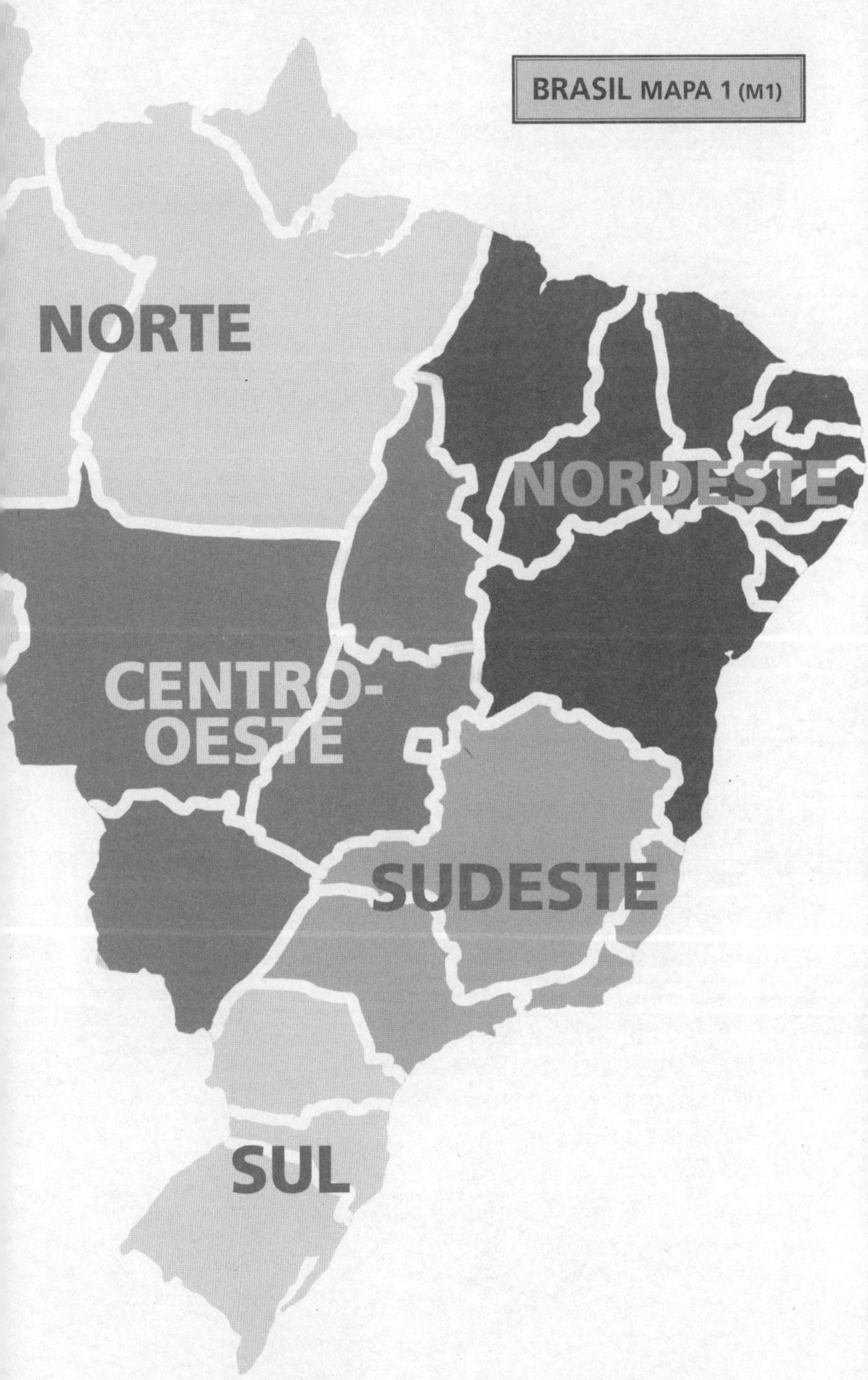
BRASIL MAPA 1 (M1)
NORTE
NORDESTE
CENTRO-OESTE
SUDESTE
SUL

REGIÃO SUL

RIO GRANDE DO SUL

REGIÃO SUL
MAPA 2 (M2)

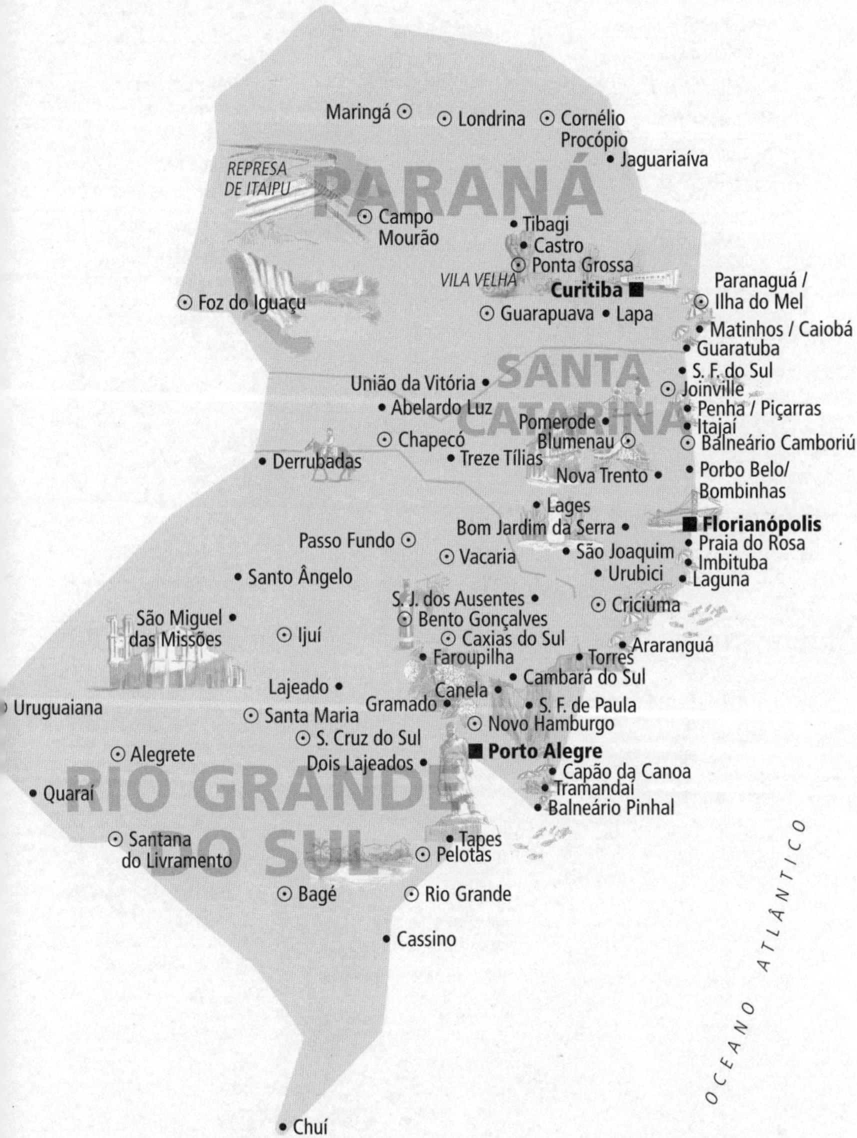

SANTA CATARINA

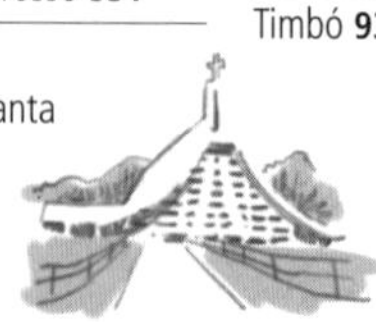

PARANÁ

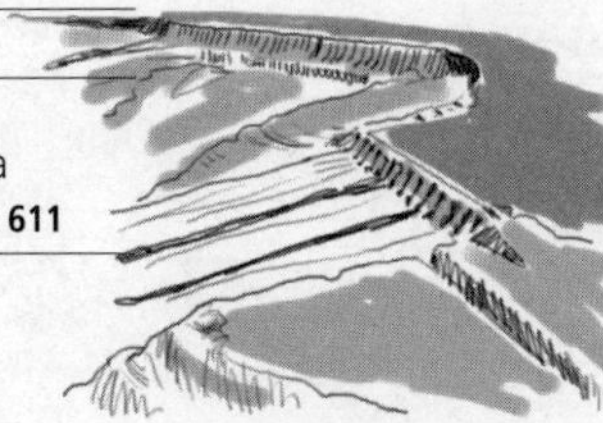

REGIÃO SUDESTE

ESTADO DE SÃO PAULO

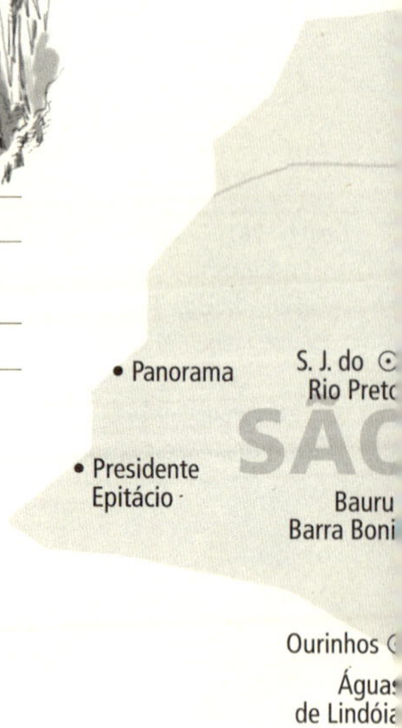

REGIÃO SUDESTE
MAPA 3 (M3)

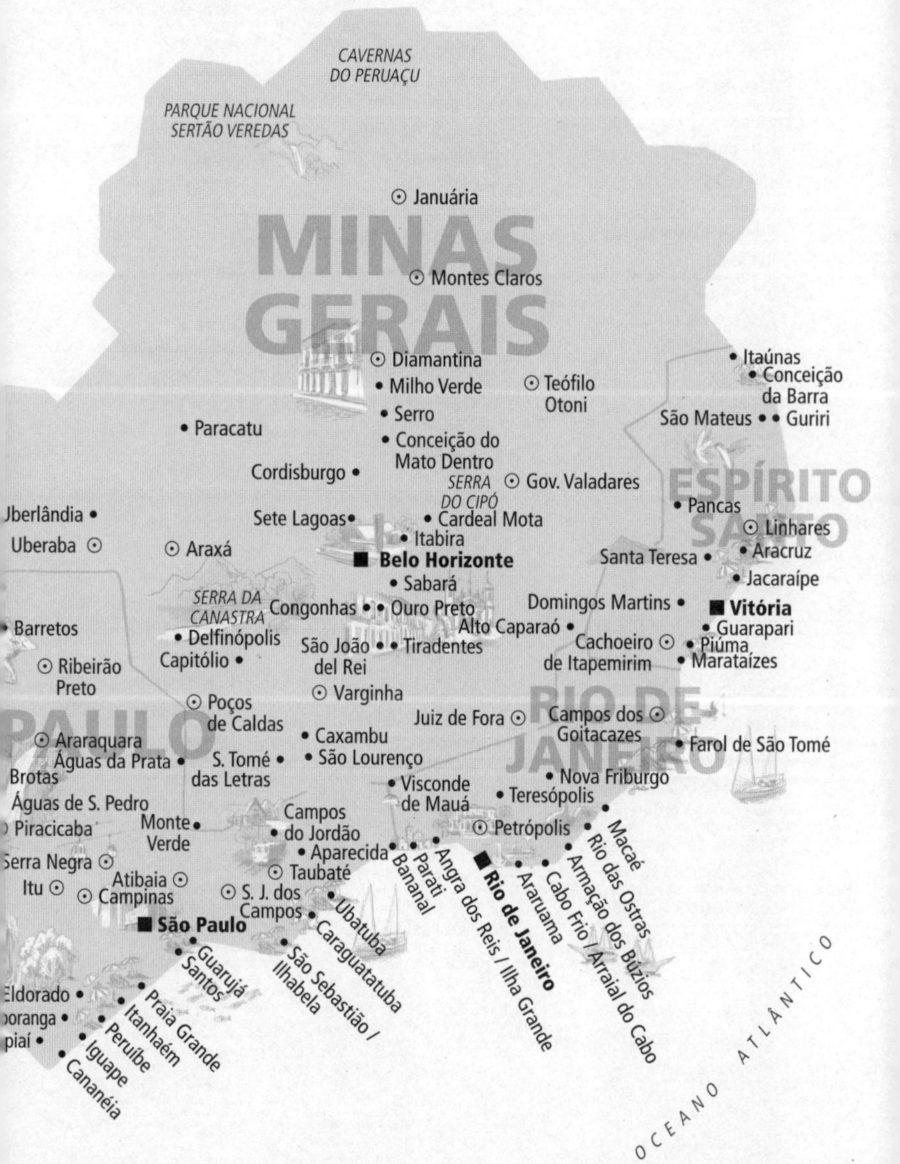

ESTADO DO RIO DE JANEIRO

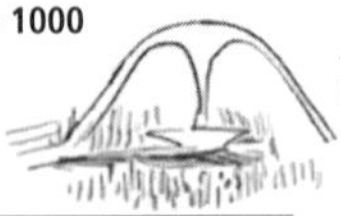

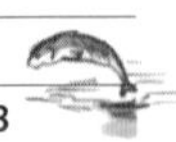

ESPÍRITO SANTO

MINAS GERAIS

REGIÃO CENTRO-OESTE

DISTRITO FEDERAL

GOIÁS

TOCANTINS

MATO GROSSO

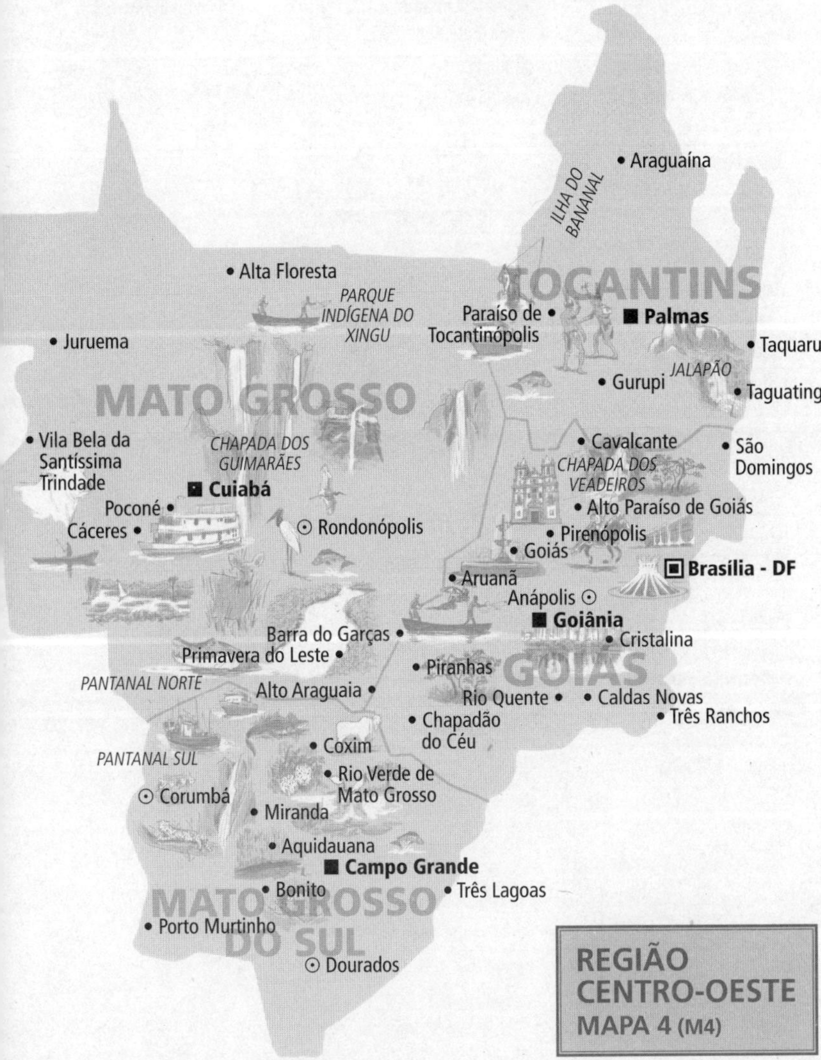

Araguaína
ILHA DO BANANAL
TOCANTINS
Alta Floresta
PARQUE INDÍGENA DO XINGU
Paraíso de Tocantinópolis
Palmas
Juruema
Taquaruçu
JALAPÃO
Gurupi
Taguatinga
MATO GROSSO
Vila Bela da Santíssima Trindade
CHAPADA DOS GUIMARÃES
Cuiabá
Cavalcante
São Domingos
CHAPADA DOS VEADEIROS
Alto Paraíso de Goiás
Poconé
Cáceres
Rondonópolis
Pirenópolis
Goiás
Brasília - DF
Aruanã
Anápolis
Goiânia
Barra do Garças
Cristalina
Primavera do Leste
Piranhas
GOIÁS
PANTANAL NORTE
Alto Araguaia
Rio Quente
Caldas Novas
Três Ranchos
Chapadão do Céu
Coxim
PANTANAL SUL
Rio Verde de Mato Grosso
Corumbá
Miranda
Aquidauana
Campo Grande
Bonito
Três Lagoas
MATO GROSSO DO SUL
Porto Murtinho
Dourados
REGIÃO CENTRO-OESTE
MAPA 4 (M4)

REGIÃO NORDESTE

BAHIA

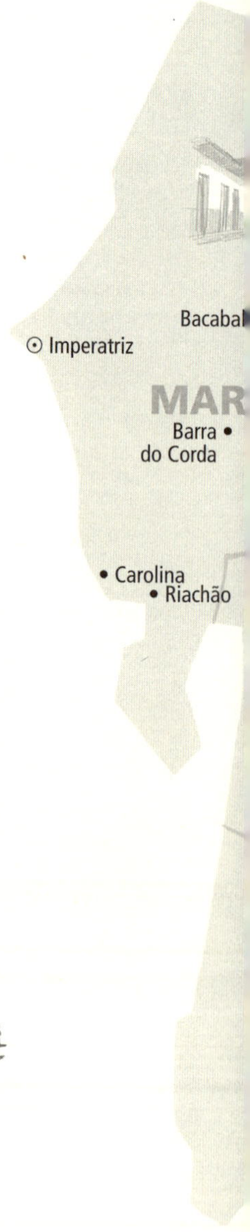

OCEANO ATLÂNTICO
REGIÃO NORDESTE
MAPA 5 (M5)
PIAUÍ
CEARÁ
RIO GRANDE DO NORTE
PARAÍBA
PERNAMBUCO
ALAGOAS
SERGIPE
BAHIA
LENÇÓIS MARANHENSES
SETE CIDADES
PARQUE SERRA DA CAPIVARA
REPRESA DE SOBRADINHO
CHAPADA DIAMANTINA
CACHOEIRA DA FUMAÇA
ILHA DE ITAPARICA
Santo Amaro
Tutóia
Ilha do Caju
Parnaíba
Luís Correia
Camocim
Jericoacoara
Mundaú
Trairi
Taíba
Cumbuco
Fortaleza
Aquiraz
Caponga
Beberibe
Canoa Quebrada
São Luís
Barreirinhas
Sobral
Guaramiranga
Quixadá
Ubajara
Piripiri
Teresina
Pedro II
Areia Branca
São Miguel Gostoso
Genipabu
Mossoró
Natal
Praia da Pipa
Baía Formosa
Caicó
Cabedelo
João Pessoa
Sousas
Campina Grande
Jacumã
Juazeiro do Norte
Oeiras
Picos
Itamaracá
Igarassu
Olinda
Fazenda Nova
Caruaru
Recife
Serra Talhada
Tamandaré
Paulo Afonso
Garanhuns
União dos Palmares
Petrolina
Palmeira dos Índios
Maragogi
Juazeiro
Piranhas
Maceió
Barra de São Miguel
Neópolis
Penedo
Laranjeiras
Senhor do Bonfim
São Cristóvão
Aracaju
Mangue Seco
Barra
Praia do Forte
Lapa Doce
Lençóis
Armbepe
Feira de Santana
Salvador
Nazaré
Bom Jesus da Lapa
Andaraí
Igatu
Mucugê
Rio de Contas
Morro de São Paulo
Ilha de Boipeba
Barra Grande
Itacaré
Ilhéus
Vitória da Conquista
Ilha de Comandatuba
Santa Cruz Cabrália
Eunápolis
Porto Seguro
Trancoso
Caraíva
Cumuruxatiba
Teixeira de Freitas
Prado
Caravelas
Mucuri

SERGIPE

PARAÍBA

RIO GRANDE DO NORTE

CEARÁ

PIAUÍ

MARANHÃO

REGIÃO NORTE
MAPA 6 (M6)

REGIÃO NORTE

PARÁ

AMAPÁ

RORAIMA

AMAZONAS

ACRE

RONDÔNIA

1. **Abaeté – lagoa – Salvador, BA (M5).** Localizada a 10 km do centro, no bairro de Itapuã, na Área de Proteção Ambiental do Parque Metropolitano da Lagoa e Dunas do Abaeté. Suas águas escuras têm a coloração determinada por minerais e microorganismos. Faz parte de um complexo de lazer que compreende a lagoa, as dunas – formadas pelo acúmulo de areia vinda da praia de Itapuã – e a Casa da Música. Veja também Salvador.
O que há de fantástico? A Casa da Música exibe a fobica de Dodô e Osmar, considerada a precursora dos Trios Elétricos.

2. **Abelardo Luz, SC (M2).** 574 km de Florianópolis e 85 km de Chapecó. Pequena cidade localizada a noroeste do Estado, tem na natureza sua principal atração. Possui cachoeiras, piscinas naturais e toboáguas.
O que há de fantástico? As quedas do Rio Chapecó. Com boa infra-estrutura turística, ficam a 2,5 km do centro.

3. **Abelardo Rodrigues – museu – Salvador, BA (M5).** O advogado pernambucano que dá nome ao museu percorreu o país em meados do século passado atrás de obras de arte que expressassem a religiosidade do povo brasileiro, formando uma das maiores coleções de arte sacra do Brasil. O museu, que também possui peças de arte popular e erudita, ocupa o andar nobre do Solar do Ferrão, do século XVII, um dos prédios mais importantes do centro histórico de Salvador. Aberto à visitação de 3ª a sábado, das 13h às 18h. Há cobrança de ingresso. Veja também Salvador.

O que há de fantástico? A diversidade do acervo, que conta com imagens, oratórios, crucifixos, documentos e outros objetos dos séculos XVI a XX.

4. **Abismo Anhumas – Bonito, MS (M4).** 300 km de Campo Grande e 23 km de Bonito. Ideal para os amantes do turismo de aventura, o local só foi aberto à visitação em 1999, após uma série de pesquisas. Como o próprio nome diz, a entrada é única e para chegar é preciso encarar um rapel de 72 m. O visitante deve ter bom preparo físico e treinamento na prática desse esporte. Veja também Bonito.

O que há de fantástico? O rapel termina em um lago de águas cristalinas de 80 m de profundidade, rodeado por grandes formações calcárias em forma de cones.

5. **Abrolhos – parque nacional marinho – Caravelas, BA (M5).** 850 km de Salvador e 70 km de Caravelas (acesso por lanchas, 2h15, ou escunas, 4h, a partir de Caravelas ou de Nova Viçosa). Descoberto em 1503 por Américo Ves-

púcio, o arquipélago tem cinco ilhas e 91.300 ha. De origem vulcânica, possui raros recifes de coral e mais de 160 tipos de peixes, moluscos e crustáceos. Veja também Caravelas.

O que há de fantástico? O espetáculo da reprodução das baleias jubarte, que ocorre entre julho e novembro.

6. **Acari, RN (M5).** 228 km de Natal e 60 km de Caicó. Chamada de "cidade mais limpa do Brasil", Acari localiza-se no Seridó, importante região do Estado. Rodeada por montanhas e rochedos que abrigam sítios arqueológicos, possui um dos casarios mais preservados da região. Destaque para o Museu Histórico (ou Sertanejo), onde estão expostos vestimentas e utensílios dos sertanejos. Veja também Poço do Felipe.

O que há de fantástico? No inverno, forma-se uma enorme cachoeira no Açude Gargalheiras.

7. **Acervo do Palácio dos Bandeirantes – São Paulo, SP (M3).** Construído na década de 50, o casarão que abriga o Governo do Estado, no Morumbi, encanta pelas suas salas amplas, decoradas com mobília colonial, peças de prata e tapeçaria européia. Em sua fachada, apresenta painéis alusivos à história de São Paulo. É cercado por jardim de 81 mil m^2, com árvores raras, como o pau-brasil. Aberto ao público nos fins de semana, com agendamento. Veja também São Paulo.

O que há de fantástico? Abriga obras dos mais renomados artistas plásticos brasileiros, entre eles Cândido Portinari, Anita Malfatti, Tarsila do Amaral e Aleijadinho.

8. **Açude do Cedro – Quixadá, CE (M5).** 170 km de Fortaleza (a 6 km do centro). Construído por D. Pedro II devido à terrível seca ocorrida entre 1877 e 1879, é o açude mais antigo do Brasil e tornou-se Patrimônio Histórico da Humanidade. Localizado no semiárido nordestino, tem capacidade para 125.694.200 m^3 e uma bacia hidrográfica de 210 km^2. É o sétimo maior reservatório do Ceará.
O que há de fantástico? As paredes do açude foram construídas artesanalmente durante mais de duas décadas.

9. **Açude Marechal Dutra – Acari, RN (M5).** 228 km de Natal e 60 km de Caicó (a 4 km do centro). Conhecido como Gargalheiras, é o responsável pelo crescimento turístico dessa pequena cidade do Seridó. Sua barragem forma um magnífico espelho d'água, com capacidade para armazenamento de 40 milhões m^3, contrastando com a paisagem seca e árida dos sertões. Veja também Acari.
O que há de fantástico? Na época das chuvas, proporciona um espetáculo de rara beleza: sua "sangria" pela parede da barragem.

10. **Afro Brasil – museu – São Paulo, SP (M3).** Localizado no Parque do Ibirapuera, o museu ocupa um pavilhão de 12 mil m^2 e tem como objetivo fazer uma releitura da história, da memória, da cultura e da identidade da população do Brasil sob a perspectiva do negro. Além disso, pretende preservar, valorizar e divulgar o universo do negro brasileiro, mostrando suas realizações através de manifestações artísticas, como cinema, fotografia, música, dança e teatro. Funciona diariamente (exceto 2ª) das 10h às 18h. Veja também São Paulo.
O que há de fantástico? A exposição permanente é composta de 1.100 obras do acervo do artista plástico Emanoel Araújo, curador do museu.

11. **Águas de Lindóia, SP (M3).** 170 km de São Paulo e 20 km de Serra Negra. Balneário com fontes de águas radiativas, consideradas terapêuticas (a baixa acidez e a rápida absorção pelo organismo fizeram com que a Nasa usasse a água da região em sua primeira missão à Lua), atrai muitos turistas da terceira idade e famílias. Veja também Serra Negra.

O que há de fantástico? A imersão nas águas do Balneário Municipal, que gossuem poder terapêutico, além de relaxar.

12. **Águas de São Pedro, SP (M3).** 190 km de São Paulo e 27 km de Piracicaba. Conhecida por suas termas de águas medicinais, a cidade tem parques preservados e represas. O símbolo da cidade é a Torre de Petróleo Engenheiro Ângelo Balloni.
O que há de fantástico? O vôo de balão que sai do Parque Dr. Octávio Moura Andrade e sobrevoa Águas de São Pedro e Piracicaba.

13. **Aguiar – lagoa – Aracruz, ES (M3).** 83 km de Vitória (a 28 km do centro). Ideal para passeios de barco e lancha. Não é possível tomar banho, pois a lagoa é habitada por vorazes piranhas. Veja também Praia de Coqueiral.
O que há de fantástico? É a segunda maior lagoa do Estado, com 30 km de extensão.

14. Agulhas Negras – pico – Itatiaia, RJ (M3). 175 km do Rio de Janeiro e 17 km de Resende. Uma das atrações do Parque Nacional do Itatiaia, o Pico das Agulhas Negras é o mais alto do Estado, com 2.787 m. Chegar ao cume não é das tarefas mais fáceis. Deve-se contratar guias especializados e ir preparado para o frio, com temperaturas abaixo de zero. Aberto à visitação diariamente, das 8h às 17h. Há cobrança de ingresso. Veja também Parque Nacional de Itatiaia.

O que há de fantástico? Do ponto culminante do Estado do Rio de Janeiro é possível avistar também São Paulo e Minas Gerais, além de toda a beleza do parque que o abriga.

15. Alcântara, MA (M5). 52 km de São Luís (1h30 de balsa). Rica e poderosa durante o Império, a cidade exibe casarões e igrejas da época. Possui 70 km de praias desertas cercadas de pedras e trilhas, com mar agitado e mangues com caminhos de madeira que podem ser visitados. Há passeios de barco para observação da revoada dos Guarás, pássaros cujas penas nascem brancas e se tornam vermelhas por causa dos caranguejos de que se alimentam. Em Alcântara há uma base de lançamento de foguetes que não é aberta à visitação. Veja também São Luís.

O que há de fantástico? A Festa do Divino Espírito Santo, quando a cidade nomeia um Imperador, que recebe os convidados em sua casa com comidas típicas.

16. **Alcobaça, BA (M5).** 828 km de Salvador e 29 km de Caravelas. Seu centro histórico exibe construções coloniais de grande valor arquitetônico, como a Matriz de São Bernardo, padroeiro local. Na Praia da Barra de Alcobaça, o Rio Itanhém encontra-se com o mar, em meio às areias claras. Lugar ideal para prática de esportes náuticos, como caiaque, jet-ski, windsurfe e slalom. Veja também Caravelas.
O que há de fantástico? Na Praça Padre José Porfírio, o famoso poço da Cacimba do Conselho, do final do século XIX, guarda segredos dos colonizadores portugueses.

17. **Aleijadinho – museu – Ouro Preto, MG (M3).** 90 km de Belo Horizonte. O museu leva o nome do maior artista de arte barroca de Ouro Preto, mas também expõe obras de outros expoentes da região. O teto da Igreja Matriz da N.S. da Conceição, que abriga o museu, foi pintado por Manuel da Costa Athayde. Aberto à visitação de 3ª a domingo, das 8h30 às 11h50 e das 13h30 às 17h. Há cobrança de ingresso. Veja também Ouro Preto.

O que há de fantástico? O chafariz esculpido por Aleijadinho entre 1777 e 1779 e os dois púlpitos em pedra-sabão feitos pelo artista em 1771.

18. **Algodoal – ilha – Maracanã, PA (M6).** 163 km de Belém (mais 40 min de barco a partir do Porto de Marudá ou 3 h de barco de Maracanã – com direito a avistar golfinhos no caminho). Rústica, mas com boa infra-estrutura. Carros dão lugar a carroças, bicicletas e barcos. Oferece praias paradisíacas, de areia muito branca e fina, cercadas de dunas com vegetação de restinga, com frutas (como caju e carambola) em abundância e passeios no Rio Amazonas.
O que há de fantástico? Sua biodiversidade e a tradição do carimbó.

19. **Almas – pico – Rio de Contas, BA (M5).** 662 km de Salvador e 225 km de Lençóis. A cidade, do início do século XVIII, foi cenário do filme *Abril Despedaçado*, de Walter Salles, e possui atrações históricas e naturais. Com 1.958 m, o Pico das Almas é o terceiro mais alto do Estado. Possui trilhas para caminhada. Veja também Chapada Diamantina e Lençóis.
O que há de fantástico? A vegetação exuberante, com mais de 100 plantas que só existem na região.

20. **Alter do Chão, PA (M6).** 1.513 km de Belém e 30 km de Santarém (no período de vazante é possível chegar com veículos 4x4 ou motos; entre janeiro e julho apenas de barco). Conhecido como "Caribe brasileiro", é considerado um dos mais belos destinos da Amazônia e recebe turistas do país e do exterior. Entre agosto e dezembro, quando o Rio Tapajós chega a baixar 10 m, surgem na região incríveis praias de areias brancas e água doce. Na Ponta do Cururu é possível avistar botos-cor-de-rosas e tucuxis. Veja também Santarém.
O que há de fantástico? A festa do Çairé, a mais antiga e popular da cultura da Amazônia, com apresentações de dança e música. Ocorre na segunda semana de setembro.

21. **Alto Alegre, BA (M5).** 410 km de Salvador e 80 km de Euclides da Cunha (20 km em estrada de terra). As atrações da cidade estão ligadas à Guerra de Canudos, conflito entre os seguidores do religioso Antônio Conselheiro e as tropas do Governo, em 1896. Em Alto Alegre funciona o Museu Histórico de Canudos, onde está conservado tudo o que restou da batalha descrita no livro *Os Sertões*, de Euclides da Cunha. Em Alto do Mário, no Parque Estadual de Canudos, encontram-se as escavações que serviram de trincheira para os jagunços. Veja também Euclides da Cunha.

O que há de fantástico? O canhão Withworth 32, utilizado no combate. Ele pesa 1.500 kg, e seu transporte exigia um carro com tração de 20 bois.

22. **Alto Caparaó – parque nacional – MG, ES (M3).** 328 km de Belo Horizonte e 135 km de Muriaé (a 6 km do centro – passando pelo Vale Verde, a 1.200 m de altitude, que possui riachos e piscinas naturais); 35 km de Dores do Rio Preto, ES. Com área de 31.800 ha, o parque possui entradas em Minas Gerais e no Espírito Santo. Oferece vários mirantes, entre eles os de Tronqueira (1.970 m) e da Cachoeira Bonita, que é a maior do Parque, com 80 m. Oferece áreas para acampamento. Veja também Pico da Bandeira.

O que há de fantástico? O parque abriga o Pico da Bandeira, que tem 2.890 m e é o terceiro mais alto do Brasil. A trilha de 9 km que leva ao topo demora cerca de 4 h.

23. **Alto Paraíso de Goiás, GO (M4).** 420 km de Goiânia, 230 km de Uruaçu e 230 km de Brasília. Cidade construída sobre minas de cristais, abriga parte de um dos maiores tesouros do cerrado: o Parque Nacional da Chapada dos Veadeiros. Situada em uma região montanhosa, repleta de rios e cachoeiras, foi ocupada em 1750 pelos garimpeiros em busca de cristal e ouro e pelos caçadores de veados, que vendiam o couro para outros Estados. Veja também Chapada dos Veadeiros.

O que há de fantástico? Na década de 70, passou a receber esotéricos, atraídos pelo clima místico gerado pela energia das pedras e do paralelo 14, que corta a cidade.

24. **Alto – pico – Guaramiranga, CE (M5).** 105 km de Fortaleza (a 12 km do centro). Sede do Festival de Jazz e Blues (um dos principais do gênero no país) e do Festival Nordestino de Teatro, Guaramiranga tem na cultura e nas belezas naturais seus principais atrativos. O Pico Alto é o segundo ponto mais elevado do Estado, com 1.117 m.

O que há de fantástico? Do seu cume é possível avistar o mar e o sertão.

25. **Amazonas – rio – Manaus, AM (M6).** O Rio Amazonas nasce na Cordilheira dos Andes com o nome de Vilcanota e recebe vários nomes até chegar à região de Manaus. Pelos dados oficiais do Instituto Brasileiro de Geografia e Estatística (IBGE), o rio tem 6.570 km de extensão, sendo o segundo maior do mundo, atrás do Rio Nilo. Pesquisas feitas pelo Instituto Nacional de Pesquisas Espaciais (Inpe) no início de 2006 levantaram a hipótese de o Amazonas ser o maior. De qualquer forma, o rio brasileiro é maior em vazão de água. Veja também Manaus.

O que há de fantástico? O passeio de barco pelos igarapés, quando é possível observar as vitórias-régias, e o encontro das águas do Negro com o Solimões, que gera o Rio Amazonas.

26. **Amazonas – teatro – Manaus, AM (M6).** Mais que um ponto turístico em Manaus, o Teatro Amazonas, inaugurado em 1896, é um símbolo histórico da riqueza gerada pelo Ciclo da Borracha. Sua arquitetura neoclássica abriga materiais requintados, como mármore de Verona, candelabros de Murano e assoalho de pau-brasil. Com capacidade para 700 expectadores, já recebeu artistas de renome, como Sarah Bernhardt, Margot Fonteyn e Enrico Caruso. Abriga 22 máscaras de homenagem a dramaturgos e compositores clássicos famosos como Moliére, Ésquilo, Rossini, Mozart, Verdi e Chopin. Aberto diariamente para visitação, das 9h às 12h e das 14h às 16h. Veja também Manaus.

O que há de fantástico? Um festival de ópera que atrai turistas de todo o mundo.

27. **Anchieta, ES (M3).** 75 km de Vitória. Fundada em 1561 pelo Padre José de Anchieta, que lá passou grande parte de sua vida. A principal atração da cidade é o Santuário Nacional de Anchieta, construção do século XVI, localizado na encosta do morro do Rio Benevente. Há também o Museu Anchieta. O município oferece muitas praias, algumas desertas, outras movimentadas, próprias para esportes náuticos.

O que há de fantástico? Todos os anos, milhares de peregrinos andam quatro dias a pé, da Catedral de Vitória ao Santuário de Anchieta, refazendo a trilha do jesuíta.

28. **Anchieta – ilha – Ubatuba, SP (M3).** 230 km de São Paulo e 30 km de Parati (mais 18 km de escuna a partir do Saco da Ribeira e de Itaguá). Maior ilha de Ubatuba, possui águas cristalinas repletas de cardumes de tainhas, sardinhas, peixes voadores e tartarugas-marinhas. Porém, a pesca é proibida. A Praia do Presídio, a mais movimentada, guarda as ruínas da cadeia que funcionou ali até 1955. Veja também Ubatuba.

O que há de fantástico? Abriga um dos melhores pontos para mergulho noturno, o Ilhote do Sul, e faz parte da área de preservação do Parque Estadual da Ilha Anchieta.

29. **Andorinhas – cachoeira – Aripuanã, MT (M4).** 976 km de Cuiabá, a noroeste do Estado. Localizado na Bacia Amazônica, a Cachoeira de Andorinhas tem uma queda de 130 m e é o principal ponto turístico da região. Ameaçada pela construção de uma usina, pode virar um filete de água, juntamente com a Cachoeira de Dardanelos.

O que há de fantástico? O vôo de milhares de andorinhas que fazem ninho na pedra localizada atrás da parede de água.

30. **Andorinhas – cachoeira – Chapada dos Guimarães, MT (M4).** 70 km de Cuiabá. Localizada no Parque Nacional da Chapada dos Guimarães, integra o circuito das cachoeiras que são formadas pelas sete quedas do Rio Sete de Setembro. Além da Andorinhas, há outras duas famosas: Independência e Pulo. É recomendável contratar um guia, pois o acesso é feito por uma caminhada de 3,5 km. Veja também Parque Nacional da Chapada dos Guimarães.

O que há de fantástico? Mergulhar na piscina de água cristalina formada pela cachoeira, que tem queda de 20 m.

31. **Andradas, MG (M3).** 492 km de Belo Horizonte. A geografia da cidade, cheia de morros, favorece a prática de esportes radicais, como asa-delta, paraglider, tirolesa, rapel, escalada e trekking. O comércio gira em torno de peças de porcelana, objetos de taboa e vinhos. As vinícolas familiares são abertas para degustação.
O que há de fantástico? O Pico do Gavião, com 1.663 m, é um dos melhores locais do país para prática do vôo livre. Trilhas de moto e veículos 4x4 levam a seu topo.

32. **Angra dos Reis, RJ (M3).** 168 km do Rio de Janeiro e 99 km de Parati. A Baía de Angra dos Reis é formada por 365 ilhas e 2 mil praias de rara beleza. Ilha Grande é a maior delas e a que mais se destaca por suas trilhas, cachoeiras e praias desertas. A melhor forma de se conhecer a região é fazer um passeio de barco. Veja também Praia da Baleia, Praia das Éguas, Praia da Tartaruga, Praia do Laboratório e Ilha Grande.
O que há de fantástico? Um dos melhores locais do país para mergulhar, tem no mar verde-esmeralda sua marca.

33. Anjos – praia – Arraial do Cabo, RJ (M3). 140 km do Rio de Janeiro e 13 km de Cabo Frio. Cidade muito procurada pelos mergulhadores, Arraial do Cabo oferece paisagens paradisíacas, repletas de dunas, lagoas e restingas, além de rica fauna marinha. A Praia dos Anjos é o ponto de partida de barcos para as principais atrações, como a Gruta Azul, a Praia do Forno e a Praia da Ilha do Farol. Veja também Arraial do Cabo.

O que há de fantástico? Os mergulhos nas ilhas, costões, enseadas e cavernas da região. Além da exuberante fauna marinha, o local abriga várias embarcações naufragadas.

34. Antas – cascata – Poços de Caldas, MG (M3). 468 km de Belo Horizonte, 470 km do Rio de Janeiro, 279 km de São Paulo e 37 km de São João da Boa Vista. Estância turística localizada em trecho privilegiado da Serra da Mantiqueira, Poços de Caldas recebe todos os anos milhares de turistas em busca de clima ameno, fontes sulfurosas e belas paisagens. As cascatas das Antas e Véu da Noiva são as mais visitadas.

O que há de fantástico? Em 1898 a Cascata passou a alimentar a primeira usina hidrelétrica da cidade.

35. Antônio Prado, RS (M2). 184 km de Porto Alegre e 32 km de Flores da Cunha. Colônia fundada em 1886 por imigrantes que vieram de Veneza, tem o maior conjunto arquitetônico de madeira da colonização italiana no Brasil. O trajeto até o centro, pela serra que margeia o Rio das Antas, é de rara beleza.

O que há de fantástico? O acervo de 48 casas tombado pelo Patrimônio Histórico. Chamam atenção os lambrequins, recortes de madeira e metais usados nos telhados.

36. **Aparados da Serra – Cambará do Sul, RS (M2).** 202 km de Porto Alegre. A região conhecida como Aparados da Serra situa-se na fronteira do Rio Grande do Sul e Santa Catarina. O nome é inspirado na geografia, que exibe um corte abrupto (que parece ter sido feito com uma faca) do planalto dos Campos de Cima da Serra através de paredões de rochas vulcânicas. Com cerca de 250 km, exibe uma formidável sucessão de cânions, de até 900 m de altura, próximos à planície do litoral atlântico. Veja também Cânion do Itaimbezinho e Cânion Fortaleza.

O que há de fantástico? O precioso ecossistema levou à criação de dois parques nacionais – de Aparados da Serra e da Serra Geral, administrados pelo Ibama e abertos ao público.

37. **Aquiraz, CE (M5).** 27 km de Fortaleza. Ao redor da praça central estão os prédios históricos, como a Igreja Matriz de São José de Ribamar, do século XVIII, com traços barrocos e neoclássicos. Dunas, lagoas e mar de águas límpidas estão presentes em seu litoral, que oferece praias urbanizadas e outras mais rústicas, a maioria com infra-estrutura turística. Na Prainha, as rendeiras fazem um dos melhores bordados de bilro e labirinto do Nordeste. Veja também Fortaleza e Beberibe.

O que há de fantástico? A Praia do Porto das Dunas é a mais conhecida, pois abriga o maior parque aquático da América Latina.

38. **Aracaju, SE (M5).** Capital do menor Estado do Brasil, foi ponto de resistência contra os franceses durante o período colonial. Cidade planejada, possui lindas praias, mangues, museus e rico artesanato. É ponto de partida para as cidades históricas de São Cristóvão e Laranjeiras, e para os cânions do Rio São Francisco, localizados a 200 km, em Canindé de São Francisco. Veja também Igreja São Francisco, Barra dos Coqueiros, Lagoa Redonda, Poços da Ribeira, Praia do Saco, Riacho Doce, São Cristóvão, Hidrelétrica do Xingó, Laranjeiras e Canindé de São Francisco.

O que há de fantástico? As manifestações culturais, como a procissão fluvial Bom Jesus dos Navegantes, no ano-novo, e o Forró Caju, em junho.

39. **Araçá – praia – Porto Belo, SC (M2).** 65 km de Florianópolis e 29 km do Balneário Camboriú. Localizada em uma região colonizada por açorianos, a praia ocupa uma baía tranqüila, com águas cristalinas e belas paisagens. Muito procurada por praticantes de esportes náuticos. Veja também Porto Belo, Bombinhas e Balneário Camboriú.

O que há de fantástico? Os passeios de escuna pela baía ou até a Ilha de Porto Belo.

40. **Araçatiba – praia – Ilha Grande, RJ (M3).** 125 km do Rio de Janeiro (mais 1h30 de barco a partir de Angra dos Reis). Pequena, com poucas edificações, é boa para quem gosta de tranqüilidade e não faz questão de infra-estrutura. Alguns bares abrem apenas no verão. Veja também Ilha Grande.

O que há de fantástico? Segundo uma lenda local, um pirata enterrou ali o seu tesouro, e junto com ele um escravo que deveria cuidar dele pela eternidade.

41. **Araruama, RJ (M3).** 122 km do Rio de Janeiro e 44 km de Cabo Frio. A diversidade natural e a temperatura de verão o ano todo são seus diferenciais. Abriga a Lagoa de Araruama, de enorme salinidade; a Lagoa de Juturnaíba, de água doce; e a Restinga de Massambaba, que separa o mar da lagoa e exibe sua vegetação com espécies raras de bromélias e orquídeas. No mar pode-se praticar surfe e pesca esportiva. Veja também Cabo Frio.

O que há de fantástico? A Lagoa de Araruama, considerada a segunda melhor raia do mundo para a prática de esportes náuticos como vela, windsurfe, jet-ski e kitesurfe.

42. **Araxá, MG (M3).** 375 km de Belo Horizonte e 108 km de Uberaba. A principal atração são os banhos medicinais, mas o local oferece também programas culturais, como as visitas à Igreja Matriz de São Sebastião, ao Museu Sacro e ao Museu da cortesã Dona Beja. Entre as opções de lazer está o passeio de pedalinho pelo lago Barreiro. As compras compreendem compotas e sabonetes de lama sulforosa da Estância do Barreiro, onde fica a cratera de um vulcão extinto. Veja também Estância do Barreiro.

O que há de fantástico? A estância hidromineral integra o Circuito das Águas de Minas Gerais, reconhecido pelas propriedades terapêuticas das águas e pelo clima agradável.

43. **Arcos da Lapa – Rio de Janeiro, RJ (M3).** Símbolos da Lapa, bairro do centro do Rio freqüentado pela boemia carioca na década de 50, os 42 arcos foram construídos para abrigar um aqueduto. A imponente construção em estilo romano, com 270 m de extensão, liga o Morro do Desterro (atual bairro de Santa Teresa) ao Morro de Santo Antônio. Veja também Rio de Janeiro.

O que há de fantástico? Em 1896 passaram a ser utilizados como viaduto de acesso dos bondes de Santa Teresa – único sistema de bondes ainda existente no Rio.

44. **Areia Branca, RN (M5).** 372 km de Natal e 47 km de Mossoró. Situada na margem direita do Rio Mossoró, região produtora de sal na divisa com o Ceará, a cidade possui cenários deslumbrantes, formados por dunas, falésias de terra avermelhada, praias desertas e vegetação de caatinga, com destaque para os cactos gigantes. O Rio Ivipanim banha a cidade, que hoje é uma das maiores produtoras de petróleo do país. Veja também Natal e Mossoró.

O que há de fantástico? Na praia de Ponta do Mel, o encontro do sertão com o mar cria um cenário exótico.

45. Areia Preta – praia – Guarapari, ES (M3). 55 km de Vitória e 86 km de Cachoeiro do Itapemirim. Uma das mais famosas e procuradas praias de Guarapari, possui boa infra-estrutura, com bares, quiosques e restaurantes ao longo de sua extensão e fica lotada no verão. Veja também Guarapari e Vitória.
O que há de fantástico? Leva este nome por causa das areias monazíticas, com presumíveis qualidades medicinais, principalmente na cura de reumatismo, artrite e gota.

46. Areia Vermelha – ilha – Cabedelo, PB (M5). 20 km de João Pessoa (mais 1 km de jangada das praias de Camboinha ou do Poço). A formação submarina de Areia Vermelha emerge apenas na maré baixa (25 dias do mês) e forma um conjunto de praias e piscinas naturais, de águas límpidas. Veja também Cabedelo e João Pessoa.
O que há de fantástico? Esperar a maré baixar para ver a formação das piscinas.

47. Arembepe, BA (M5). 41 km de Salvador. Distrito de Camaçari, o município abriga belas praias e um dos maiores pólos petroquímicos do país. Suas praias são marcadas pela presença de dunas, águas cristalinas e recifes, que formam piscinas naturais. Apesar dos muitos condomínios fechados, o local continua sendo freqüentado pelos "alternativos modernos" à procura de seus mistérios e belezas naturais. Como fica perto de Salvador, sua praia central é muito procurada nos fins de semana. Abriga uma unidade do Projeto Tamar, de preservação das tartarugas marinhas.
O que há de fantástico? Abriga a mais famosa aldeia *hippie* do país, que nos anos 60 hospedou a roqueira Janes Joplin.

48. Armação – praia – Florianópolis, SC (M2). 25 km do centro. Localizada em um pequeno vilarejo, é um dos principais locais de pesca artesanal da ilha, além de oferecer ondas apropriadas à prática do surfe. Veja também Florianópolis.

O que há de fantástico? De julho a novembro serve de berçário para a baleia franca austral, que sobe pela costa brasileira.

49. Arpoador – Rio de Janeiro, RJ (M3). Famoso pela pedra que invade o mar e separa a Praia de Copacabana, o Arpoador proporciona uma das vistas mais bonitas do Rio de Janeiro. Recebeu esse nome por causa dos índios, que utilizavam arpões para pescar. Veja também Rio de Janeiro.

O que há de fantástico? O pôr-do-sol no alto da pedra e o Parque Garota de Ipanema, onde há apresentações de artistas populares.

50. Arquidiocesano de Arte Sacra – museu – Mariana, MG (M3). 105 km de Belo Horizonte e 12 km de Ouro Preto. Com mais de 2 mil peças, o museu reúne as principais obras de expressão religiosa da cidade histórica de Mariana, a primeira capital de Minas Gerais. Seu acervo é separado em esculturas, pinturas, paramentos litúrgicos e objetos de culto. Aberto à visitação de 3ª a domingo, das 8h30 às 12h e das 13h30 às 17h. Há cobrança de ingresso. Veja também Mariana e Ouro Preto.

O que há de fantástico? As obras de Aleijadinho e Mestre Athayde, grandes destaques do acervo do museu.

51. **Arraial d'Ajuda – Porto Seguro, BA (M5).** 730 km de Salvador e 4 km de Porto Seguro (o acesso é feito por balsa – 10 min pelo Rio Buranhém). Localizado em uma falésia, o povoado abriga atrações históricas, como a Igreja N.S. d'Ajuda, construída em 1549 por conta da catequização dos índios pataxós pelos jesuítas. Entre as belezas naturais, destacam-se a Praia da Pitinga e a caminhada de 12 km até Trancoso. A noite é agitada. Veja também Praia dos Coqueiros, Praias de Taípe e Pitinga e Porto Seguro.

O que há de fantástico? A pesca submarina entre dezembro e março, quando a água é cristalina.

52. **Arraial do Cabo, RJ (M3).** 140 km de Rio de Janeiro e 14 km de Cabo Frio. Na "Capital do Mergulho" o mar é rico em vida marinha, mas as águas são frias mesmo no verão, devido às correntes vindas do Pólo Sul. Reúne belas paisagens, com dunas, restingas, costões, lagoas e praias paradisíacas, boas para banho, pesca e prática de esportes náuticos. Veja também Praia Grande, Praia do Forno, Ilha do Farol, Praia Brava, Prainhas do Atalaia, Gruta Azul, Rio de Janeiro e Cabo Frio.

O que há de fantástico? Um dos principais centros de mergulho do país, devido à rica fauna marinha.

53. **Arte Sacra – museu – Belém, PA (M5).** Primeiro museu do gênero da Região Norte, tem um acervo de 300 peças de arte sacra vindas de todo o Brasil. Está localizado no bairro Cidade Velha, núcleo onde nasceu Belém. Além de espaço para as exposições, o museu conta com café e loja. Aberto à visitação de 3ª a 6ª, das 13h às 18h, e aos sábados e domingos, das 9h às 13h. Há cobrança de ingresso. Veja também Belém.

O que há de fantástico? O conjunto arquitetônico formado pela Igreja de Santo Alexandre, de 1719, e pelo Palácio Episcopal.

54. **Arte Sacra – museu – Ouro Preto, MG (M3).** 90 km de Belo Horizonte. Reformado e reinaugurado em 2000, o museu documenta o histórico da formação da antiga Vila Rica e a fé que permeava sua sociedade. São 400 peças do século XVII ao XIX, entre imagens, documentos, oratórios e crucifixos. O museu funciona no subsolo da Matriz de N.S. do Pilar. Aberto à visitação de 3ª a domingo, das 9h às 10h45 e das 12h às 16h45. Há cobrança de ingresso. Veja também Ouro Preto.

O que há de fantástico? As vestimentas religiosas feitas de ouro, prata e seda e as esculturas de Francisco Xavier de Brito, mestre de Aleijadinho.

55. **Arte Sacra – museu – Salvador, BA (M5).** Conhecido por ter o maior acervo de arte sacra do Brasil, o museu está localizado no centro histórico de Salvador e foi tombado como patrimônio histórico pelo IPHAN. Fundado em 1959, é considerado, também, um importante registro da sociedade baiana e da influência portuguesa. Funciona no prédio do Convento de Santa Teresa e está aberto à visitação de 2ª a 6ª, das 11h30 às 17h30. Há cobrança de ingresso. Veja também Salvador.

O que há de fantástico? As obras de Frei Agostino da Liberdade e a imagem portuguesa de N.S. das Maravilhas, feita de madeira e revestida em prata.

56. Arte Sacra – museu – São Paulo, SP (M3). Considerado um dos melhores museus dedicado à arte sacra no Brasil, conta com um acervo de cerca de 4 mil obras e com peças de mais de 400 anos. As coleções têm desde pinturas e esculturas sacras até prataria e ourivesaria religiosas. Há também uma parte inteiramente dedicada aos presépios, vindos de 50 diferentes países. Aberto à visitação de 3ª a 6ª, das 11h às 18h, e aos sábados, domingos e feriados, das 10h às 19h. Há cobrança de ingresso. Veja também São Paulo.

O que há de fantástico? As obras dos mais importantes artistas de temática sacra, como Aleijadinho e Mestre Athayde, e o prédio de arquitetura colonial do século XVIII.

57. Arthur Azevedo – teatro – São Luís, MA (M5). Segundo teatro mais antigo do país, o Arthur de Azevedo foi inaugurado em 1817, com o nome de Teatro União. Com capacidade para 756 expectadores, foi totalmente restaurado e conta com equipamentos de som, luz e vídeo de última geração. Veja também São Luís.

O que há de fantástico? O teatro é a única construção em estilo neoclássico de São Luís. Quando foi inaugurado, seus 800 lugares equivaliam a 5% da população local.

58. **Aruanã, GO (M4).** 780 km de Palmas. Torna-se um verdadeiro balneário durante o período da estiagem – de junho a setembro, quando várias praias se formam ao longo da margem do Rio Araguaia, principal afluente do Estado e que corta as Regiões Centro-Oeste e Norte. Em julho há estrutura para prática de jet ski e banana boat. Veja também Rio Araguaia.

O que há de fantástico? O passeio de barco pelo Rio Araguaia, que deságua na divisa do Estado com o Maranhão e o Pará.

59. **Atalaia – praia – Salinópolis, PA (M6).** 200 km de Belém e 70 km de Capanema (a 13 km do centro). A mais procurada da Zona do Salgado, na costa nordeste do Pará, possui cerca de 7,5 km de extensão e faixa de areia com largura média de 400 m. Na maré baixa, suas águas cristalinas formam piscinas próprias para banho. Em suas águas são realizados campeonatos de surfe. Veja também Salinópolis.

O que há de fantástico? Suas dunas de areias finas, em meio à vegetação de restinga, movimentam-se com a ação do vento.

60. **Atibainha – represa – Nazaré Paulista, SP (M3).** 88 km de São Paulo e 20 km de Atibaia. Com 25 km², integra o Sistema Cantareira, que abastece a Região Metropolitana de São Paulo. A cidade também possui atrações históricas, como a igreja N.S. de Nazaré, construída em 1676, e a Casa dos Escravos, também do século XVII.

O que há de fantástico? A represa é apreciada por banhistas, pescadores e praticantes de esportes náuticos.

61. **Avencal – cascata – Urubici, SC (M2).** 172 km de Florianópolis e 60 km de São Joaquim (acesso a 6 km da saída para São Joaquim, sendo 3,5 km por estrada de terra). Com queda-d'água de 100 m, é muito procurada por praticantes de rapel. Em Urubici, visite

as cascatas do Vacariano e Véu da Noiva, os morros da Cruz e da Igreja. Veja também Urubici.

O que há de fantástico? As inscrições rupestres existentes no acesso inferior.

62. **Aventureiro – praia – Ilha Grande, RJ (M3).** 125 km do Rio de Janeiro (mais 2h30 em traineiras que saem do cais de Santa Luzia, no centro de Angra dos Reis). Vila de pescadores da Reserva Ecológica da Praia do Sul, não tem comércio, telefones ou sinal de celular, e a energia elétrica é privilégio de quem tem gerador. Oferece 600 m de areia fina e prateada, mar raso de água límpida e boas ondas para o surfe. Veja também Ilha Grande.

O que há de fantástico? Praia mais paradisíaca e preservada da Ilha.

63. **Azuis – rio – Taguatinga, TO (M6).** 488 km de Palmas. Localizada na região da Serra Geral de Goiás, na divisa com a Bahia, Taguatinga tem boa infra-estrutura turística e boas opções de ecoturismo, como cachoeiras, morros e grutas. Os destaques são a Cachoeira do Registro (refúgio das araras azuis), a Gruta dos Caldeirões e o Rio Azuis. A cidade também é conhecida por sua vocação religiosa. Todos os anos muitos turistas participam das Cavalhadas na festa de N.S. d'Abadia.

O que há de fantástico? Um dos menores rios do mundo, com 150 m, o Azuis recebeu esse nome devido a dois olhos-d'água de coloração azul-esverdeada que formam uma piscina natural.

64. **Azul – lago – Três Ranchos, GO (M4).** 288 km de Goiânia. Localizada na divisa com Minas Gerais, Três Ranchos tem como principal atração a represa do Rio Paranaíba, que forma o Lago Azul, com área de 444 km^2, volume de 17,8 bilhões de m^3 e 120 m de profundidade.

O que há de fantástico? O lago possui cerca de 20 ilhas. Sua fauna aquática é riquíssima e a flora da região bastante primitiva.

65. **Azul – lagoa – Ilha Grande, RJ (M3).** 125 km do Rio de Janeiro (mais 1h30 de barco a partir de Angra dos Reis). O belíssimo lugar era chamado originalmente de Praia do Sul de Fora, mas os moradores trocaram seu nome devido à semelhança com a praia onde foi encenado o filme *Lagoa Azul*. Muito procurada para mergulho. Veja também Ilha Grande.

O que há de fantástico? Aquário natural, abriga uma infinidade de peixes multicoloridos que nadam ao redor dos barcos.

66. **Baía da Traição, PB (M5).** 78 km de João Pessoa. Pequeno município habitado por pescadores, oferece várias opções culturais e de lazer, além do projeto do Ibama para a proteção do peixe-boi-marinho, na Barra do Mamanguape. Destaque para a Praia do Forte, ladeada por falésias, e para o Forte e as ruínas da Igreja de São Miguel.

O que há de fantástico? As aldeias potiguaras com sua rica cultura. Destaque para o artesanato e a dança do Toré.

67. **Baía do Sancho – praia – Fernando de Noronha, PE (M5).** Considerada a mais bela praia da ilha e a melhor para o mergulho. O acesso é difícil, mas a beleza compensa o sacrifício. As alternativas são o mar, uma trilha a partir da Baía dos Porcos ou a descida por uma escada encravada em um penhasco de 40 m. Veja também Fernando de Noronha.

O que há de fantástico? A riqueza da fauna marinha nos corais, que torna o mergulho inesquecível.

68. Baía dos Porcos – praia – Fernando de Noronha, PE (M5). Cercada por pedras, a baía tem como único acesso uma trilha por uma pedra escorregadia. Com apenas 100 m de areia, o local tem piscinas com peixes coloridos. Veja também Fernando de Noronha.

O que há de fantástico? A vista para o Morro dos Dois Irmãos, ícone da ilha.

69. Baía Formosa, RN (M5). 106 km de Natal. Vizinha da badalada Praia da Pipa, é a opção de tranqüilidade para quem quer conhecer a região. Tem duas praias, a de Baía Formosa e a do Sagi, com dunas que podem ser percorridas de *buggy*. Possui uma das últimas reservas de Mata Atlântica do Estado. Veja também Natal e Praia da Pipa.

O que há de fantástico? A Praia de Baía Formosa possui falésias que mudam de coloração durante o ano.

70. Bairro do Jaraguá – Maceió, AL (M5). Um dos bairros mais antigos da capital alagoana, o Jaraguá situa-se na região portuária. Suas construções, do período colonial, foram restauradas e hoje abrigam museus, bares, lojas, casas noturnas e restaurantes. Veja também Maceió.

O que há de fantástico? Para estimular a revitalização, são promovidos no bairro vários eventos culturais, como shows e feiras.

71. Balbina – lago – Presidente Figueiredo, AM (M6). 129 km de Manaus e 77 km de Balbina. Ótimo para pesca o ano todo. Foi criado com a construção da barragem da hidrelétrica de Balbina, no Rio Uatumã, um dos afluentes do Rio Amazonas.

O que há de fantástico? A pesca do tucunaré, que acontece de setembro a dezembro.

72. **Baleia – praia – Angra dos Reis, RJ (M3).** 168 km do Rio de Janeiro (a 21 km do centro). Quase selvagem, com pequena faixa de areia branca e águas cristalinas, não possui infra-estrutura. Situa-se próximo à Praia da Tartaruga. Veja também Angra dos Reis.
O que há de fantástico? Oferece uma enorme piscina natural de águas calmas e ótima sombra, sendo ideal para crianças.

73. **Balneário Camboriú, SC (M2).** 80 km de Florianópolis, 12 km de Itajaí e 220 km de Curitiba. Considerado o principal balneário da Região Sul, costuma ver sua população de 100 mil habitantes chegar a 1 milhão (principalmente jovens) durante o verão. A Costa Brava oferece sete praias, ligadas pela estrada da Costa Brava, um dos cartões-postais do Estado, ou por barco-táxi. A 8 km do centro, a Praia de Laranjeiras pode ser alcançada de carro ou teleférico. Veja também Florianópolis, Bombinhas, Porto Belo e Teleférico de Balneário Camboriú.
O que há de fantástico? Entre morros e costões encontra-se a bela Praia do Pinho, dedicada ao naturismo.

74. **Balneário de Piçarras, SC (M2).** 110 km de Florianópolis e 9 km de Itajaí. Balneário que une beleza natural e requinte. Oferece comércio sofisticado, restaurantes, bares e danceterias. São 7 km de boa infra-estrutura e belas praias, como a de Piçarras e a das Palmeiras. Veja também Itajaí.

O que há de fantástico? A cidade possui um belo litoral, rodeado de luxo e conforto.

75. **Bananal, SP (M3).** 330 km de São Paulo e 16 km de Arapeí. Localizada na região da Serra da Bocaina, a pequena cidade guarda patrimônio histórico do século XIX, época do Ciclo do Café, infelizmente malconservado. A Mata Atlântica está preservada, especialmente na Estação Ecológica do Bananal, e a região possui várias cachoeiras, trilhas e reservatórios de trutas. Pode-se comprar crochê e cachaça. Veja também Parque Nacional da Serra da Bocaina.

O que há de fantástico? As visitas pelas fazendas de café, com móveis e objetos da época.

76. **Bananal – ilha – TO (M6).** 400 km de Palmas (as estradas da ilha são trafegáveis apenas entre julho e outubro; é preciso autorização da Funai para visitar as aldeias). Cercada pelos rios Araguaia e Javaés, é um santuário ecológico. Na faixa de transição entre o cerrado, o Pantanal e a Floresta Amazônica, abriga rica flora e fauna, com animais em extinção como a onça-pintada e raros botos. Uma imensidão de terras dividida entre o Parque Nacional do Araguaia (fechado à visitação) e a reserva dos índios carajás e javaés. Quando as águas baixam, turistas desfrutam das praias de areia fina e branca. Veja também Rio Araguaia.

O que há de fantástico? Maior ilha fluvial do mundo, tem 20 mil km de extensão e seu tamanho equivale ao do Estado de Sergipe.

77. **Bandeira – pico – Alto Caparaó, MG (M3).** 328 km de Belo Horizonte, 135 km de Muriaé e 280 km de Vitória (a 4 km do centro). Localizado entre Minas Gerais e Espírito Santo, no Parque Nacional do Caparaó, tem 2.892 m. Recebeu esse nome porque, em 1859, D. Pedro II determinou que fosse colocada uma bandeira do Império no local. Há duas trilhas até o pico, uma que parte de Minas Gerais e tem cerca de 9 km, outra do Espírito Santo, com 4,5 km, mais íngreme. Acesso permitido das 7h às 22h. É cobrado ingresso para entrar no parque. Veja também Parque Nacional do Alto Caparaó.

O que há de fantástico? É o terceiro mais alto do país, com 2.889 m (o mais alto é o Pico da Neblina, com 3.014 m e o segundo é o 31 de Março, com 2.992 m).

78. **Bandeirinhas – cânion – Serra do Cipó, MG (M3).** 100 km de Belo Horizonte (mais 11 km de trilha). A Serra do Cipó possui rica flora e grande diversidade de espécies. Seu relevo montanhoso abriga belas cachoeiras e cânions, como o Bandeirinhas, situado no Parque Nacional da Serra do Cipó. O percurso pode ser feito a pé ou a cavalo (há taxas para entrada no parque e a utilização de montaria). Muito visitado por praticantes de trekking, rapel, biking e canoagem. Veja também Parque Nacional da Serra do Cipó.

O que há de fantástico? Possui vários poços para banho entre as enormes paredes de pedra.

79. **Barcelos, AM (M5).** 396 km de Manaus (496 km por via fluvial). Maior município do Amazonas, localizado às margens do Rio Negro, é procurado por praticantes de ecoturismo e pesca esportiva. Em junho há manifestações folclóricas, como as danças de bois-bumbás e quadrilhas.

O que há de fantástico? No verão a estiagem transforma o cenário, criando belas praias.

80. Barra Bonita, SP (M3). 285 km de São Paulo e 23 km de Jaú. Localizada junto ao Rio Tietê, a cidade abriga a mais antiga eclusa da América do Sul, com 142 km de comprimento, 12 m de largura e 25 m de desnível. O horário de funcionamento da eclusa é das 9h às 17 h e há cobrança de ingresso.

O que há de fantástico? Os passeios de barco pelo Rio Tietê com passagem pela eclusa, que duram de 1h30 a 3h e são feitos em barcos com capacidade para até 700 pessoas.

81. Barra da Lagoa – praia – Florianópolis, SC (M2). 20 km do centro. Localizada entre o Oceano Atlântico, a Lagoa da Conceição e o Morro da Galheta, Barra da Lagoa é uma praia com ondas suaves, o que atrai surfistas iniciantes e pais com crianças pequenas. As ondas são atenuadas pela passagem do Canal da Barra, onde as águas salgada e doce se encontram. Veja também Florianópolis.

O que há de fantástico? O passeio até a pequena enseada Prainha, cujo acesso é feito por uma trilha. O local é cercado por rochas e sítios arqueológicos.

82. Barra da Tijuca – praia – Rio de Janeiro, RJ (M3).

Localizada a 25 km do centro, em um bairro jovem e valorizado, é cercada por condomínios luxuosos. O mar tem águas esverdeadas e límpidas, com ondas próprias para surfe, windsurfe, bodyboarding e alguns trechos perigosos, impróprios para banho. Oferece boa infra-estrutura, com quiosques e ciclovia. Veja também Rio de Janeiro.

O que há de fantástico? É a mais extensa praia do litoral fluminense, com cerca de 18 km de extensão.

83. **Barra de Camaratuba, PB (M5).** 95 km de João Pessoa. Pequena vila de pescadores, abriga a última praia do litoral norte paraibano e possui vários atrativos, como lagoa, manguezal, reserva de Mata Atlântica e mar de água cristalina. Veja também Baía da Traição.

O que há de fantástico? A rica biodiversidade da região, que é muito procurada pelos surfistas.

84. **Barra de Santo Antônio, AL (M5).** 49 km de Maceió. Vilarejo ao norte de Alagoas que encanta pela beleza e simplicidade. A peixada, encontrada em qualquer restaurante, é pedida obrigatória. Veja também Maceió e Praia de Carro Quebrado.

O que há de fantástico? A beleza da Praia de Carro Quebrado, cercada por falésias.

85. **Barra de São João, RJ (M3).** 176 km do Rio de Janeiro. Além das praias Praião e Prainha, oferece boas opções culturais, como a casa do poeta Casimiro de Abreu, a Capela de São João Batista – construída no século XVII, a antiga ponte ferroviária (de 1942) e a Festa de São João, com a procissão que passa pelas ruas cobertas de pedras, areia e flores.

O que há de fantástico? O pôr-do-sol magnífico, apreciado da Capela de São João Batista, localizada no alto de uma pedra que divide o mar e o Rio São João.

86. Barra de São Miguel – AL (M5). 32 km de Maceió. Localizado na Zona da Mata nordestina, o município abriga uma das maiores áreas de restinga do Estado e diversos manguezais. Destacam-se as Dunas de Marapés, a Lagoa do Roteiro e as praias de Barra de São Miguel, repleta de recifes, e do Gunga, onde a Lagoa do Roteiro se encontra com o mar. Veja também Maceió.

O que há de fantástico? O passeio de barco pelo Rio São Miguel e o mergulho nas águas cristalinas da praia Bonita.

87. Barra de Tabatinga – praia – Nísia Floresta, RN (M5). 45 km de Natal. Ponto preferido dos surfistas do Estado, encanta por suas belezas naturais, que podem ser apreciadas de vários mirantes. É imperdível um mergulho na paradisíaca Lagoa de Arituba, encravada no meio das dunas, a poucos quilômetros da praia e com boa infra-estrutura turística. Um paredão de falésias é local de prática de vôo livre. Veja também Natal.

O que há de fantástico? Nos fins de tarde pode-se apreciar o balé dos golfinhos.

88. Barra do Abiaí – praia – Pitimbu, PB (M5). 68 km de João Pessoa e 85 km do Recife. Ainda selvagem, a praia situa-se na foz do Rio Abiaí e é uma excelente opção para a pesca e a canoagem. É habitada por pescadores que têm na lagosta sua principal fonte de renda. Veja também João Pessoa.

O que há de fantástico? Subir o Rio Abiaí de canoa e admirar em suas margens uma exuberante paisagem.

89. Barra do Corda, MA (M5). 425 km de São Luís e 350 km de Teresina. Cidade com clima agradável, que costuma variar de ameno a frio, possui atrações naturais como cachoeiras, rios e as praias do Rio Corda e Barra do Corda, além de rico artesanato.

O que há de fantástico? A encenação da Paixão de Cristo, na Semana Santa. Com 120 atores, é um dos maiores espetáculos ao ar livre do Maranhão.

90. **Barra do Cunhaú, RN (M5).** 86 km de Natal e 110 km de João Pessoa. Muito procurada por famílias com crianças devido à sua tranqüilidade, atrai também os praticantes de kitesurfe. Quem procura mais agito costuma dar uma esticada até Pipa, a 8 km. Veja também Praia da Pipa.

O que há de fantástico? O passeio de barco pelo Rio Curimataú, para conhecer Outro Lado, uma praia deserta que separa o rio do mar aberto.

91. **Barra do Garças, MT (M4).** 505 km de Cuiabá. Conhecida como o "paraíso das águas", a cidade, que fica aos pés da Serra Azul, é banhada pelos rios Araguaia e Garças. A região, formada por garimpeiros que buscavam ouro e diamante, possui praias fluviais (à beira do Rio Araguaia) e parques, como o das Águas Quentes – com

piscinas de água mineral com temperatura de até 42°C (é cobrado ingresso) – e o Parque Estadual da Serra Azul.
O que há de fantástico? O artesanato produzido pelas mais de 80 tribos da região.

92. Barra do Gramane – praia – João Pessoa, PB (M5). 30 km de João Pessoa. Localizada ao sul da capital paraibana, possui águas calmas, ótimas para o banho. Veja também Praia de Tambaba, Farol do Cabo Branco e João Pessoa.
O que há de fantástico? A tranqüilidade e a hospitalidade dessa vila de pescadores.

93. Barra do Jacuípe – Camaçari, BA (M5). 55 km de Salvador. Faz parte da Costa do Coqueiro, um dos mais cobiçados roteiros turísticos da Bahia. A paisagem mescla praia, dunas, uma lagoa e o bonito Rio Jacuípe. O local é muito bom para *camping*. Durante a maré alta o mar é perigoso, com correntezas e ondas fortes. Veja também Salvador.
O que há de fantástico? O Rio Jacuípe é ótimo para passeios de caiaque, jet ski e pesca de linha.

94. Barra do Paraguaçu, BA (M5). 280 km de Salvador. Tem como principal atrativo as praias de areias brancas. O Rio Paraguaçu deságua no mar, criando uma interessante queda-d'água.
O que há de fantástico? A falésia Pedra Mole, que oferece um banho em águas doces.

95. Barra do Piraí, RJ (M3). 114 km do Rio de Janeiro e 33 km de Volta Redonda. O pequeno e tranqüilo município foi o maior centro comercial da região cafeeira no final do século XIX. É banhado pelo Rio Paraíba do Sul e seus afluentes Piraí, Ipiabas e Minhocas, que formam o Vale do Paraíba. Conserva os casarões de época, com grandes palmeiras na entrada.

O que há de fantástico? Algumas fazendas de café viraram pousadas e abrigam animais raros, como lobo-guará, guaxinim e sagüi.

96. Barra do Sahy – praia – São Sebastião, SP (M3).

206 km de São Paulo (a 49 km do centro). Localizada em uma vila de pescadores, a praia possui águas claras, areia branca e mar calmo. No lado norte há o Rio Sahy e a Capela da Vila Caiçara, construída no início do século. Veja também São Sebastião.

O que há de fantástico? A piscina natural formada pelos rochedos do Canto Bravo.

97. Barra dos Coqueiros, SE (M5). 1 km de Aracaju (acesso pela estrada, por balsa ou lancha – 5 min). Localizada na Ilha de Santa Luzia, está separada de Aracaju apenas pelo Rio Sergipe. A praia mais badalada é Atalaia, com boa infra-estrutura. Veja também Aracaju.

O que há de fantástico? A combinação dos mangues, rio e mar que resulta numa paisagem encantadora.

98. **Barra Grande – praia – Maraú, BA (M5).** 471 km de Salvador e 100 km de Camamu (acesso a partir de Camamu – 1h30 de barco ou com veículos 4x4 por estradas precárias). Voltada para a Baía de Camamu, a praia é reta, com areias claras e águas mornas e calmas. Na região há muitas casas de veraneio e pousadas. Veja também Barra Grande.

O que há de fantástico? É a porta de entrada da Península de Maraú, que abriga algumas das mais belas praias do país.

99. **Barra Nova – São Mateus, ES (M3).** 220 km de Vitória e 25 km de Guriri. Vila de pescadores com uma praia paradisíaca, repleta de peixes e mariscos. A cidade foi principal entreposto nos ciclos da farinha de mandioca, do café e da madeira, possuindo casarões do período colonial recém-restaurados. Veja também Guriri.

O que há de fantástico? A riqueza da fauna marinha em uma praia paradisíaca.

100. Barra Seca – praia – Linhares, ES (M3). 137 km de Vitória e 85 km de São Mateus (60 km do centro – acesso por balsa de Pontal do Ipiranga, 5 min). Com 2 km de extensão, Barra Seca é uma praia oficial de naturismo. Com áreas para *camping* e pousadas, possui infra-estrutura restrita e funciona somente no verão. A praia é isolada, com mar bravo e areia grossa. Veja também Linhares.

O que há de fantástico? Praia plana e de visual belíssimo, totalmente preservada.

101. Barra Velha, SC (M2). 120 km de Florianópolis. Na Barra da Lagoa é possível praticar esportes aquáticos e conferir o esqueleto de uma baleia, exposto na praça central. Na primeira quinzena de setembro ocorre o Festival Nacional do Pirão.

O que há de fantástico? A Praia Pedras Brancas e Negras (a 6 km), com uma faixa de areia na divisa das praias Sol e Itajubá.

102. Barragem de Sobradinho – Juazeiro, BA (M5). 566 km de Salvador e 125 km de Senhor do Bonfim. Abriga a única eclusa de embarcações do Norte e Nordeste, perfazendo um estirão de 1.371 km entre as cidades de Pirapora (MG), Juazeiro (BA) e Petrolina (PE). A eclusa propicia às embarcações transpor a barragem até Juazeiro, onde fica o principal porto fluvial da região.

O que há de fantástico? O Lago de Sobradinho, maior lago artificial do mundo em espelho d'água.

103. Barreiras do Boqueirão – praia – Japaratinga, AL (M5). 115 km de Maceió e 125 km do Recife. Localizada na chamada "Costa Dourada", no litoral norte do Estado, é conhecida também como Praia das Bicas, devido à presença de fontes de água doce. Suas areias são claras e finas em alguns trechos e pedregosas em outros. O mar é agitado.

O que há de fantástico? Localizada em uma pequena enseada cercada por coqueiros e adornada por uma falésia, oferece um visual paradisíaco.

104. Barreirinhas, MA (M5). 272 km de São Luís. Oferece a melhor infra-estrutura para os visitantes do Parque Nacional dos Lençóis Maranhenses, paraíso ecológico de 155 mil ha de dunas, rios, lagoas e manguezais. A melhor época para visitá-lo é de junho a outubro, quando as lagoas dos Lençóis estão cheias. Veja também Parque Nacional dos Lençóis Maranhenses.
O que há de fantástico? O Farol Preguiças, com 35 m de altura, que oferece vista privilegiada dos Lençóis, do Rio Preguiças e do mar.

105. Barrinha – praia – Cajueiro da Praia, PI (M5). 440 km de Teresina e 80 km de Parnaíba. Localizada na divisa com o Ceará, possui águas verdes e é cercada por uma infinidade de coqueiros. Cajueiro da Praia abriga uma base do projeto Peixe-Boi-Marinho e é uma opção turística para quem visita o Delta do Parnaíba. Veja também Passeio de Barco pelo Delta do Parnaíba.
O que há de fantástico? No começo da tarde é possível caminhar mais de 60 m mar adentro para aproveitar as piscinas naturais formadas com a maré baixa.

106. Barro – museu – Caruaru, PE (M5). 132 km de Recife e 166 km de Campina Grande. Museu dedicado aos ceramistas de Caruaru, que se concentram no Alto do Moura, bairro da cidade que é considerado um dos maiores centros de arte figurativa das Américas. Criado em 1988, tem acervo de cerca de 700 peças, parte delas herdado do antigo Museu de Arte Popular, demolido na década de 1960. O museu faz parte do Espaço Cultural Tancredo Neves, que também abriga uma escola de música e o Museu do Forró Luiz Gonzaga. Aberto à visitação de 3ª a sábado, das 8h às 17h, e aos domingos, das 9h às 13h. Veja também Caruaru.

O que há de fantástico? A sala Mestre Vitalino e Família, com 67 peças produzidas pelo artista, que é um dos ícones de Caruaru.

107. **Basílica de Maringá – Maringá, PR (M2).** 435 km de Curitiba e 100 km de Londrina. De forma cônica e com diâmetro externo de 50 m, tem capacidade para 3.500 pessoas. Em Maringá, visite também o Parque Ingá, o Salto Bandeirantes e o Templo Budista Jodoshu Nippakuji. Veja também Maringá.

O que há de fantástico? Seus 114 m de altura e a exuberância de sua arquitetura.

108. **Basílica de Nazaré – Belém, PA (M6).** Igreja construída no início do século XX sobre o local de referência da principal manifestação católica do Pará, o Círio de Nazaré. Um dos mais belos templos religiosos do Brasil, possui interior em mármore, como o da Basílica de São Paulo (Roma). Abriga uma coleção de 33 mosaicos, que retratam os principais momentos da vida de N.S.de Nazaré e a história do Círio de Nazaré. Veja também Belém.

O que há de fantástico? Os 53 vitrais que compõem a basílica. Quando refletem a luz do sol, dão um colorido especial ao ambiente.

109. **Basílica de N.S. de Aparecida – Aparecida, SP (M3).**

187 km de São Paulo e 80 km de São José dos Campos. Com capacidade para 45 mil pessoas, o principal centro de peregrinação do Brasil chega a receber 200 mil visitantes no dia da padroeira do Brasil, 12 de outubro. Uma

passarela de 500 m separa a Basílica Nova (construída em 1955) da antiga (inaugurada em 1888), em estilo barroco. Tombada em 1982, a basílica nasceu primeiramente de uma capela (em 1744), que tinha como objetivo abrigar a imagem de N.S. de Aparecida encontrada por pescadores no Rio Paraíba em 1717.
O que há de fantástico? A suntuosidade da Basílica, um dos maiores templos católicos do mundo.

110. Basílica Senhor Bom Jesus de Matosinhos – Congonhas, MG (M3). 84 km de Belo Horizonte. Obra-prima barroca de Aleijadinho, é parada obrigatória para quem visita as cidades históricas de Minas Gerais. Construída no século XVIII, é dividida em três partes: os passos (imagens de cedro que retratam cenas da Paixão de Cristo), as 12 esculturas de profetas de pedra-sabão e a igreja. Visite também a igreja matriz (N.S. da Conceição), que possui uma porta esculpida por Aleijadinho. Veja também Congonhas.
O que há de fantástico? A perfeição das esculturas de pedra-sabão.

111. Beberibe, CE (M5). 90 km de Fortaleza. A cidade tornou-se conhecida graças ao artesanato de areia colorida em garrafas e às inúmeras opções de praias com falésias e dunas, como Morro Branco, das Fontes, Ariós e Barra de Sucatinga. Veja também Morro Branco.
O que há de fantástico? O passeio de *buggy* pelo Labirinto das Falésias.

112. Beira Rio – estádio – Porto Alegre, RS (M2). O Estádio José Pinheiro Borda, carinhosamente chamado de "Gigante da Beira-Rio", fica localizado às margens do Guaíba e foi construído com a ajuda de torcedores do Internacional. Foi inaugurado em 1969 e tem capacidade para receber 56 mil torcedores. Aberto à visitação de 3ª a domingo, das 9h às 18h, exceto em dias de jogos. Veja também Porto Alegre.

O que há de fantástico? O Museu do Sport Club Internacional, que expões troféus, fotos e uniformes de passagens marcantes da história do clube e do estádio.

113. Bela – praia – Conde, PB (M5). 30 km de João Pessoa. Localizada no litoral sul da Paraíba, que também abriga as praias de Coqueirinho, Carapibus, Tambaba e Tabatinga, a Praia Bela possui águas esverdeadas e cristalinas, com areias brancas e muitos coqueiros. Veja também João Pessoa.

O que há de fantástico? Com ondas altas, é muito procurada pelos surfistas. O ideal é alugar um *buggy* e circular por todas as praias da região.

114. Belém, PA (M6). A Capital do Pará, conhecida como "Cidade das Mangueiras" devido à abundância da árvore em suas ruas, é o portão de entrada para a Amazônia brasileira. A Cidade Velha abriga um patrimônio histórico riquíssimo, com igrejas e casarões revestidos de azulejos europeus, encravados nas ruas estreitas. O Teatro Amazonas é outra atração. Recomendada vacina contra febre amarela 10 dias antes da chegada ao local. Veja também Basílica de Nazaré, Círio de Nazaré, Mangal das Garças, Mercado Ver-o-Peso, Estação das Docas, Forte do Castelo, Museu de Arte Sacra, Museu Emílio Goeldi, Teatro Amazonas e Teatro da Paz.

O que há de fantástico? A cidade, fundada em 1616, oferece atrações variadas, como praias de água doce com ondas, museus, parques, festas religiosas.

115. **Belmonte, BA (M5).** 650 km de Salvador e 85 km de Santa Cruz Cabrália. Localizada ao sul da capital, recebeu o mesmo nome da cidade natal de Pedro Álvares Cabral. Além de praias desertas, possui casarões em estilo colonial da época do auge do cacau. Veja também Santa Cruz Cabrália e Praia de Coroa Vermelha.
O que há de fantástico? Um farol a 2 km da praia, que já chegou a ficar submerso, mas com o recuo do mar passou a ficar no centro da cidade.

116. **Belo Horizonte, MG (M3).** A capital mineira é o terceiro principal centro urbano do país. Exibe grandes avenidas, com praças e áreas arborizadas, rica gastronomia e muitos tipos de artesanato. A 8 km do centro fica a Pampulha, seu cartão-postal, que engloba um conjunto arquitetônico de importantes obras: a Capela de São Francisco de Assis, pojetada por Oscar Niemeyer e decorada com pinturas de Cândido Portinari, entre jardins de Roberto Burle Marx. Veja também Lagoa da Pampulha, Igreja de São Francisco de Assis e Parque das Mangabeiras.
O que há de fantástico? Foi a primeira cidade brasileira moderna planejada.

117. **Benedito Novo, SC (M2).** 178 km de Florianópolis e 14 km de Timbó. Com relevo acidentado, repleto de cachoeiras e grutas, a cidade atrai os ecoturistas. Destaque para a Gruta de Santo Antônio (com 150 m de profundidade), o Salto Ribeirão Liberdade (65 m) e o Salto Ribeirão Tigre (35 m). Em Timbó há o Museu da Música. Veja também Salto do Zinco e Timbó.
O que há de fantástico? O Salto do Zinco, com 72 m de queda-d'água.

118. **Bento Gonçalves, RS (M2).** 120 km de Porto Alegre e 40 km de Caxias do Sul. Capital brasileira da uva e do vinho tem o maior e mais expressivo pólo moveleiro do Estado. Destaca-se pela qualidade de vida, sendo a 1ª em Índice de Desenvolvimento Humano do Estado e a 6ª do Brasil conforme estudo feito pela Organização das Nações Unidas, em 2003. Um passeio pitoresco é percorrer a região em uma maria-fumaça, ouvindo a música do coral típico italiano. Veja também Caxias do Sul.

O que há de fantástico? O clima subtropical faz com que as temperaturas variem de -3°C no inverno a 36°C nos meses mais quentes do ano.

119. **Biblioteca Nacional – Rio de Janeiro, RJ (M3).** Maior biblioteca da América Latina, está instalada em um casarão antigo no centro da cidade, em frente à Cinelândia. Abriga obras raras, manuscritos e cartografias, em uma coleção com mais de 8 milhões de obras iniciada com a chegada da Real Biblioteca de Portugal ao Brasil, após a vinda da família real em 1808, em conseqüência da invasão de Portugal pelas tropas francesas comandadas por Napoleão Bonaparte. Veja também Rio de Janeiro.

O que há de fantástico? A biblioteca é depositária do Patrimônio Bibliográfico e Documental do Brasil.

120. Bitupitá – praia – Barroquinha, CE (M5). 440 km de Fortaleza. Localizada no extremo norte do litoral do Ceará, apresenta rica biodiversidade, sendo um destino de turismo ecológico. A praia é rica em espécies fluviomarinhas. Possui extensa faixa de areia, dunas, currais de peixes, farol e fortes ondas.

O que há de fantástico? O Pontal das Almas, onde cinco rios desembocam no mar.

121. Blumenau, SC (M2). 165 km de Florianópolis e 51 km de Itajaí. Conhecida pela Oktoberfest, tem como principal atrativo a gastronomia e as casas em estilo enxaimel. O Museu da Família Colonial mostra como foi a colonização da cidade pelos alemães. Blumenau também é conhecida pelos cristais e confecções. Veja também Oktoberfest.

O que há de fantástico? A Oktoberfest, a maior festa do chope fora da Alemanha. Realizada em outubro, atrai quase 1 milhão de participantes.

122. Boa Viagem – praia – Recife, PE (M5). Localizada no perímetro urbano, possui piscinas naturais formadas pelas barreiras de recifes que deram nome à cidade. O banho e o surfe estão proibidos após a barreira devido aos freqüentes ataques de tubarões. Movimentada, tem 7 km de extensão com quiosques, quadras, chuveiros, pista de corrida e iluminação noturna.

O que há de fantástico? É uma das mais belas praias urbanas do Brasil.

123. **Boa Vista, RR (M6).** A Capital do Estado de Roraima começou a ser planejada no início do século XX. Foi desenhada em forma de leque e possui ruas largas e arborizadas, além de belos monumentos. Boa Vista tem no folclore um de seus maiores atrativos, com destaque para a dança e o artesanato indígena. Veja também Monte Roraima e Uiramutã.

O que há de fantástico? Os passeios de barco pelos rios Branco e Cauamé. Cercados de rica vegetação da Amazônia, os rios oferecem belas praias e fauna exuberante.

124. **Boca da Barra – praia – Ilha de Boipeba, BA (M5).** 448 km de Salvador e 180 km de Valença (4 h de barco a partir de Valença ou 2 h de barco de Morro de São Paulo). De difícil acesso (somente por barco), Boca da Barra fica às margens margem do Rio Inferno, que separa Boipeba de Morro de São Paulo. É o ponto de partida das trilhas que levam às praias em mar aberto. Veja também Ilha de Boipeba.

O que há de fantástico? Cercada por coqueiros, a praia é fluvial.

125. **Bodoquena, Serra – Bonito, MS (M4).** 290 km de Campo Grande e 71 km de Jardim. Voltado para o Pantanal, esse planalto, mais conhecido como serra, foi esculpido ao longo de milhares de anos pela erosão. É constituído por rochas carbonáticas muito puras, originárias de um oceano que ali existiu há 550 milhões de anos. Abriga imensas cavernas e rios de águas muito transparentes. Veja também Bonito e Pantanal Mato-Grossense.

O que há de fantástico? Ao longo dos rios há formações calcárias na forma de cachoeiras e represas naturais em constante crescimento.

126. **Boi Morto – cachoeira – Ubajara, CE (M5).** 322 km de Fortaleza e 82 km de Sobral (a 13 km do centro). Possui forte queda-d'água, de cerca de 3 m. Visite também a Gruta de Ubajara.Veja também Parque Nacional de Ubajara.

O que há de fantástico? O Parque Nacional de Ubajara, um complexo de cachoeiras que recebe muitos turistas e abriga shows.

127. **Boipeba – ilha – BA (M5).** 448 km de Salvador e 180 km de Valença (4 h de barco a partir de Valença ou 2 h de barco de Morro de São Paulo). De difícil acesso (somente por barco), a Ilha tem 20 km de praias. Os principais atrativos são as piscinas naturais de Moreré, um verdadeiro aquário no meio do mar (a 20 min de lancha), e praias como Tassimirim, Cueira, Bainema e Cova da Onça, além da Praia Moreré. Veja também Praia de Moreré e Praia Boca da Barra.

O que há de fantástico? Um mergulho em Ponta de Castelhanos (a 2h de barco de Velha Boipeba) para explorar a barreira de recifes e várias embarcações naufragadas.

128. Boituva, SP (M3). 115 km de São Paulo e 23 km de Tatuí. A cidade tornou-se mais conhecida a partir de 1971, quando inaugurou o Centro Nacional de Pára-Quedismo. Além dos saltos para novatos ou pára-quedistas experientes, possui infra-estrutura completa, incluindo *camping*, hotel, restaurante e lojas de artigos usados no esporte. A cidade oferece ainda atrações de turismo rural – vários haras, fazendas do Ciclo do Café e pesqueiros.

O que há de fantástico? O Centro de Pára-Quedismo é referência nacional e internacional.

129. Bom Jesus, RS (M2). 300 km de Porto Alegre e 44 km de São José dos Ausentes. Cenário importante da Revolução Farroupilha, destaca-se pelo comércio de facas artesanais, cujos cabos são feitos de chifre ou de rabo de tatu. A diversidade de sua geografia e sua complexa malha hidrográfica favorecem a prática de ecoturismo. Visite as quedas-d'água Rio Cerquinha, Funil do Rio dos Touros e a Caverna da Cachoeira Quatro Bocas. Veja também São José dos Ausentes.

O que há de fantástico? A culinária típica e os passeios de mula que reproduzem as viagens tropeiras.

130. Bom Jesus da Lapa – gruta – Itabuna, BA (M5). 445 km de Salvador. Localizada às margens do Rio São Francisco, a Gruta é ponto de peregrinação de romeiros de várias partes do país e chega a receber mais de 700 mil visitantes todos os anos. A história de Bom Jesus começou a ser escrita em 1691, quando o português Francisco de Mendonça Mar colocou no local um crucifixo e uma imagem de Nossa Senhora. A Gruta de Bom Jesus tem 50 m de extensão, 15 m de largura e 8 m de altura.

O que há de fantástico? Há mais de 400 anos, entre julho e setembro, milhares de romeiros chegam a caminhar 300 km até Bom Jesus da Lapa.

131. **Bombinhas, SC (M2).** 70 km de Florianópolis e 39 km do Balneário Camboriú. Antiga vila de pescadores, Bombinhas é referência em ecoturismo no Estado. Procurada por brasileiros e estrangeiros, suas praias, com mar calmo e vegetação preservada, ficam cheias na alta temporada. Visite também o Parque Ambiental Família Schürmann, que abriga uma exposição de fotos e vídeos das viagens de veleiro feitas pelos Schürmann.Veja também Porto Belo, Praia da Conceição e Praia de Tainhas.
O que há de fantástico? A Ilha do Arvoredo, um dos melhores locais para mergulho do país (a 2 h de barco).

132. **Bonete – praia – Ilhabela, SP (M3).** 206 km de São Paulo e 6 km de São Sebastião (mais 15 min de balsa; localizada no extremo sul da ilha, com acesso de barco ou por trilha de 4 horas). Tem 90% de sua área protegida pelo Parque Estadual de Ilhabela, de 25 ha. A orla é ladeada por chapéus-de-sol, que alimentam os morcegos, muito comuns na região. Uma das laterais da praia é cortada por um rio de águas cristalinas, e o mar é bom para o surfe. Veja também Ilhabela.
O que há de fantástico? Praia rústica e deserta, que não conta sequer com luz elétrica. Um gerador abastece toda a comunidade, formada por 100 famílias de caiçaras.

133. **Bonita – lagoa (Lençóis Maranhenses) – Barreirinhas, MA (M5).** 272 km de São Luís e 100 km de Santo Amaro (2h em estrada de areia a partir de Barreirinhas). Uma das quatro grandes lagoas dos Lençóis Maranhenses, a Bonita fica na entrada da área de dunas, entre as lagoas Azul e da Esperança. Faz parte do Parque Nacional dos Lençóis Maranhenses e abriga em suas águas aves migratórias. Para chegar à lagoa é preciso subir uma duna de 40 m, com auxílio de uma corda. Veja também Parque Nacional dos Lençóis Maranhenses.

O que há de fantástico? Entre junho e setembro diversas outras lagoas são formadas pelas chuvas, que se depositam entre as dunas empurradas pelos ventos oceânicos.

134. **Bonito, MS (M4).** 300 km de Campo Grande e 251 km de Dourados. A cidade reúne tantas opções de lazer que pode confundir o turista. Há grutas, flutuação nos rios, circuito rural, cachoeiras, balneários e roteiros de aventura (como bóia-cross). Os passeios obrigatórios são dois: a Gruta do Lago Azul e o Rio da Prata. O lago tem várias formações de rocha calcária com 70 m de profundidade e 120 m de largura. No passeio no Rio da Prata é possível flutuar (graças à alta concentração de calcário na água) ao lado de peixes como pintados, pacus e dourados. Veja também Abismo Anhumas e Gruta do Lago Azul.

O que há de fantástico? A visita à Gruta do Lago Azul. No verão, entre 8h e 9h, a incidência dos raios de sol torna as águas da gruta incrivelmente azuis.

135. Botes – ilha – Carolina, MA (M5). 860 km de São Luís (a 5 km do centro – acesso de carro até a beira do rio, onde há estacionamento, mais 100 metros de barco). Coberta por palmeiras, a ilha possui uma linda praia, com águas límpidas e que costumam ficar repletas de garças e marrecos. A região compreende inúmeras cachoeiras, que são a principal atração de Carolina. Veja também Carolina.

O que há de fantástico? A ilha oferece várias atrações para o ecoturismo e é palco do Rally dos Sertões.

136. Brasília, DF (M4). Patrimônio Cultural da Humanidade, a capital federal foi inaugurada em 1960. Projetada pelo urbanista Lúcio Costa e pelo arquiteto Oscar Niemeyer, é um marco da arquitetura moderna. Há visitas monitoradas na Praça dos Três Poderes (Palácio do Planalto, Congresso e Supremo Tribunal Federal) e na Esplanada dos Ministérios, onde estão o Palácio do Itamaraty e a Catedral Metropolitana. Veja também Cadedral Metropolitana, Lago Paranoá, Memorial JK, Parque Nacional de Brasília e Praça dos Três Poderes.

O que há de fantástico? Vista de cima, a cidade planejada tem a forma de um avião.

137. **Brasília – parque nacional – Brasília, DF (M4).** Localizado a 9 km do centro. Paraíso das águas minerais, seus 31,9 mil ha abrigam mananciais hídricos que servem de fonte de abastecimento para a cidade. Predomina a vegetação de cerrado, com destaque para as flores. Entre os animais, encontra-se a onça-pintada, espécie em extinção. Veja também Brasília.
O que há de fantástico? É uma das principais atrações turísticas da cidade, com infra-estrutura de recepção e recreação, incluindo fontes e duas piscinas de água mineral.

138. **Brava – praia – Arraial do Cabo, RJ (M3).** 140 km do Rio de Janeiro (localizada a 4 km do centro, requer caminhada difícil pelo Morro do Atalaia). Não recomendada para banhos, devido a suas ondas fortes. Veja também Arraial do Cabo.
O que há de fantástico? Localizada no extremo do município, recebe ondulações sem barreiras, ótimas para o surfe.

139. **Brotas, SP (M3).** 235 km de São Paulo e 54 km de Jaú.

Um dos principais destinos do Estado para o turismo de aventura, oferece inúmeras opções para a prática de rafting, rapel, trekking, arborismo, canoagem e bóia-cross, entre outros. Abriga campeonatos de canoagem e rafting. Veja também Saltos do Rio Jacaré-Pepira e Cachoeira de São Sebastião.
O que há de fantástico? Descer o Rio Jacaré-Pepira de bóia-cross ou observar a chamada "areia que canta", que, quando esfregada, produz som semelhante ao de uma cuíca.

140. Bueno Brandão, MG (M3). 471 km de Belo Horizonte e 52 km de Serra Negra. Localizada em uma região montanhosa no sul de Minas, faz parte do Circuito das Águas, com 33 cachoeiras e vários rios. Oferece excelentes mirantes, em picos que chegam a 1.750 m. Tem boa infra-estrutura de ecoturismo. Oferece passeios a cavalo ou de Jipe pela mata; penhascos e corredeiras próprios para rapel, canyoning, cascading e bóia-cross.

O que há de fantástico? A Trilha do Cascavel, que atravessa sete cachoeiras.

141. Bumba-Meu-Boi – São Luís, MA (M5). A mais importante manifestação folclórica do Maranhão acontece durante o mês de junho. Os bois mais tradicionais são o Maracanã, o Maioba e o Madre Deus (da capital), além dos bois de Pindaré, Morros e Axixá. A brincadeira gira em torno de um auto bem-humorado, que retrata a história de Pai Francisco e Catirina. Grávida, ela deseja comer a língua do boi Mimoso, o novilho mais querido do patrão, que acaba morto por seu marido. O crime é descoberto e Pai Francisco é preso, mas pede ajuda dos feiticeiros que ressuscitam o animal. Os protagonistas usam roupas coloridas e há cinco ritmos ou sotaques. Veja também São Luís.

O que há de fantástico? Os pontos altos da festa são a véspera de São João (23/6), quando os bois se apresentam nos arraiais, e a madrugada do dia 29/6, no encerramento.

142. Butiazal – Quaraí, RS (M2). 590 km de Porto Alegre e a 25 km de Uruguaiana. Localizada na divisa com o Uruguai, em uma região rica em lendas e histórias, Quaraí possui vasta área coberta por uma árvore de origem desconhecida chamada butiazeiro, que segundo as lendas foi trazida à cidade pelos jesuítas. Semelhante a um coqueiro, a árvore fornecia matéria-prima para forrar travesseiros antes do surgimento da espuma. Veja também Cerro do Jarau.

O que há de fantástico? Quaraí possui belas dunas de areia e abriga o Cerro do Jarau, que guarda uma das principais lendas da região.

143. Búzios, RJ (M3). 180 km do Rio de Janeiro e 26 km de Cabo Frio. A vila de pescadores ganhou notoriedade na década de 1960, com a visita da atriz Brigitte Bardot. Praias belíssimas, muito burburinho e sofisticação são os ingredientes para o sucesso do local. Há opções para quem busca sossego e para os que gostam de agitação. Veja também Cabo Frio e Arraial do Cabo.

O que há de fantástico? O mergulho com cilindro nas ilhas de Gravatá e Âncora, e o festival de jazz & blues, que acontece em julho e tem apresentações gratuitas.

144. Cabo Branco – farol – Ponta do Seixas, PB (M5). 14 km de João Pessoa. Localizado no alto de uma falésia no ponto mais extremo do país ao leste, possui um mirante com magnífica vista do Atlântico e das praias do litoral paraibano, como Tambaú, Manaíra, Bessa e Costa do Sol. Veja também João Pessoa.

O que há de fantástico? É lá que o sol lança seus primeiros raios sobre o Brasil.

145. Cabo de Santo Agostinho, PE (M5). 40 km de Recife e 40 km de Porto de Galinhas. Com um rico artesanato, a cidade oferece belas praias, turismo de aventura, sítios arqueológicos e igrejas. Destaque para a pequena Praia Calhetas, que fica protegida por um penhasco e tem águas tranqüilas. Veja também Recife e Porto de Galinhas.

O que há de fantástico? A Vila de Nazaré, com ruínas do Brasil colonial, como o Convento Carmelita, a Antiga Capela e o Antigo Quartel.

146. Cabo Frio, RJ (M3). 160 km do Rio de Janeiro, 26 km de Búzios e 13 km do Arraial do Cabo. Situado na Região dos Lagos, Cabo Frio possui praias belíssimas, mas também oferece boas atrações históricas e culturais. Guarda tesouros históricos e arqueológicos que estão em harmonia com a natureza, como a Charitas, a Capela N.S. da Guia, as igrejas São Benedito e N.S. da Assunção, o Teatro Municipal e o Palácio das Águias. Veja também Praia do Forno, Praia Grande, Gruta Azul e Arraial do Cabo.

O que há de fantástico? O convento N.S. dos Anjos, de 1606, que abriga um museu de arte sacra.

147. Cabugi – pico – Lajes/Angico, RN (M5). 120 km de Natal (a 7 km do centro de Lajes). Um dos cartões-postais do Rio Grande do Norte, tem pouco mais de 500 m de altura e é formado por rochas subvulcânicas basálticas de cerca de 20 milhões de anos. Após uma trilha de aproximadamente 2 horas até o topo, é possível avistar o mar, a 80 km de distância. Veja também Natal.

O que há de fantástico? É o único vulcão extinto do país que ainda preserva a sua morfologia original.

148. Cachadaço – praia – Trindade, RJ (M3). 261 km do Rio de Janeiro e 29 km de Parati. Praia pequena, com apenas 700 m de extensão, possui areias finas e brancas com poucas casas de pescadores e ranchos onde são guardadas suas canoas e redes. Veja também Trindade.

O que há de fantástico? A orla é cercada por vegetação nativa, coberta por amendoeiras.

149. Cacha Pregos – praia – Itaparica, BA (M5). 279 km de Salvador e 108 km de Valença (acesso rodoviário ou 50 min de balsa a partir de Salvador). A ilha está ligada ao continente por uma ponte que sai da cidade de Nazaré. A pequena vila de pescadores – assim denominada por causa dos peixes-prego – tem praias tranqüilas, quase sem ondas.

O que há de fantástico? Ponto de partida para passeios de barco rumo a verdadeiros santuários ecológicos recortados por rios, dunas, mangues e praias desertas.

150. Cachoeira, BA (M5). 100 km de Salvador e 46 km de Feira de Santana. Localizada no Recôncavo Baiano, à margem esquerda do Rio Paraguaçu, a cidade foi tombada pelo Instituto do Patrimônio Histórico e Artístico Nacional em 1971, e pela Unesco, como patrimônio da humanidade, devido às suas riquezas históricas, arquitetônicas e naturais. Abriga prédios coloniais e, em estilo barroco, diversas igrejas, capelas e museus, onde estão documentos, fotografias e imagens sacras.

O que há de fantástico? As construções remetem à riqueza do Império, com obras como o altar revestido com ouro da Igreja N.S. do Carmo.

151. Cachoeiras de Corupá – Corupá, SC (M2). 215 km de Florianópolis e 19 km de Jaraguá do Sul. Conhecida como "Capital da Banana", a cidade também possui muitos atrativos naturais. São 67 cachoeiras, trilhas e um parque ecológico. Veja também Corupá.

O que há de fantástico? O Parque Ecológico Emílio Batistela, que abriga as mais belas cachoeiras da cidade. A mais famosa é a Salto Grande, com queda de 125 m.

152. Cacimbão da Capoeira – Rio Branco, AC (M6). Reservatório comunitário de água potável mais antigo da capital, foi fundado em 1927. Naquela época ficava distante da zona urbana e fornecia água potável às residências através dos aguadeiros, que a transportavam nos ombros ou no lombo de burros. Veja também Rio Branco.

O que há de fantástico? Foi tombado pelo Patrimônio Histórico em 1984.

153. Caconde, SP (M3). 307 km de São Paulo e 49 km de Poços de Caldas. Estância climática com temperatura amena, localizada em região privilegiada da Serra da Mantiqueira, possui cachoeiras, rios e outras atrações ligadas ao ecoturismo. Veja também Mirante de Caconde.

O que há de fantástico? A Trilha do Pontal, que leva a um antigo quilombo.

154. Caipônia, GO (M4). 324 km de Goiânia e 124 km de Jataí. Região com belas cachoeiras, mas algumas acessíveis apenas por trilhas com elevado grau de dificuldade. As principais são a São Domingos, a Samambaia e a Abóbora. Veja também Piranhas.

O que há de fantástico? A queda-d'água de 96 metros da Cachoeira São Domingos.

155. Caju – ilha – Araioses, MA (M5). 486 km de São Luís e 50 km de Parnaíba (mais 1h30 de lancha). Propriedade particular, abriga um parque e um hotel ecológico, com sede de mais de 150 anos. A paisagem é exuberante, repleta de dunas, mangues e ilhas fluviais. Entre as espécies que se vê com facilidade na região estão jacarés, raposas, veados, tucanos, macacos, pica-paus, tatus e tartarugas-marinhas. Veja também Passeio de Barco pelo Delta do Parnaíba.

O que há de fantástico? Localizada no Delta do Rio Parnaíba, entre as 80 ilhas e ilhotas que formam o único delta das Américas em mar aberto.

156. Caldas Novas, GO (M4). 174 km de Goiânia e 62 km de Morrinhos. Maior pólo turístico do Estado, recebe milhares de pessoas em busca de suas águas termais, que podem ser usufruídas nas piscinas e parques temáticos dos hotéis. O complexo hoteleiro da cidade abriga quase 100 estabelecimentos, oferecendo mais de 5.500

apartamentos, 205 piscinas termais e 33 piscinas de água fria. O Parque Estadual da Serra de Caldas Novas, a 5 km do centro, oferece visitas guiadas por trilhas, com paradas para banhos e mirantes.
O que há de fantástico? A nascente mais quente do Brasil, com águas cuja temperatura alcança 57°C. Fica no Poço do Ovo, na Lagoa Quente do Pirapitinga.

157. Calhetas – praia – Cabo de Santo Agostinho, PE (M5). 49 km do Recife (19 km do centro). Pequena baía repleta de coqueiros, possui mar calmo, cristalino e cercado por recifes. É muito procurada para prática de mergulho e pesca submarina. Veja também Cabo de Santo Agostinho.
O que há de fantástico? É considerada uma das mais belas praias do Estado.

158. Caminho das Missões, RS (M2). Rota de peregrinação entre São Borja e Santo Ângelo, o Caminho das Missões tem 325 km e reproduz a trajetória dos jesuítas que, no século XVII, chegaram à região para catequizar a população local. Os peregrinos percorrem trilhas abertas pelos guaranis e por tropeiros, estradas de terra e fazendas.
O que há de fantástico? A cidade de São Miguel das Missões, a 524 km de Porto Alegre. Patrimônio Cultural da Humanidade, abriga ruínas dos Sete Povos das Missões.

159. **Caminho do Ouro – Parati, RJ (M3).** 250 km do Rio de Janeiro, 73 km de Ubatuba e 302 km de São Paulo. Trilha criada pelos índios para chegar ao litoral e também utilizada pelos bandeirantes, tornou-se importante rota para que os portugueses levassem ouro de Minas Gerais para Portugal. No século XVIII recebeu o famoso calçamento pé-de-moleque (com pedras diversas e irregulares), marca registrada da cidade. Há passeios guiados em dois trechos do caminho. Veja também Parati.

O que há de fantástico? A oportunidade de conhecer um curioso projeto de engenharia que ajudou a dilapidar as riquezas do Brasil Colônia.

160. **Campeche – ilha – Florianópolis, SC (M2).** Acesso de barco. Há três saídas: Armação (30 min), Pântano do Sul (40 min) e Barra da Lagoa (1h15). Possui rico ecossistema, formado por costões e morros recobertos de Mata Atlântica e uma única praia com areia clara e fina. O mar tranqüilo varia entre verde e turquesa. Veja também Florianópolis.

O que há de fantástico? Abriga representativa parcela do patrimônio arqueológico catarinense – mais de cem inscrições rupestres, presentes em dez sítios arqueológicos.

161. **Campina Grande, PB (M5).** 120 km de João Pessoa e 166 km de Caruaru. Campina Grande possui rico folclore e é um dos principais centros industriais e tecnológicos do Nordeste do país. A cidade promove vários eventos culturais como o Festival de Inverno, o Festival de Violeiros, shows de cantadores de coco e as vaquejadas. Campina Grande também é conhecida como "Terra da Carne-de Sol". Destaque para o Micarante, Carnaval fora de época que acontece em abril. Veja também Festa Junina.

O que há de fantástico? A festa junina realizada no Parque do Povo, que atrai 1 milhão de turistas do país e do Exterior.

162. Campinhos – parque estadual – Tunas do Paraná, PR (M2). 65 km de Curitiba. Com área de 204,5 mil ha, foi o primeiro parque brasileiro criado para proteger um patrimônio espeleológico. Preserva parte da vegetação original da floresta de araucária, contendo imbuia, cedro e carvalho. Na fauna destacam-se o cachorro-do-mato, o serelepe, a gralha-azul e o gato-do-mato. Veja também Curitiba.

O que há de fantástico? As cavernas calcárias do Conjunto Jesuítas-Fadas, que apresentam salões e galerias ricamente ornamentados por estalagtites e estalagmites.

163. Campo Grande, MS (M4). Capital do Estado, é seu pólo mais desenvolvido e o maior criador de gado de corte do país, com um rebanho de 22 milhões de cabeças. O desenho do sítio urbano é plano, com avenidas retas em formato de xadrez. Possui rica diversidade cultural, fruto do ecletismo de sua população, formada por descendentes de índios paraguaios e bolivianos, japoneses, árabes, gaúchos, paulistas, mineiros e nordestinos. Embora morem em uma capital, todos os dias, no fim de tarde, os moradores reúnem-se com os amigos para tomar o tererê, espécie de chimarrão gelado, hábito herdado dos vizinhos paraguaios. Veja também Bonito, Corumbá, Lagoa Santa e Pantanal Mato-Grossense.

O que há de fantástico? A cidade é a porta de acesso ao Pantanal Sul e à cidade de Bonito.

164. Campos do Jordão, SP (M3). 194 km de São Paulo e 40 km de Taubaté. Conhecida como "Suíça Brasileira", a cidade é a principal estância de inverno do Estado. Entre maio e agosto mais de 1,5 milhão de pessoas sobem a Serra da Mantiqueira em busca das baixas temperaturas, de sua

rica gastronomia e das variadas opções de lazer e cultura.Veja também Auditório Cláudio Santoro, Festival de Inverno, Palácio Boa Vista, Passeio de Trem de Pindamonhangaba a Campos do Jordão, Gomeral, Pedra do Baú, Santo Antônio do Pinhal e Taubaté.

O que há de fantástico? O Festival de Inverno. Realizado desde 1970, é o principal festival de música erudita do Brasil e reúne atrações nacionais e internacionais.

165. Campos do Quiriri – Campo Alegre, SC (M2). 220 km de Florianópolis e 61 km de Joinville. Pequeno município criado por alemães, poloneses, portugueses e espanhóis, Campo Alegre possui diversos atrativos naturais e ricas manifestações culturais. Localizados no Alto da Serra do Mar, os Campos do Quiriri merecem destaque. Veja também Joinville.

O que há de fantástico? Suas belas grutas e a nascente do Rio Negro.

166. Cananéia, SP (M3). 258 km de São Paulo e 64 km de Registro. O turismo e a pesca são suas principais atividades. Abriga seis unidades de conservação ambiental, além de ser tombada como Patrimônio Histórico. Localizada em meio à Mata Atlântica, possui uma infinidade de cachoeiras, aves e animais raros, como o papagaio-da-cara-roxa. As praias ficam na Ilha do Cardoso, com seus costões rochosos e dunas. Golfinhos podem ser vistos na travessia para a ilha. Veja também Ilha do Cardoso.

O que há de fantástico? Cidade litorânea, foi fundada em 1532 e possui vários casarões históricos e atrações naturais.

167. Canavieiras, BA (M5). 571 km de Salvador e 110 km de Ilhéus. Cidade que viveu seu auge nos anos do chamado "ouro negro", Canavieiras foi a primeira da região a receber um pé de cacau, ainda no século XVIII. Abriga fazendas do período e casario do século XIX preservado, localizado no centro histórico. Cercada por ilhas, rios, praias, mangues e coqueirais, possui uma paisagem paradisíaca e ainda pouco explorada. É o maior pesqueiro natural de robalo do Brasil e possui o maior viveiro de marlim-azul do mundo. Possui boa infra-estrutura. Veja também Ilhéus.

O que há de fantástico? O passeio de barco até a Ilha de Atalaia, a 3 km, que tem as mais belas praias da região.

168. Cândido Portinari – museu – Brodósqui, SP (M3). 337 km de São Paulo e 40 km de Ribeirão Preto. A antiga residência de um dos maiores artistas plásticos brasileiros virou museu, nesta pequena cidade do interior de São Paulo. O acervo conta com pinturas, murais, afrescos e têmperas, com temática predominantemente sacra. Aberto à visitação de 3ª a domingo, das 9h às 17h. Há cobrança de ingresso. Veja também Ribeirão Preto.

O que há de fantástico? A visita guiada pela casa de Portinari, que revela a trajetória do artista por meio de suas obras, objetos pessoais, móveis e documentos.

169. Canela, RS (M2). 123 km de Porto Alegre e 8 km de Gramado. Oferece uma infinidade de cascatas, rios, cânions e montanhas, em meio às ricas fauna e flora, encontradas em diversos parques. A Cascata do Caracol, no Parque do Caracol, tem 131 m de altura e sua base pode ser alcançada por escadaria de 927 degraus. No centro está a Catedral N.S. de Lourdes, em estilo gótico inglês, com torre de 65 m de altura e carrilhão de 12 sinos. Veja também Cascata Caracol, Par-

que Caracol, Parque da Ferradura e Igreja N.S. de Lourdes.
O que há de fantástico? Abriga o único parque de trenós do Brasil, onde casais descem uma montanha em meio à natureza.

170. **Canela – ilha – Palmas, TO (M6).** É necessário cruzar as águas do Rio Tocantins de barco para chegar a esta ilha, que possui as águas mais límpidas da região. Os barcos partem das praias Graciosa ou da Prata e levam os turistas para passar o dia na ilha. O trajeto leva cerca de 20 min. Veja também Palmas.
O que há de fantástico? Passar o dia em uma ilha com praia de água doce, cercada de golfinhos e tartarugas.

171. **Canindé de São Francisco, SE (M5).** 213 km de Aracaju e 76 km de Paulo Afonso. Localizada às margens do Rio São Francisco, é sede da Usina Hidrelétrica de Xingó, que abastece o Nordeste. A construção da barragem da usina formou um reservatório de 65 km de extensão, que possibilita passeios de catamarã em meio a um labirinto de formações rochosas de milhões de anos. Veja também Hidrelétrica de Xingó e Paulo Afonso.
O que há de fantástico? O Cânion do Xingó, com rochas de granito e profundidade de até 170 m, e o Sítio Arqueológico Mundo Novo, com pinturas rupestres.

172. **Canoa Quebrada, CE (M5).** 173 km de Fortaleza e 90 km de Mossoró. Após ser descoberta pelos *hippies* na década de 70, a pequena vila de pescadores transformou-se em um dos principais destinos do Ceará, atraindo turistas de todas as regiões do país e muitos europeus. Possui belas praias com

águas calmas (como Ponta Grossa, Redondas e Lagoa do Mato), falésias, recifes e imensas dunas, que podem ser desbravadas em passeios de *buggy*. Além das belezas naturais, o local oferece boas opções noturnas, como bares, restaurantes e boates. Veja também Praia de Lagoa do Mato e Praia de Ponta Grossa.
O que há de fantástico? Os passeios de *buggy* e o pôr-do-sol no alto das dunas.

173. **Capão da Canoa, RS (M2).** 138 km de Porto Alegre e 35 km de Tramandaí. O município recebe muitos turistas durante o verão. A grande atração são dois parques aquáticos, que abrem de novembro a março, na Praia de Capão da Canoa, urbana e extensa. Na Lagoa dos Quadros, a 4 km do centro, é possível passear de barco e pescar.
O que há de fantástico? Em janeiro e fevereiro vários aviões de pequeno porte oferecem vôos panorâmicos pela região.

174. **Capela Dourada – Recife, PE (M5).** Localizada no bairro Santo Antonio, destaca-se das demais igrejas da capital pernambucana por seu estilo barroco. Faz parte de um conjunto arquitetônico erguido entre os séculos XVII e XVIII. O conjunto inclui o Convento de Santo Antônio, de 1606; a Igreja da Ordem Terceira de São Francisco, de 1804; e o Museu de Arte Sacra. Veja também Recife e Olinda.
O que há de fantástico? Seu suntuoso altar de cedro coberto de ouro.

175. **Capitólio, MG (M3).** 291 km de Belo Horizonte e 232 km de Ribeirão Preto, SP. O município é um dos 34 banhados pelo Lago de Furnas, conhecido como "Mar de Minas". Possui pequenos cânions, uma praia artificial e cachoeiras com águas cristalinas, como a Lagoa Azul, a 31 km do centro. Dois bons programas na cidade são o passeio de barco pelo Rio Grande, com paradas em várias cachoeiras e grutas, e a visita ao Parque Trilha do Sol. Veja também Parque Nacional da Serra da Canastra.

O que há de fantástico? O Morro do Chapéu, com 1.293 m, de onde é possível avistar boa parte do Lago de Furnas.

176. Caraça – parque natural – Santa Bárbara, MG (M3). 105 km de Belo Horizonte e 60 km de Mariana (acesso a 25 km do centro). Com 10.187 ha, situa-se também no município de Catas Altas. Muito apreciado por D. Pedro II, o local já abrigou um colégio e um seminário. Atualmente é sede de uma biblioteca com 2 mil livros raros e um museu. Lá se encontra o lobo-guará, símbolo do parque. Funciona das 7h às 17h. É cobrado ingresso. Veja também Mariana.

O que há de fantástico? Além das atrações naturais, abriga relíquias históricas e culturais. As matas da Serra do Espinhaço são ricas em cachoeiras, grutas e piscinas naturais.

177. Caracol – parque – Canela, RS (M2). 135 km de Porto Alegre e 7 km de Gramado (a 7 km do centro). Com uma infinidade de atrações, sobretudo para as crianças, o parque alia beleza natural e boa infra-estrutura. Oferece diversas trilhas, um passeio de trenzinho até uma tribo indígena e uma feira de artesanato. Funciona das 8h30 às 17h30. É cobrado ingresso. Veja também Canela.

O que há de fantástico? A Cascata do Caracol, com queda de 131 metros. Oferece quatro trilhas, um elevador panorâmico e um belo mirante.

178. **Caraíva, BA (M5).** 768 km de Salvador, 40 km de Trancoso, 70 km de Porto Seguro. Prepare-se para enfrentar estradas precárias e a travessia de canoa pelo Rio Caraíva. A cidade é um recanto intocado da Mata Atlântica, com construções rústicas e sem energia elétrica. As praias encantam pela beleza (destaque para Curuípe e Espelho, a cerca de 25 km de barco). A 6 km de Caraíva fica o Parque Nacional de Monte Pascoal (aquele que Cabral avistou quando chegou ao Brasil). Veja também Parque Nacional de Monte Pascoal.

O que há de fantástico? A caminhada até o topo do Monte Pascoal.

179. **Caravelas, BA (M4).** 856 km de Salvador e 29 km de Alcobaça. Localizada à margem do Rio Caravelas, é ponto de partida para o Arquipélago de Abrolhos (a 70 km de barco). Oferece belas praias (a 10 km do centro), a ilha deserta de Pontal do Sul – de águas límpidas e areia branca – e monumentos construídos no Ciclo do Ouro, quando o município era usado para escoar o metal das Minas Gerais. Veja também Parque Nacional Marinho de Abrolhos.

O que há de fantástico? O Parque Nacional Marinho de Abrolhos, formado por cinco belíssimas ilhas, que abrigam pássaros e espécies marinhas de rara beleza, como as jubartes.

180. Carcará – lagoa – Nísia Florestal, RN (M5). 75 km de Natal. É a principal atração da cidade, um reduto de tranqüilidade (não há sequer luz elétrica) que faz parte da Grande Natal. Na lagoa são vendidos os bordados típicos da região. Os bares mantêm os peixes e camarões em viveiros – os clientes escolhem o pescado que quiserem e ele é preparado na hora. Na região há também a Cachoeira do Carcará, com queda de 8 m. Veja também Natal.

O que há de fantástico? É um verdadeiro oásis envolto em dunas e com paisagens dignas de cartão-postal.

181. Cardoso – ilha – Cananéia, SP (M3). 303 km de São Paulo e 65 km de Cananéia (mais 10 min de barco). Localizada no Litoral Sul, têm ótimas opções de praias, algumas desertas. Abriga o Parque Estadual Ilha do Cardoso, criado em 1962, com uma área de 15,1 mil ha. As melhores opções de hospedagem estão em Cananéia. Veja também Cananéia.

O que há de fantástico? Tem 90% de sua Mata Atlântica intocada e abriga jacarés-de-papo-amarelo, animais ameaçados de extinção.

182. **Carlos Botelho – parque estadual – São Miguel Arcanjo, SP (M3).** 192 km de São Paulo e 45 km de Itapetininga. Com 38 mil ha, o parque é formado por Mata Atlântica nativa e oferece diversas trilhas com acompanhamento de guias. Abriga um museu com animais empalhados. Aberto à visitação diariamente, das 8h às 16h.
O que há de fantástico? A floresta preservada, morada de animais como a onça-pintada.

183. **Carlos Costa Pinto – museu – Salvador, BA (M5).** Localizado no Corredor da Vitória, o museu abriga a coleção particular de Carlos Costa Pinto, que adquiriu as peças de tradicionais famílias de Salvador. O acervo conta com tapeçarias, objetos de cristais e mobiliário, com destaque para as jóias de ouro e a coleção de balangandãs de prata. Aberto à visitação de 4ª a segunda, das 14h30 às 19h. Há cobrança de ingresso. Veja também Salvador.
O que há de fantástico? Também conhecido como "Museu da Prata", o Costa Pinto abriga a maior coleção de pratarias do Brasil.

184. **Carmo do Rio Claro, MG (M3).** 362 km de Belo Horizonte. Estância turística que teve parte de sua área tomada pela Represa de Furnas, a cidade destaca-se pelo artesanato e pelas belas paisagens. O carro-chefe do artesanato é a tecelagem, com a produção de tapetes e tecidos variados. Além dos passeios de barco e trilhas, a principal atração natural é a Serra da Tormenta, com 1.287 metros de altitude. Veja também Lago de Furnas.

O que há de fantástico? Os saltos de asa-delta e paraglider do alto da Serra da Tormenta.

185. Carnaval em Olinda, PE (M5). 7 km do Recife. É comemorado ao som do frevo, nas ruas estreitas da Cidade Alta. Os foliões são arrastados para a brincadeira pelos bonecos gigantes, que chegam a medir mais de 3 m de altura. O mais famoso deles é o Homem da Meia-Noite, que está nas ruas desde 1932 e abre oficialmente o Carnaval de Olinda. Veja também Olinda e Recife.

O que há de fantástico? A brincadeira, com mais de 500 agremiações, apresentando troças, maracatus e caboclinhos, e 1 milhão de participantes.

186. Carnaval no Rio de Janeiro, RJ (M3). Grande espetáculo, conhecido pela beleza e pelo luxo de suas fantasias e pela tradição das escolas de samba. Desde o primeiro desfile, em 1935, a festa cresceu, atraindo turistas do mundo todo, que lotam os 85 mil m^2 do Sambódromo, com capacidade para 62 mil pessoas. O ponto alto é o desfile das 14 escolas de samba do Grupo Especial, no domingo e na segunda-feira. Artistas e personalidades destacam-se entre os 5 mil integrantes das escolas. Veja também Rio de Janeiro.

O que há de fantástico? É uma das maiores festas populares do mundo.

187. Carnaval em Salvador, BA (M5). Dona de um dos maiores carnavais do Brasil, Salvador atrai turistas dos quatro cantos do mundo e de todo o país. As estrelas da festa são os trios elétricos, que percorrem a cidade arrastando multidões ao som de alguns dos principais artistas da música baiana. Para participar da festa, pode-se comprar o abadá de algum bloco, que dá direito a dançar dentro do cordão de isolamento, ou acompanhar um pouco mais de longe. Veja também Salvador.

O que há de fantástico? O encontro dos blocos e trios no Farol da Barra, na manhã de quarta-feira de cinzas: o desfecho ideal de uma festa inesquecível.

188. Carneiros – praia – Tamandaré, PE (M5). 111 km de Recife, 75 km de Cabo de Santo Agostinho e 141 km de Maceió (a 5 km do centro). Com 5 km de extensão, a Praia dos Carneiros abriga o Estuário do Formoso. É repleta de coqueiros e possui um paredão de recifes com cerca de 1 km de extensão, bancos de areia e piscinas naturais. O acesso é feito por propriedades particulares. Veja também Tamandaré.

O que há de fantástico? A região abriga algumas das melhores praias do Estado e possui boa infra-estrutura (apesar do difícil acesso nos períodos de chuvas).

189. Carolina, MA (M5). 860 km de São Luiz e 220 km de Imperatriz. Cidade que na década de 40 abrigou a primeira hidrelétrica da Amazônia, Carolina destaca-se pela vocação turística. Além de possuir belas cachoeiras, como Pedra Caída e Itapecuru, é a porta de entrada para a Chapada das Mesas, com uma infinidade de cachoeiras e cânions. Veja também Chapada das Mesas.

O que há de fantástico? A caminhada pela trilha da Cachoeira Pedra Caída, entre paredões de 50 metros que abrigam bromélias.

190. **Carrancas, MG (M3).** 286 km de Belo Horizonte e 94 km de São João del Rey. Novo núcleo de ecoturismo, o município possui cachoeiras e grutas, mas muitas delas em propriedades privadas. Veja também Cachoeira da Zilda e Cachoeira da Esmeralda.
O que há de fantástico? A visita às fazendas históricas, que oferecem deliciosos pratos típicos.

191. **Carro Quebrado – praia – Barra de Santo Antônio, AL (M5).** 40 km de Maceió (mais 6 km de balsa a partir do cais da Barra). O mar azul-esverdeado de ondas fortes contrasta com a areia fina e clara, envolta pelo verde dos coqueiros. Veja também Maceió.
O que há de fantástico? As falésias nas cores roxa, vermelha e ocre, que se destacam na paisagem.

192. Caruaru, PE (M5). 134 km de Recife e 166 km de Campina Grande. Situada no agreste pernambucano, a cidade possui inúmeras atrações culturais, como o bairro de Alto Moura. Considerado pela Unesco o "Maior Centro de Arte Figurativa das Américas", reúne mais de mil artesãos. O Parque 18 de Maio abriga as famosas feiras da cidade, onde se encontra um pouco de tudo.
O que há de fantástico? A festa de São João, uma das maiores do país.

193. Casa Brasileira – museu – São Paulo, SP (M3). Dedicado à história do mobiliário e à esfera privada do homem brasileiro, com exemplares do século XVII ao XX, o museu expõe camas, poltronas, cômodas, mesas, pianos, tapetes, porcelanas e cristais. Abriga também mostras temporárias de objetos e *design* da atualidade. O Solar do Prado, construção da década de 1940 que abriga o museu, é cercado por um jardim de 6 mil m^2 com cerca de 200 espécies de árvores brasileiras. Aberto à visitação de 3ª a domingo, das 10h às 18h. Há cobrança e ingresso. Veja também São Paulo.
O que há de fantástico? Comparar os costumes de cada época, refletidos nos móveis e objetos pessoais do acervo.

194. Casa da Cultura Mário Quintana – Porto Alegre, RS (M2). Localizada no centro velho, no prédio que abrigava o Hotel Majestic, construído em 1923 e que foi tombado e transformado em centro cultural quando o poeta gaúcho ainda vivia. Com espaços destinados a espetáculos, livraria, sala de vídeo, discoteca, biblioteca infanto-juvenil, teatro, auditório, salas de cinema, centro de convenções e galeria de arte, transformou-se em referência cultural da cidade. Funciona de 3ª a 6ª, das 9h às 21h; sábados, domingos e feriados, das 12h às 21h. Veja também Porto Alegre.
O que há de fantástico? O poeta, que faleceu em 1994, passou a maior parte de sua vida morando em hotéis, e o Majestic foi um deles.

195. Casa de Câmara Cascudo – museu – Natal, RN (M5).
O casarão em que o escritor e maior estudioso brasileiro de folclore viveu por mais de 40 anos com a esposa, dona Dáhlia, foi construído em 1900, em estilo neoclássico e tombado como patrimônio cultural em 1990. Encontram-se expostos quadros, fotos, o escritório ainda montado e os objetos de artesanato popular de sua coleção. Aberta à visitação de 2ª a 6ª, das 8h às 17h, e aos sábados, das 8h às 12h. Veja também Natal.
O que há de fantástico? A cidade dedica quatro espaços ao escritor: a Casa, um museu, uma biblioteca e um memorial.

196. Casa de Cora Coralina – museu – Goiás, GO (M4).

140 km de Goiânia e 42 km de Itaberaí. Construída na segunda metade do século XVIII, a casa, uma das primeiras da cidade (também conhecida como Goiás Velho), tem características típicas do período colonial. Sempre pertenceu à família de Cora Coralina, que lá nasceu e viveu. Uma das partes abriga o museu dedicado à memória da poetisa e doceira, que faleceu em 1985. Aberto à visitação de 3ª a sábado, das 9h às 17h, e domingo, das 9h às 16h. Veja também Goiás.
O que há de fantástico? A encantadora trajetória da poetisa, que registrou com lirismo as tradições da região e publicou seu primeiro livro aos 75 anos.

197. Casa de Graciliano Ramos – museu – Palmeira dos Índios, AL (M5). 135 km de Maceió. Localizada na casa em que o escritor, que foi prefeito da cidade, viveu entre 1924 e 1930. Guarda documentos, objetos pessoais, como um terno, e a máquina de escrever do escritor que, em 1938, lançou *Vidas Secas*, um clássico da literatura brasileira. Aberto ao público de 2ª a 6ª, das 8 h às 18 h; sábados e domingos, das 8 h às 12 h e das 14 h às 17 h.
O que há de fantástico? Na casa, onde o Graciliano escreveu o romance *Caetés*, estão expostos os originais de vários livros do escritor.

198. Casa de Guimarães Rosa – museu – Cordisburgo, MG (M3). 113 km de Belo Horizonte. Inaugurado em 1974, ano da morte do autor de *Grande Sertão: Veredas*, o museu ocupa a modesta casa na qual Guimarães Rosa passou sua infância. Reúne mais de 200 objetos e utensílios de uso pessoal, discursos e artigos de periódicos, mobiliário e artigos de montaria e de criação do escritor – fragmentos do universo rural que influenciou sua obra. Funciona de 3ª a domingo, das 9h às 17h. Veja também Gruta do Maquiné.
O que há de fantástico? O rico acervo textual, composto de 1.200 documentos, entre eles originais manuscritos e datilografados, como os da obra *Tutaméia*.

199. Casa de Juscelino Kubitschek – museu – Diamantina, MG (M3). 292 km de Belo Horizonte e 125 km de Curvelo. A casa simples onde JK cresceu mostra detalhes da história de um dos moradores mais ilustres da pequena Diamantina, que viria a ser governador de Minas Gerais e presidente da República. Funciona de 3ª a sábado, das 9h às 17h, e domingo, das 9h às 14h. Veja também Diamantina.
O que há de fantástico? Abriga fotos e a biblioteca de Juscelino Kubitschek.

200. Casa de Santos Dumont – museu – Petrópolis, RJ (M3). 65 km do Rio de Janeiro. Projetada e construída pelo célebre inventor em 1918 para servir de residência de verão, a casa tem três pavimentos. O primeiro abrigava uma oficina, o segundo as salas de estar e jantar e o superior o escritório e o quarto. Uma curiosidade é que a casa não tem cozinha. Todas as refeições vinham do Palace Hotel. Estão expostos objetos pessoais e invenções do Pai da Aviação. Aberta ao público de 3ª a domingo, das 9h30 às 17h. Veja também Petrópolis.

O que há de fantástico? A escada que dá acesso ao mirante que servia de observatório astronômico é recortada em forma de raquete, o que obriga o início da subida com o pé direito.

201. Casa do Pontal – museu – Rio de Janeiro, RJ (M3). Localizado em um sítio no Recreio dos Bandeirantes, o Museu Casa do Pontal possui cerca de 5 mil peças de artesanato popular dos mais variados estilos e origens. O acervo foi reunido nos últimos 50 anos pelo colecionador francês Jacques Van de Beuque e tem peças representativas de todas as regiões do país. Aberto de 3ª a domingo, das 9h30 às 17h. Há cobrança de ingresso. Veja também Sítio Roberto Burle Marx e Rio de Janeiro.

O que há de fantástico? Considerado o maior museu de arte popular do Brasil, abriga grandes engenhocas mecanizadas e obras de cerâmica de mestre Vitalino.

202. Casa dos Contos – museu – Ouro Preto, MG (M5). 90 km de Belo Horizonte. Abriga o Centro de Estudos do Ciclo do Ouro e a sede do Museu da Moeda e do Fisco. O prédio foi construído entre 1782 e 1784, por João Rodrigues de Macedo, cobrador dos impostos da Capitania de Minas, que ali estabeleceu moradia e administração de seus negócios. Serviu para diversos fins, inclusive de cárcere para os inconfidentes. Funciona 2ª, das 14h às 18h; 3ª a sábado, das 10h às 18h, e domingo, das 10h às 16h. Veja também Ouro Preto.

O que há de fantástico? Um dos mais belos monumentos do barroco mineiro, o casarão tem um mirante com vista panorâmica da cidade.

203. Casca d'Anta – cachoeira – São Roque de Minas, MG (M3). 330 km de Belo Horizonte (8 km do centro). Localizada no Parque da Serra da Canastra, é a primeira cachoeira do Rio São Francisco e a principal atração da região. Para chegar à parte alta, é preciso percorrer uma trilha de 15 min. Para a parte baixa, são necessários apenas 5 min de caminhada. Veja também Parque Nacional da Serra da Canastra.

O que há de fantástico? É uma das quedas-d'água mais altas do Brasil, com 200 m. Em época de chuvas, ouve-se o som de suas águas a quilômetros de distância.

204. Cassange – lagoa – Maraú, BA (M5). 390 km de Salvador (mais 1h30 de barco a partir de Camamu – a 12 km do centro). Bela lagoa de águas escuras, cercada por areia branca e coqueiros. Suas águas calmas são ótimas para banho, esportes aquáticos ou passeios de canoa. A região é rica em belezas naturais – praias, lagoas, Mata Atlântica –, que se mantêm preservadas graças ao difícil acesso. Veja também Península de Maraú.

O que há de fantástico? Suas águas ricas em lanolina, substância usada para fazer xampu e ótima para os cabelos.

205. Cássia dos Coqueiros, SP (M3). 405 km de São Paulo e 70 km de Ribeirão Preto. Situada na divisa dos Estados de São Paulo e Minas Gerais, é uma das 17 cidades (como Brodowski e Cajuru) integrantes do chamado Roteiro Portinari, que delimita a região onde nasceu e viveu o pintor Cândido Portinari. Cássia dos Coqueiros possui mais de 18 cachoeiras, como a Itambé, trilhas e rampa para a prática de vôo livre.

O que há de fantástico? O mirante da Serra das Areias, com vista panorâmica para seis cidades paulistas e mineiras.

206. Cassino, RS (M2). 310 km de Porto Alegre, 20 km de Rio Grande e 54 km de Pelotas. Distrito de Rio Grande, mais antigo município do Estado, Cassino foi inspirado nos balneários europeus Dieppe Deauville e Biarrits e inaugurado em 1890. Suas praias, praticamente desertas, são procuradas por surfistas e pescadores. Veja também Rio Grande e Pelotas.

O que há de fantástico? A praia do Cassino, com 220 km, é considerada a maior do mundo.

207. **Castelhanos – praia – Ilhabela, SP (M3).** 206 km de São Paulo e 5 km de São Sebastião (mais 15 min de balsa e 26 km por trilha que requer veículo 4x4). Localizada no Parque Estadual de Ilhabela, é a maior praia da Baía de Castelhanos, com cerca de 2 km de extensão. Praia de tombo, possui infra-estrutura turística modesta, montada pelos moradores. Veja também Ilhabela.

O que há de fantástico? É ponto de partida para praias selvagens, trilhas e cachoeiras.

208. **Castelo – forte – Belém, PA (M6).** Abriga o Museu do Forte do Presépio (seu nome inicial), que conta a história da colonização da cidade e da Amazônia pelos portugueses. Veja também Belém.

O que há de fantástico? Erguido em 1616 para defender o território contra as tentativas de conquista da França, Holanda e Inglaterra, o forte é a primeira construção da cidade.

209. **Castelo Garcia d'Ávila – Mata de São João, BA (M5).**

90 km de Salvador. A Casa da Torre, como também é conhecido o castelo, fica a poucos quilômetros da Praia do Forte. É considerado a primeira grande edificação portuguesa do Brasil e a única construção medieval das Américas. Foi erguido em 1551. As ruínas da edificação foram tombadas em 1937 e fazem parte de um sítio arqueológico, com área para exposições, loja, mirante e uma capela. Aberto à visitação diariamente, das 8h30 às 18h. Há cobrança de ingresso. Veja também Salvador.

O que há de fantástico? A existência de um castelo medieval em pleno litoral baiano.

210. Castro, PR (M3). 159 km de Curitiba e 45 km de Ponta Grossa. Antiga rota de tropeiros e destino de imigrantes europeus, o município é hoje um dos principais produtores agropecuários do Paraná, mas dispõe de várias atrações ecológicas e culturais. Destaque para o Recanto Pissaias, que abriga algumas cachoeiras e para o Museu da Imigração Holandesa. Veja também Parque Estadual de Vila Velha.
O que há de fantástico? O Museu do Tropeiro, considerado o principal do gênero no país.

211. Cataratas Couros (Chapada dos Veadeiros) – Alto Paraíso de Goiás, GO (M4). 421 km de Goiânia e 230 km de Brasília (a 51 km do centro, sendo 20 km em estrada de terra em péssimas condições, que exige veículo 4x4). Localizadas no Parque Nacional da Chapada dos Veadeiros.Veja também Alto Paraíso de Goiás e Parque Nacional da Chapada dos Veadeiros.
O que há de fantástico? Oferecem um dos mais belos cenários da região, formado por cascatas, cachoeiras, paredões e piscinas naturais.

212. Catedral Basílica de Salvador – Salvador, BA (M5). Localizada no centro histórico, foi construída na segunda metade do século XVII com materiais sofisticados como ouro, mármore, madeira de jacarandá e marfim de tartaruga. Suas portas são adornadas com imagens de três santos jesuítas – Santo Inácio de Loyola, São Francisco de Borja e São Francisco Xavier, padroeiro de Salvador. O prédio abriga também o Museu da Catedral, com acervo de peças dos séculos XVI ao XX, ourivesaria e prataria. Veja também Salvador.
O que há de fantástico? É a maior obra de arte barroca luso-brasileira. Revestida interna e externamente em pedra de lioz, possui duas torres e abóbadas em madeira.

213. Catedral Metropolitana – Brasília, DF (M4). Localizada no Eixo Monumental (Esplanada dos Ministérios), foi projetada por Oscar Niemeyer e inaugurada em 1970. Seu formato circular, com16 pilares curvos entremeados por belíssimos vitrais (criados por Marianne Peretti), garante iluminação natural à nave. Abriga obras de Alfredo Ceschiatti, Di Cavalcanti e Athos Bulcão. Veja também Brasília.

O que há de fantástico? Sua arrojada arquitetura, que se destaca no Eixo Monumental.

214. Catedral Ortodoxa – São Paulo, SP (M3). Localizada no bairro do Paraíso, nas proximidades da Avenida Paulista, a Catedral Ortodoxa foi inaugurada na década de 1940. A construção, projetada pelo engenheiro Paulo Taufick Camasmie, possui imagens em mármore de Carrara. Foi decorada por pintores russos e por Joseph Trabulsi, artista escolhido pessoalmente pelo Rei Faruk do Egito. Veja também São Paulo.

O que há de fantástico? É uma das maiores e mais belas catedrais ortodoxas do mundo.

215. Catedral São João Batista – Santa Cruz do Sul, RS (M2). 155 km de Porto Alegre e 65 km de Lajeado. Localizada no centro, possui torres de 82 m de altura. Sua construção foi iniciada em 1928 e concluída apenas em 1977.

O que há de fantástico? É um dos maiores templos da América do Sul em estilo neogótico.

216. **Cavalcante, GO (M4).** 530 km de Goiânia e 85 km de Alto Paraíso de Goiás. Principal entrada para o Parque Nacional da Chapada dos Veadeiros, abriga 70% da área do Parque. Uma de suas belezas é a Cachoeira Boa Brisa, a 6 km do centro, que possui um grande lago para banho. A 67 km, fica o complexo de quatro cachoeiras do Rio da Prata e, a 5 km, encontram-se pequenas praias de areia com águas calmas em ambiente selvagem. Na cidade há comunidades quilombolas. Veja também Chapada dos Veadeiros.

O que há de fantástico? Existem mais de 100 cachoeiras próximas à cidade, que é circundada pelos cânions da chapada, ideais para a prática de esportes de aventura.

217. **Caverna do Diabo – Eldorado, SP (M3).** 246 km de São Paulo e 209 km de Curitiba (acesso a 45 km do centro). A Gruta da Tapagem (nome oficial), uma das principais do país, está localizada no Parque Estadual de Jacupiranga, que abriga ricas flora e fauna de Mata Atlântica. Com área de 600 m aberta à visitação, possui amplos salões com formações calcárias impressionantes. Oferece boa infra-estrutura e trilhas alternativas para os apreciadores dos esportes de aventura. Veja também Petar.

O que há de fantástico? As incríveis esculturas de estalactites e estalagmites produzidas pela natureza.

218. Caxambu, MG (M3). 360 km de Belo Horizonte e 30 km de São Lourenço. Localizado no sul do Estado, este balneário charmoso reúne prédios de arquitetura suntuosa, passeios de charrete, lago com pedalinhos e um teleférico. Com 210 mil m^2, o Parque das Águas de Caxambu, construído em 1912 e tombado pelo Instituto Estadual do Patrimônio Histórico e Artístico (IEPHA), oferece banhos, duchas e piscinas de água mineral. Veja também São Lourenço.
O que há de fantástico? É o maior complexo hidromineral do mundo, com 12 fontes de água mineral com diferentes propriedades.

219. Caxias do Sul, RS (M2). 136 km de Porto Alegre e 42 km de Bento Gonçalves. Integrante do Roteiro da Uva e do Vinho. A uva transformou o Vale Trentino – um imenso lago rodeado de parreiras – em ponto turístico. Uma de suas atrações é a Casa de Pedra. Construída em 1878, foi feita de pedras rejuntadas com barro e madeira trabalhada. Virou museu em 1974 e abriga utensílios e móveis usados pelos imigrantes italianos. Veja também Bento Gonçalves.
O que há de fantástico? Acompanhar o processo de produção, do plantio da videira até o descanso do vinho e, no final, degustá-lo.

220. Cedro – ilha – Parati, RJ (M3). 250 km do Rio de Janeiro e 75 km de Ubatuba (mais 2 horas de barco a partir do cais de Parati). Muito arborizada, possui uma pequena praia de 50 metros, com areia fina e banhada por águas calmas. Veja também Parati.
O que há de fantástico? Sua praia, ideal para caça submarina, pesca e mergulho.

221. **Cerro do Jarau – Quaraí, RS (M2).** 590 km de Porto Alegre e a 25 km de Uruguaiana (a 25 km do centro). Localizado no extremo leste do Estado, próximo da Argentina e do Uruguai. Ponto culminante do município, com 308 m, abriga uma caverna que guarda a principal lenda da região, a Salamanca do Jarau. A lenda relata o amor de um sacerdote por Teiniaguá, lagarto que se transformava em princesa moura. Na caverna teriam sido gerados os filhos do casal, os primeiros gaúchos. Veja também Quaraí.
O que há de fantástico? A atmosfera mágica, repleta de misticismo, e as belas dunas da região.

222. **Chácara do Céu – museu – Rio de Janeiro, RJ (M3).** Uma propriedade de 25 mil m² no charmoso bairro de Santa Teresa abriga um museu que expõe mais de 8 mil obras de arte e peças de mobiliário de diversas épocas e origens. Além do acervo, a beleza do palacete neoclássico e dos jardins projetados por Burle Marx é atração à parte. Em fevereiro de 2006 foram roubadas do museu obras de Dalí, Picasso, Monet e Matisse. Aberto à visitação diariamente (exceto às 3as), das 12h às 17h. Há cobrança de ingresso. Veja também Santa Teresa e Rio de Janeiro.

O que há de fantástico? Chegar ao museu a bordo do encantador bondinho de Santa Teresa e apreciar o variado acervo, com obras de mestres brasileiros e estrangeiros.

223. **Chapada das Mesas – parque nacional – Carolina, MA (M5).** 897 km de São Luís e 220 km de Imperatriz (acesso em veículos 4x4 com guias). Paraíso dos esportes radicais e do ecoturismo, a Chapada das Mesas tornou-se Parque Nacional em 2005. Possui formações rochosas exuberantes, cânions, poços de água cristalina, 22 rios perenes e 37 cachoeiras, com destaque para a Santa Bárbara e a São Romão. Veja também Carolina.

O que há de fantástico? O rapel na cachoeira Santa Bárbara, com queda-d'água de 75 m.

224. Chapada Diamantina – parque nacional – BA (M5). 425 km de Salvador (a cidade de Lençóis oferece a melhor infra-estrutura para visitar o parque). No coração da Bahia, o parque tem 152 mil ha e situa-se em sete municípios. Oferece montanhas, chapadões, 35 rios, corredeiras, cachoeiras e cavernas. As nascentes brotam por entre os paredões rochosos. Abriga ricas fauna e flora, incluindo animais em extinção, como a onça-pintada e a suçuarana, bromélias e cactos. Veja também Lençóis, Cachoeira da Fumaça, Poço Encantado, Complexo da Pratinha, Lagoa da Pratinha, Ribeirão do Meio, Pico das Almas, Garganta do Diabo e Gruta do Lapão.

O que há de fantástico? O Poço Encantado, principal cartão-postal da Chapada. Com água azul-turquesa, recebe raios de sol que revelam seus detalhes.

225. Chapada dos Guimarães – parque nacional – MT (M4). 70 km de Cuiabá. Com 33 mil ha, o parque é repleto de opções para o turismo de aventura e cercado de misticismo. Possui cachoeiras, rios, grandes formações rochosas de arenito e mais de 50 sítios arqueológicos, em meio à vegetação de cerrado. Para fazer o passeio até as

principais cachoeiras, entre elas a Cachoeira Véu da Noiva, a maior da reserva, com 86 m de queda, basta caminhar cerca de 4 km a partir do centro de visitantes. A Caverna Aroe Jari, que abriga a Lagoa Azul, uma piscina natural de água azul cristalina, é outro destaque. O Centro Geodésico – eqüidistante dos oceanos Atlântico e Pacífico – atrai turistas pelo seu lado místico. Veja também Cuiabá, Cachoeira Véu da Noiva e Cachoeira Andorinhas.

O que há de fantástico? A Cidade de Pedra, com enormes rochas que lembram muralhas e castelos. O acesso ao local, a 17 km, é precário.

226. Chapada dos Veadeiros – Alto Paraíso de Goiás, GO (M4). 420 km de Goiânia e 225 km de Brasília (mais 38 km em estrada de terra em direção a Colinas do Sul). A Chapada atrai turistas de todo o país e com os mais variados perfis, em busca de sua beleza natural incomparável e de sua carga mística. Abriga cachoeiras, cânions, piscinas naturais e trilhas exuberantes. Destaque para o Vale da Lua, com formações rochosas de mais de 600 milhões de anos, e para o Encontro das Águas. Veja também Alto Paraíso de Goiás e Vale da Lua.

O que há de fantástico? O Parque Nacional da Chapada dos Veadeiros. Com 236 mil ha, abriga algumas das mais belas e exóticas paisagens do Brasil, como a Vale da Lua.

227. Chicadona – cachoeira – Itabirito, MG (M3). 55 km de Belo Horizonte e 48 km de Ouro Preto (a 27 km do centro, sendo 16 km por estrada de terra). Localizada na Serra da Jaguara, a cachoeira possui duas quedas. A primeira, com 40 m, forma um poço tranqüilo e raso, ideal para as crianças. A segunda queda tem 70 m e forma um grande lago. É cobrado ingresso para visitar a cachoeira. Veja também Belo Horizonte e Ouro Preto.

O que há de fantástico? Descer de rapel as quedas, tomar um banho refrescante ou simplesmente curtir o visual.

228. Chicão 2 – cachoeira – Faxinal, PR (M2). 330 km de Curitiba e 100 km de Londrina. Com 58 m de queda, a cachoeira é muito procurada pelos londrinenses durante os finais de semana. Cercada por rica flora, termina em uma piscina natural. Nos arredores há outras quedas apreciadas pelos praticantes de esportes radicais.
O que há de fantástico? A caverna formada pelo curso das águas.

229. Chuí, RS (M2). 527 km de Porto Alegre e 23 km de Santa Vitória do Palmar. É o município mais meridional do Brasil. A economia baseia-se no comércio de fronteira. O lado Uruguaio possui belas praias e fortes.
O que há de fantástico? É o ponto mais meridional do Brasil e estabelece a fronteira com o Uruguai.

230. Cidade de Pedra – Chapada dos Guimarães, MT (M4). 70 km de Cuiabá (a 22 km do centro por estrada de terra). Os belos cenários começam na trilha de cerca de 1 km que leva até a Cidade de Pedra, com lindas formações rochosas feitas pelo vento. No final da trilha, dois enormes paredões de rocha avermelhada que ecoam os gritos dos turistas encantados com sua beleza. Veja também Chapada dos Guimarães.
O que há de fantástico? Suas formações rochosas, com mais de 300 m de altura, lembram as ruínas de uma cidade.

231. Ciências e Tecnologia – museu – Porto Alegre, RS (M2). Museu dedicado a ensinar princípios de física, matemática, biologia, química e de outras áreas da ciência. Mistérios do planeta Terra e do universo, curiosidades sobre eletricidade e inovações tecnológicas são algumas das atrações. Localizado no campus da PUC-RS, está aberto à visitação de 3ª a domingo, das 9 h às 17 h. Veja também Porto Alegre.
O que há de fantástico? Ao contrário da maioria dos museus, neste

a ordem é tocar em tudo e interagir, de forma que cada um faça seu próprio experimento.

232. Cima – praia – Palhoça, SC (M2). 15 km de Florianópolis. Situada entre dois pequenos e verdejantes morros, de suas areias é possível avistar as Ilhas Três Irmãs e toda a enseada formada pela Praia de Baixo. O costão é apreciado pelos surfistas. Veja também Florianópolis.

O que há de fantástico? Ao sul da praia há uma trilha que termina em um aglomerado de rochas que avança sobre o mar e forma piscinas naturais.

233. Cinco Pontas – forte – Recife, PE (M5). Localizado no bairro de São José, funciona como centro turístico. Foi construído em taipa, pelos holandeses, em 1630. O objetivo era evitar o roubo do açúcar, produzido localmente, e proteger as cacimbas para garantir o suprimento de água potável à população. A fortaleza foi totalmente destruída em 1677 e restaurada com apenas quatro pontas. Veja também Recife.

O que há de fantástico? É a última construção holandesa no Recife e um dos monumentos mais representativos da arquitetura colonial.

234. Círio de Nazaré – Belém, PA (M6). Realizado no segundo domingo de outubro desde 1793, o Círio de Nazaré começa com uma procissão fluvial, seguida de uma caminhada de 4,5 km da Catedral da Sé até a Basílica de Nazaré. O centro da procissão é a berlinda que traz a pequenina imagem da santa, puxada por uma longa corda, de 400 m, em que os devotos tentam segurar. O termo Círio tem sua origem na palavra latina "cereus", que significa vela ou tocha grande. Veja também Belém e Basílica de Nazaré.

O que há de fantástico? Uma das maiores manifestações católicas do país, reúne quase 2 milhões de fiéis todos os anos.

235. Cláudio Santoro – auditório – Campos do Jordão, SP (M3). 194 km de São Paulo e 40 km de Taubaté. Conhecido como "Suíça Brasileira", Campos do Jordão tem no Festival de Inverno, que acontece em julho, uma de suas maiores atrações. Os espetáculos mais concorridos são apresentados no auditório Cláudio Santoro (maestro titular da Orquestra Sinfônica de Brasília e compositor de música erudita, falecido em 1989), inaugurado em 1979. O local pode ser visitado de 3ª a domingo, das 10h às 17h. Veja também Campos do Jordão.

O que há de fantástico? A arquitetura do auditório, com capacidade para 900 expectadores. É comum observar na parte externa a presença de tucanos, esquilos e outros animais.

236. Coca-Cola – lagoa – Natal, RN (M5). Localizada a 86 km do centro, na Baía Formosa (sentido Natal–João Pessoa), região muito apreciada pelos surfistas e ecoturistas. Seu nome decorre da coloração avermelhada da água, resultado de alta concentração de iodo e enxofre. É rodeada por belas dunas e falésias. Veja também Natal.

O que há de fantástico? A lagoa está localizada em uma Reserva Particular do Patrimônio Natural, com 2 mil ha remanescentes da Mata Atlântica e acesso controlado.

237. Comandatuba – ilha – Una, BA (M5). 540 km de Salvador, 75 km de Ilhéus e 276 km de Porto Seguro. Um luxuoso *resort* transformou a Ilha, repleta de coqueiros, em um santuário ecológico cheio de conforto e com mais de 100 opções de esporte e lazer.

O que há de fantástico? A Reserva Biológica do Una, que abriga várias espécies em risco de extinção.

238. Comary – lago – Teresópolis, RJ (M3). 95 km do Rio de Janeiro e 53 km de Petrópolis. Um dos recantos mais bonitos e bucólicos de Teresópolis, o lago fica nas proximidades do centro de treinamento da seleção brasileira, que ocupa uma área de 150 mil m^2 na Granja Comary. Veja também Teresópolis.

O que há de fantástico? Sentar ao redor do lago e apreciar a principal atração de Teresópolis, o pico Dedo de Deus, com 1.680 m.

239. Complexo da Pratinha (Chapada Diamantina) Lençóis, BA (M5). 425 km de Salvador e 310 km de Feira de Santana. A Chapada possui um dos mais ricos complexos geológicos da América do Sul. Com suas águas cristalinas e lagos para banho com profundidade média de 2 m, a Gruta da Pratinha é um dos mais belos cenários da região. Veja também Chapada Diamantina.

O que há de fantástico? O mergulho nas águas cristalinas da Gruta da Pratinha.

240. Conceição da Barra, ES (M3). 256 km de Vitória, 25 km de Itaúnas e 119 km de Linhares. Recebe o movimento dos turistas que visitam as dunas de Itaúnas, vilarejo vizinho. Suas praias são urbanizadas. A de Guaxindiba fica a 3 km do centro, perto da foz do Rio Itaúnas. Mais distante, a 50 km do centro, a Praia do Farol localiza-se entre a foz do Rio Cricaré e o Farol da Barra. Suas águas sofrem mudanças constantes de temperatura, devido à proximidade do rio. Veja também Parque Estadual de Itaúnas.

O que há de fantástico? Além das belezas naturais, a cidade atrai muitos turistas no verão devido à agitação noturna, embalada por trios elétricos.

241. **Conceição do Araguaia, PA (M6).** 330 km de Palmas. Um fenômeno peculiar da região relaciona-se com as marés do Rio Araguaia. Entre julho e dezembro, quando ocorre o verão amazônico, o volume das águas do Araguaia diminui, fazendo aflorar em seu leito os bancos de areia. Nessa época é possível desfrutar as praias, como a da Gaivota, próxima ao centro. Mais distantes estão as praias selvagens da Macedônia, Verde e Caldeirão. Veja também Rio Araguaia.
O que há de fantástico? Os passeios de barco pelo Rio Araguaia. O município abriga cem ilhas com água cristalina, ar puro e ricas fauna e flora.

242. **Conceição do Ibitipoca, MG (M3).** 360 km de Belo Horizonte e 26 km de Lima Duarte. Na Zona da Mata mineira, o Arraial de Conceição de Ibitipoca foi um dos primeiros povoados do Estado. Oferece infra-estrutura para os visitantes do Parque do Ibitipoca, com rede de hotéis, restaurantes e lojas, que vendem artesanato e peças produzidas nos teares da região. Veja também Parque Estadual de Ibitipoca.
O que há de fantástico? O Parque Estadual do Ibitipoca, com 1,5 mil ha, que abriga grutas, cachoeiras, lagos, picos e muito verde.

243. **Conceição do Mato Dentro, MG (M3).** 166 km de Belo Horizonte e 61 km de Serro. Município criado há mais de 300 anos durante o Ciclo do Ouro, possui diversos atrativos naturais, como cachoeiras, cânions, lagos e parques, e tem se tornado um pólo de ecoturismo. Veja também Cachoeira Rabo de Cavalo, Cachoeira do Tabuleiro e Serro.
O que há de fantástico? A Cachoeira do Tabuleiro, que possui a terceira maior queda-d'água do país (273 m) e um poço com 18 m de profundidade. Situa-se a 19 km do centro.

244. **Conceição – lagoa – Florianópolis, SC (M2).** Localizada a 12 km do centro, tem beleza paisagística excepcional. É cercada por belas dunas e seu entorno abriga um importante conjunto histórico e arquitetônico. A lagoa também é famosa por oferecer bons restaurantes, pela pesca e a renda artesanais. A Avenida das Rendeiras é caminho para praias como Joaquina, Praia Mole e Barra da Lagoa. Veja também Florianópolis.

O que há de fantástico? Um dos pontos mais freqüentados de Florianópolis, é um dos cartões-postais da Ilha de Santa Catarina.

245. **Conceição – praia – Bombinhas, SC (M2).** 70 km de Florianópolis e 5 km de Porto Belo (a 7 km do centro). Com 100 metros, é uma extensão da Praia de Canto Grande, de onde há fácil acesso a pé. Possui mar calmo e seguro, adequado a famílias com crianças. Veja também Bombinhas e Porto Belo.

O que há de fantástico? O mar forma piscinas naturais ao lado de costões, excelentes para mergulho.

246. Conceição – praia – Fernando de Noronha, PE (M5). 545 km do Recife (1h40 de avião) e 360 km de Natal (1h10 de avião). Também chamada de Italcable, situa-se no sopé do Morro do Pico. É uma praia de grandes proporções, bastante procurada pelo seu fácil acesso. Na maré mansa a praia é calma, com grande extensão de areia para ser percorrida e emoldurada por coqueiros. Na maré alta, de dezembro a março, suas ondas são próprias para surfe. Veja também Fernando de Noronha.

O que há de fantástico? Tem como marca uma pedra conhecida como "peão", por causa de seu formato.

247. Concha – praia – Ilhéus, BA (M5). 451 km de Salvador e 70 km de Itacaré (a 2 km do centro). Situada no Morro de Pernambuco, é coberta por coqueiros e suas águas formam ondas cheias. Veja também Ilhéus e Praia do Desejo.

O que há de fantástico? Oferece vista para o centro histórico de Ilhéus.

248. Conchas – farol – Ilha do Mel, PR (M2). 95 km de Curitiba (mais meia hora de barco a partir de Pontal do Sul). Construído no alto do Morro das Conchas em 1870, o Farol orienta as embarcações que chegam à Baía de Paranaguá. Não é permitido visitar o seu interior. A praia em que se localiza é um ponto de surfistas, assim como a Praia Grande. A Ilha do Mel é uma estação ecológica e, por isso, possui algumas regras especiais para o turismo. Veja também Ilha do Mel.

O que há de fantástico? Atualmente o farol é alimentado por energia solar.

249. Confusões – serra – PI (M5). 620 km de Teresina. O Parque Nacional da Serra das Confusões, criado em 1998, é a principal atração da região. Ainda não está aberto à visitação, mas existem projetos de educação ambiental e recreação. Abriga um único ecossistema: a caatinga. O objetivo é preservar toda a riqueza dessa paisagem, sua fauna e sua flora para as futuras gerações.

O que há de fantástico? Abriga sítios arqueológicos em suas cavernas e grutas, apresentando litogravuras nos paredões rochosos.

250. Congonhas, MG (M3). 78 km de Belo Horizonte e 50 km de Ouro Preto. Cidade que integra o Circuito do Ouro, Congonhas possui construções históricas características do período barroco. Diversos artistas importantes deixaram sua marca nas igrejas da cidade, como Antônio Francisco Lisboa, o Aleijadinho, e Manuel Athaíde. Veja também Basílica de Bom Jesus dos Matosinhos, Ouro Preto e Belo Horizonte.

O que há de fantástico? A Basílica de Bom Jesus dos Matosinhos, obra-prima de Aleijadinho, que abriga os 12 profetas em pedra-sabão.

251. Conservatória, RJ (M3). 120 km do Rio de Janeiro e 26 km de Valença. Cidade que prosperou durante o Ciclo do Café, Conservatória situa-se na Serra Fluminense e é conhecida como "Capital da Seresta e da Serenata". A tradição surgiu há quase 130 anos, quando um professor de violino começou a tocar em uma praça nas noites estreladas. Às sextas e aos sábados, seus moradores saem pelas ruas de paralelepípedos cantando e tocando para os vizinhos, o que atrai muitos turistas. A cidade abriga casarões e fazendas de café do século XIX. Veja também Valença.

O que há de fantástico? As fachadas das casas têm plaquetas com o título de uma música e o nome de seu autor, no lugar da tradicional placa com o número.

252. Convento da Penha – Vila Velha, ES (M3). 9 km de Vitória. Patrimônio histórico do Espírito Santo, foi construído em 1558 em um morro de 154 m de altura, de onde é possível avistar boa parte de Vitória. Em abril comemora-se a festa de N.S.da Penha, padroeira do Estado. Veja também Vitória.

O que há de fantástico? Abriga uma das telas mais antigas das Américas: N.S. das Alegrias, do século XVI.

253. Convento de São Francisco – Olinda, PE (M5). 7 km de Recife. Construído em 1585, foi o primeiro convento da Ordem Franciscana edificado no país. O conjunto é formado pela Igreja de N.S. das Neves, a Capela de São Roque e o claustro de azulejos com sua magnífica sacristia. A Igreja foi incendiada pelos invasores holandeses no ano de 1631 e reconstruída ainda no século XVII. Veja também Olinda.

O que há de fantástico? O cruzeiro colocado em frente do convento, trabalhado em arenito retirado dos recifes locais.

254. Convento Franciscano e Igreja Santa Maria dos Anjos – Penedo, AL (M5). 158 km de Maceió e 120 km de Aracaju. Inaugurado em 1759, o conjunto faz parte do acervo de igrejas barrocas, casarões coloniais e sobrados construídos nos séculos XVII e XVIII, que compõem a paisagem urbana desta charmosa cidade ribeirinha localizada às margens do Rio São Francisco. Veja também Penedo.
O que há de fantástico? O altar-mor é folheado a ouro e há um museu sobre a ordem franciscana.

255. Conventos – morro – Araranguá, SC (M2). 215 km de Florianópolis, 35 km de Criciúma e 245 km de Porto Alegre. Cidade de veraneio com belas praias, *campings* e várias opções para a prática de esportes aquáticos, Araranguá tem no Morro dos Conventos seu principal cartão-postal. Possui formações calcárias chamadas furnas, em forma de grutas.
O que há de fantástico? Nas proximidades está a barra do Rio Araranguá, onde o mar e o rio se encontram e é possivel avistar golfinhos.

256. Copacabana – Rio de Janeiro, RJ (M3). Um dos ícones da cidade, com seu famoso calçadão formado por mosaicos pretos e brancos, bares e praias, atrai turistas de todas as partes do país e do mundo. Os 4 km de praia, com ciclovias, quiosques e postos de salvamento, são freqüentados dia e noite. Abrigam também o Forte de Copacabana, inaugurado em 1914. Em 1922, durante o Tenentismo, um grupo de jovens militares, liderados por Antonio de Siqueira Campos e Eduardo Gomes, refugiou-se no Forte para lutar contra a República Velha. Veja também Rio de Janeiro.

O que há de fantástico? O mais tradicional *réveillon* do país, que atrai mais de 2 milhões de pessoas com shows gratuitos e a famosa queima de fogos.

257. **Coqueiral – praia – Aracruz, ES (M3).** 83 km de Vitória. Localizada a 21 km do centro, a Praia de Aracruz é repleta de coqueiros e recifes. Nas proximidades há uma aldeia de índios guaranis, a Caieira Velha. Visite também a Praia de Santa Cruz.
O que há de fantástico? Antiga aldeia de jesuítas fundada em 1556, a cidade abriga a maior fábrica de celulose do mundo.

258. **Coqueirinho – praia – Conde, PB (M5).** 30 km de João Pessoa (8 km do centro – 20 min de *buggy* ou 2 h de caminhada). Possui mar calmo, com águas cristalinas e corais. Barqueiros fazem a travessia para o Projeto Peixe-Boi, em Barra de Mamanguape. A praia de Tambaba, em Conde, é procurada pelos naturistas. Veja também João Pessoa.

O que há de fantástico? No caminho até a praia, repleta de coqueirais, há magníficas falésias coloridas.

259. **Coqueiros – praia – Arraial d'Ajuda, BA (M5).** 730 km de Salvador e 4 km de Porto Seguro (mais 10 min de balsa pelo Rio Buranhém). Localizada entre Arraial e Trancoso, a 9 km do centro, a Praia dos Coqueiros possui águas calmas com recifes e, como o nome diz, é adornada por coqueiros. Veja também Arraial d'Ajuda.

O que há de fantástico? A cidade histórica, construída em 1549, oferece uma infinidade de belas praias, passeios de barco e boas opções de mergulho.

260. **Corais de Carapibus – Conde, PB (M5).** 40 km de João Pessoa. A proximidade da capital e a beleza do litoral, repleto de piscinas naturais, falésias e formações de corais, atraem muitos visitantes ao município de Conde. As principais praias são Coqueirinho, Jacumã, Tambaba, reservada aos praticantes do naturismo. Veja também Conde.

O que há de fantástico? A Praia de Carapibus possui falésias de 10 m de altura, corais e um lago de água doce que a separa de Jacumã.

261. Coroa Vermelha – praia – Santa Cruz Cabrália, BA (M5). 745 km de Salvador e 23 km de Porto Seguro. Enseada tranqüila e protegida por recifes. Muito freqüentada, é a praia onde foi celebrada a primeira missa do Brasil, em 1500. Veja também Santa Cruz Cabrália.

O que há de fantástico? Os índios pataxós vendem artesanato no local.

262. Corredeira do Rio Juquiá – Juquitiba, SP (M3). 79 km de São Paulo. Juquitiba oferece uma infinidade de opções para os amantes dos esportes de aventura, como rafting, rapel, arvorismo e canoagem. A descida pelas corredeiras do Rio Juquiá pode ser feita o ano todo. O rio alterna trechos calmos com outros mais agitados. Cada bote leva até seis pessoas.
O que há de fantástico? As decidas noturnas, que garantem emoção redobrada.

263. Córrego do Paredão – cachoeira – Guapé, MG (M3). 281 km de Belo Horizonte e 27 km de Ilicínia. Localizada às margens da Represa de Furnas, Guapé possui várias belezas naturais, como pequenas colinas, serras, riachos e cachoeiras. O Córrego do Paredão fica nos limites do Parque Municipal de mesmo nome, onde há enormes paredões e cânions. Veja também Capitólio e Cânions do Lago de Furnas.
O que há de fantástico? O passeio de barco de Guapé a Capitólio pela Represa de Furnas, que dura cerca de 20 minutos.

264. Corumbá, MS (M4). 426 km de Campo Grande. Conhecida como "Cidade Branca" devido à cor clara de suas terras, ricas em calcário, abriga 60% do Pantanal Sul-Mato-Grossense e 37% de todo o Pantanal, sendo considerada a capital dessa região. Os amantes da pesca contam com várias opções de programação no Rio Paraguai. O município, localizado na divisa com a Bolívia, conta ainda com vários pontos turísticos, como o Casario do Porto, tombado pelo Patrimônio Histórico Nacional. Veja também Pantanal Mato-Grossense.

O que há de fantástico? O Pantanal. Maior planície inundável do mundo, abriga cerca de 720 espécies de aves, 89 de mamíferos, 230 de peixes, 52 de répteis e uma flora variada.

265. Corumbá de Goiás, GO (M4). 106 km de Goiânia e 18 km de Pirenópolis. Conhecida como "Cidade Presépio", conserva casarões do tempo do Império, rico folclore e tradição religiosa. A região abriga muitas atrações naturais, como o Parque Estadual dos Pireneus, com trilhas e cachoeiras. Veja também Pirenópolis.

O que há de fantástico? A Festa de N. S. da Penha, entre os meses de agosto e setembro, evento mais tradicional da cidade.

266. Corupá, SC (M2). 215 km de Florianópolis e 19 km de Jaraguá do Sul. Conhecida como "Capital da Banana", a cidade incorporou traços das tradições alemãs, italiana e polonesa e tem forte vocação cultural, sobretudo para música e dança. Corupá ainda tem uma infinidade de atrativos naturais: possui 67 cachoeiras, trilhas e um parque ecológico. Veja também Cachoeiras de Corupá.

O que há de fantástico? Uma vitória-régia gigante, que, segundo seu proprietário, possui uma das maiores folhas do mundo, com 2,80 m. Melhor apreciada entre fevereiro e maio.

267. Costa do Dendê – BA (M5). Faixa de 115 km que abriga alguns dos mais belos destinos do litoral baiano, como Morro de São Paulo, Ilha de Boipeba e Barra Grande. O acesso difícil contribui para a preservação da região, com mar azul, coqueirais e excelentes opções para os apreciadores de esportes náuticos. Veja também Morro de São Paulo, Barra Grande, Ilha de Boipeba, Praia de Barra Grande, Taipu de Fora, Ponta do Mutá, Lagoa do Cassange, Ilha da Pedra Furada e Península de Maraú.

O que há de fantástico? Praias praticamente intocadas, como Taipus de Fora, em Barra Grande, considerada uma das mais belas do país.

268. Costa – praia – Vila Velha, ES (M3). 9 km de Vitória e 47 km de Guarapari. O mar tem ondas mais fortes ao sul. Ao norte há uma pequena enseada de águas rasas e transparentes, ideal para crianças e para a prática de esportes náuticos, como caiaque e windsurfe. Dispõe de quiosques, restaurantes, ciclovia, calçadão e iluminação noturna.

O que há de fantástico? É o que se pode chamar de praia dois em um: de um lado oferece ondas e de outro piscinas naturais.

269. Cricaré – rio – Conceição da Barra, ES (M3). 256 km de Vitória e 38 km de São Mateus. Famoso balneário do norte do Espírito Santo, com belas praias e boa infra-estrutura, Conceição da Barra costuma receber turistas do Estado, de Minas Gerais e de São Paulo. Marco da fundação da cidade, o Rio Cricaré foi utilizado pelos portugueses a partir de 1554 para colonizar a região e, hoje, é muito procurado pelos pescadores. Veja também Conceição da Barra.

O que há de fantástico? O passeio de barco até Barreiras e Meleiras, vilas históricas. O barco percorre paisagens repletas de coqueiros e é possível ouvir boas histórias dos pescadores.

270. Cristais – cachoeira – Diamantina, MG (M3). 292 km de Belo Horizonte e 125 km de Curvelo (a 16 km do centro). Patrimônio Cultural Mundial, a cidade de Diamantina é mais conhecida por seus casarios coloniais do século XVIII e pela beleza de suas igrejas barrocas. Todavia, a cidade, localizada na Serra do Espinhaço, possui inúmeros atrativos naturais. A Cachoeira dos Cristais é uma das mais procuradas da cidade. Veja também Diamantina.

O que há de fantástico? Com duas quedas de cerca de 2 m de altura, é cercada por bela vegetação de cerrado e possui um grande poço para banho.

271. Crista – pico – Alto Caparaó, MG (M3). 328 km de Belo Horizonte, 135 km de Muriaé e 280 km de Vitória (a 4 km do centro). Localizado entre Minas Gerais e Espírito Santo, no Parque Nacional do Caparaó, tem 2.798 m e é o quinto maior do Brasil. As trilhas para chegar ao topo, repletas de bromélias, lírios e samambaias, exigem bom preparo físico. Acesso permitido das 7h às 22h. É cobrado ingresso para entrar no parque. Veja também Parque Nacional do Alto Caparaó.

O que há de fantástico? As formações cristalinas de quartzo que se encontram ao longo da montanha e que deram nome ao pico.

272. **Cristalina, GO (M4).** 229 km de Goiânia e 125 km de Brasília. Grande produtora de cristal de rocha, a cidade é conhecida pelas lapidações de pedras preciosas e semipreciosas. Possui diversos atrativos naturais, como cachoeiras, rios e vários mirantes. Destaque para a Cachoeira do Ribeirão e a Pedra Chapéu de Sol.

O que há de fantástico? É um dos principais núcleos de produção e comércio de pedras semipreciosas. O topázio amarelo é extraído no município.

273. **Cristo Redentor – Rio de Janeiro, RJ (M3).** Localizado no Parque Nacional da Tijuca, é um dos cartões-postais do Rio de Janeiro. Inaugurado em 1931, possui 38 m de altura e está apoiado no Morro do Corcovado, a 710 m do solo. Em 2000 recebeu nova iluminação e em 2003 ganhou três elevadores panorâmicos e dois pares de escadas rolantes. Antes, os 220 degraus que levam à imagem tinham de ser escalados a pé. O acesso ao Cristo, a partir do bairro de Cosme Velho, pode ser feito de trenzinho, *van* ou automóvel, com preços variados. Veja também Rio de Janeiro.

O que há de fantástico? É a maior estátua em estilo art déco e a segunda maior obra de concreto do mundo, atrás apenas da Estátua da Liberdade, em Nova Iorque.

274. Crôa – ilha – Barra de Santo Antônio, AL (M5). 50 km de Maceió (acesso por balsas e saveiros). Situada na Costa Dourada de Alagoas, possui belas praias com piscinas naturais e bares rústicos, onde são servidos saborosos pratos de frutos do mar. Veja também Maceió.

O que há de fantástico? Além de belas praias, a ilha abriga construções antigas, como a Igreja de N.S. da Conceição.

275. Cubatão – rio – Guaratuba, PR (M2). 116 km de Curitiba, 53 km de Paranaguá (mais 10 min de balsa) e 85 km de Joinville. Guaratuba possui grande variedade de atrações naturais. São 22 km de praias, florestas, mangues, ilhas, baías, cachoeiras e rios. Com curso de 80 km, o Rio Cubatão nasce em São José dos Pinhais com o nome de São João e possui sete afluentes. Em suas águas é praticada a pesca artesanal. Veja também Guaratuba.

O que há de fantástico? O salto do Rio Cubatão, localizado a 70 km do centro. Pode-se chegar até ele de barco, a partir do porto do Rio Cubatão (mais 20 min de caminhada).

276. **Cuiabá, MT (M4).** A capital do Mato Grosso é também o centro geodésico da América do Sul (está localizada no centro dessa região). Hoje um pólo agroindustrial, tem sua história marcada pela exploração do ouro no século XVIII. O centro histórico ainda preserva as ruelas estreitas do tempo do garimpo. O município registra uma das maiores temperaturas do país. No verão, os termômetros chegam facilmente aos 40°C. Veja também Pantanal Mato-Grossense.

O que há de fantástico? O Museu do Rio, que ocupa o prédio do antigo Mercado do Peixe, de 1899. Resgata a memória do bairro do Porto e das populações do entorno do Rio Cuiabá.

277. **Cumbuco – praia – CE (M5).** 30 km de Fortaleza e 16 km de Icaraí. A proximidade da capital atrai muitos turistas a essa vila de pescadores. A Praia de Cumbuco é repleta de dunas e há passeios de *buggy* por toda sua extensão. Veja também Fortaleza.

O que há de fantástico? A cidade possui as belas lagoas Parnamirim, Cauípe e do Banana, onde são praticados esportes náuticos.

278. **Cumuruxatiba, BA (M5).** 887 km de Salvador e 236 km de Porto Seguro (acesso de avião até Porto Seguro; a partir de Prado há 32 km em estrada, que fica em condições precárias com as chuvas). Pequena vila habitada por pescadores e descendentes de índios pataxós, é marcada pela simplicidade e pelas belas paisagens, com praias desertas, rios de água cristalina e Mata Atlântica intocada.

O que há de fantástico? Entre julho e novembro há expedições para apreciar as jubartes.

279. Cunha, SP (M3). 235 km de São Paulo e 47 km de Parati. Estância climática localizada entre montanhas e colinas das serras do Mar, da Bocaina e da Quebra-Cangalha, possui diversas atrações ecológicas e culturais. Destaque para o Parque Estadual da Serra do Mar. Veja também Parati e São Luís do Paraitinga.

O que há de fantástico? A cerâmica local, tradição desde o tempo dos índios.

280. Cupê – praia – Ipojuca, PE (M5). 68 km de Recife e 175 km de Maceió (a 7 km do centro). Faz parte dos 18 km de extensão da praia de Porto de Galinhas, a mais badalada do Estado. Praia de mar aberto com muitos coqueiros, água esverdeada, ondas fortes e recifes que formam piscinas naturais. Veja também Porto de Galinhas.

O que há de fantástico? Abriga competições do Circuito Brasileiro de Surfe Profissional.

281. Curitiba, PR (M2). Em 2001, uma pesquisa patrocinada pela ONU apontou Curitiba como a melhor capital do Brasil, de acordo com o Índice de Condições de Vida (ICV). A cidade é repleta de vias expressas e áreas verdes – só bosques e parques são 30. A vida noturna é agitada, com a Rua 24 horas – seus 120 m, cobertos de vidro, abrigam praça de alimentação e lojas que nunca fecham. Outra obra que merece destaque é o teatro Ópera de Arame, feito de aço e com acesso por uma passarela sobre um lago de 7.200 m². Veja também Feira do Largo da Ordem, Jardim Botânico Francisca Maria Garfunkel Rischbieter, Ópera de Arame, Passeio de Trem de Curitiba a Paranaguá e Parque Tanguá.

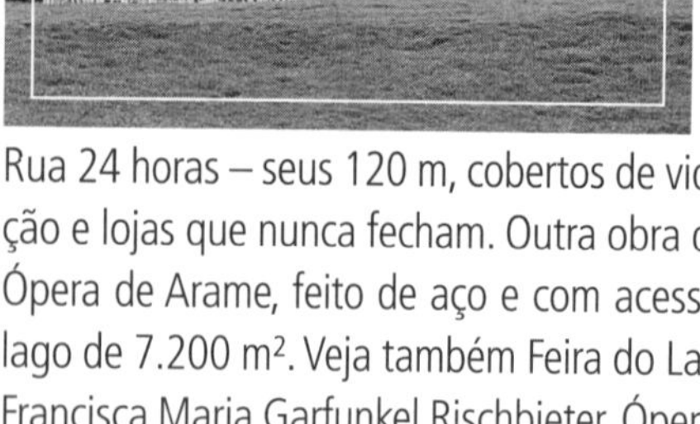

O que há de fantástico? É a única cidade brasileira tida como referência nacional e internacional de planejamento urbano e qualidade de vida.

282. Curupira – parque – Ribeirão Preto, SP (M3). 330 km de São Paulo e 80 km de Araraquara. Criado em uma antiga área de exploração de basalto, o parque é o principal espaço de lazer da cidade. Veja também Ribeirão Preto.
O que há de fantástico? Com área de 152 mil m², possui rica vegetação, trilhas para caminhadas e passeios de bicicleta, cachoeiras e lagos artificiais.

283. David – cachoeira – Bueno Brandão, MG (M3). 470 km de Belo Horizonte e 50 km de Serra Negra. São duas cachoeiras de mesmo nome, sendo I e II (a 13 km do centro em estrada de terra). Para a David I, o acesso é fácil, com direito a duas quedas e uma corredeira. Já para a David II, o acesso é difícil, devido a uma descida íngreme.
O que há de fantástico? Apesar do grande volume de água corrente, os poços são tranqüilos para banho.

284. Dedo de Deus – pico – Teresópolis, RJ (M3). 95 km do Rio de Janeiro e 53 km de Petrópolis. Com 1.692 m, o Dedo de Deus é uma das atrações do Parque Nacional da Serra dos Órgãos, situado entre Teresópolis e Petrópolis. O pico é muito procurado por alpinistas e foi escalado pela primeira vez em 1912. O parque é aberto ao público de 3ª a domingo das 8h às 17h. É cobrado ingresso. Veja também Teresópolis.
O que há de fantástico? Com seu formato semelhante a um punho fechado, tornou-se um dos cartões-postais da cidade.

285. **Delfinópolis, MG (M3).** 420 km de Belo Horizonte, 424 km de São Paulo e 180 km de Ribeirão Preto. Localizada a pouco mais de 100 km da Serra da Canastra, a cidade possui mais de 150 cachoeiras e trilhas por entre serras e vales com grande diversidade de fauna e flora. Muito procurada pelos praticantes de esportes de aventura, como canoagem, tirolesa e mountain bike. Veja também Parque Nacional da Serra da Canastra e Capitólio.

O que há de fantástico? A região abriga várias espécies ameaçadas de extinção, como o tamanduá-bandeira e o lobo-guará.

286. **Diamantina, MG (M3).** 292 km de Belo Horizonte e 125 km de Curvelo. Patrimônio Cultural Mundial, possui um centro histórico construído no século XVIII, no auge do período de extração de diamantes. Suas ruas estreitas, calçadas com pedras pé-de-moleque, abrigam igrejas menos rebuscadas que as encontradas nas demais cidades históricas, mas não menos interessantes. Destaque para o Museu do Diamante e a Vila de Biribiri. Veja também Casa de Juscelino Kubitschek.

O que há de fantástico? As igrejas de N. S. do Rosário dos Pretos, de 1728, e de N. S. do Carmo, que possui altares folheados a ouro.

287. Divisor – serra – Cruzeiro do Sul, AC (M6). 648 km de Rio Branco. Localizada no extremo oeste do Estado, na divisa com o Peru, abriga o Parque Nacional da Serra do Divisor, que ainda não está aberto à visitação pública. A região tem rios navegáveis, locais de pesca, cânions, bromélias e cachoeiras.

O que há de fantástico? O parque abriga duas tribos indígenas, a Nukini e a Ashaninca.

288. Dois Rios – praia – Ilha Grande, RJ (M3). 125 km do Rio de Janeiro (mais 1h30 de barco ou 1h30 de barco de Angra dos Reis). Um dos locais mais belos da ilha. Leva esse nome porque em cada uma de suas extremidades deságua um rio. A areia branca e fina contrasta com as águas rasas, predominantemente azuis. Abrigou o Instituto Penal Cândido Mendes, o Presídio da Ilha Grande, onde ficaram presos políticos como o escritor Graciliano Ramos. Veja também Ilha Grande.

O que há de fantástico? Aberta ao turismo na década de 90, mantém o ecossistema preservado.

289. **Domingos Martins, ES (M3).** 42 km de Vitória e 68 km de Guarapari. Localizado na região serrana, Domingos Martins foi colonizado pelos prussianos, pomeranos e poloneses, que lá chegaram em 1847. O município é permeado por rios e cascatas, cujas paisagens rurais lembram recantos europeus. Veja também Parque Estadual da Pedra Azul.

O que há de fantástico? As cachoeiras do Parque Estadual da Pedra Azul, a 55 km da cidade, e o rafting no Rio Jucu.

290. **Dragão do Mar – centro de arte e cultura – Fortaleza, CE (M5).** Localizado na praia de Iracema, abriga espaços como o Memorial da Cultura Cearense, o Museu de Arte Contemporânea do Ceará, uma biblioteca pública, uma sala de teatro, duas salas de cinema e um planetário.

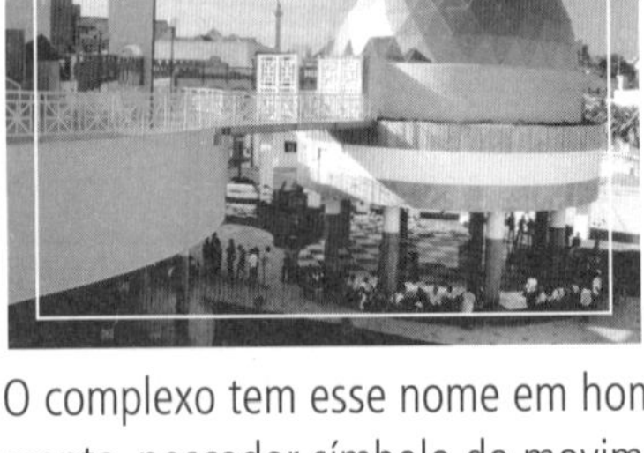

O complexo tem esse nome em homenagem a Francisco José do Nascimento, pescador símbolo do movimento abolicionista cearense, que em

1881 se recusou a transportar escravos para serem vendidos no Sul do país. Veja também Fortaleza.
O que há de fantástico? O prédio, de linhas arrojadas. Com mais de 30 mil m^2, ocupa uma antiga área portuária.

291. **Duas Barras – praia – Jequiá da Praia, AL (M5).** 68 km de Maceió. O litoral sul de Alagoas, entre Maceió e a foz do Rio São Francisco, é formado por belas praias de águas verde-azuladas e repletas de coqueiros, como as do Francês, do Gunga, Pontal do Peba e Pituba, e por várias lagoas, como as de Mundaú e Manguaba. Duas Barras é uma pacata vila de pescadores na qual o mar se une aos rios Jequiá e Poxi, formando um espetáculo de rara beleza. Veja também Maceió e Praia do Francês.
O que há de fantástico? O complexo Dunas de Marapé, a 5 min de escuna de Duas Barras.

292. **Dunas do Rosado – Porto do Mangue, RN (M5).** 355 km de Natal e 78 km de Mossoró (10 km de Ponta do Mel, de preferência em veículo 4x4). Localizadas na Costa Branca, um dos novos pólos de ecoturismo do Rio Grande do Norte, as dunas possuem características de deserto e se movimentam em várias direções a partir da ação do vento forte, com a formação de verdadeiras esculturas entre o litoral e a área de caatinga.
O que há de fantástico? A coloração das dunas, que resulta do contraste entre as areias brancas e o vermelho do Tabuleiro Costeiro.

293. **Ecoparque – Una, BA (M5).** 45 km de Ilhéus. A 19 km da Reserva Biológica do Una, atravessando as praias de Ilhéus, o Ecoparque começa em meio a um seringal, de onde se pode observar a extração artesanal da borracha. Trilhas levam a uma passarela suspensa a cerca de 20 m de altura na copa das árvores, com uma vista privilegiada da Mata Atlântica. Veja também Ilhéus.

O que há de fantástico? É possível interagir com os animais, como o mico-leão-dourado, ameaçado de extinção.

294. **Edifício Copan – São Paulo, SP (M3).** Localizado no centro da capital paulista, é considerado um marco da modernidade paulistana. Em formato de "S", foi projetado pelo arquiteto Oscar Niemeyer, em 1951, para ser um complexo hoteleiro, residencial, turístico e de serviços. A planta foi alterada antes das obras e o complexo, inaugurado em 1966, não contou com o hotel e o teatro previstos originalmente. Tem 115 m de altura e 120 mil m^2 de área construída. Veja também São Paulo.

O que há de fantástico? Estima-se que os 1.160 apartamentos abriguem 5 mil moradores. A densidade demográfica é tanta que os Correios criaram um CEP para o edifício.

295. **Éguas – praia – Angra dos Reis, RJ (M3).** 155 km do Rio de Janeiro e 96 km de Parati (a 16 km do centro). Praia pequena, com cerca de 80 m de extensão, possui águas verdes e mornas e areia escura. Tem boa infra-estrutura. Veja também Angra dos Reis.

O que há de fantástico? A vegetação densa das encostas e o agrupamento de rochas na linha próxima ao quebra-mar formam um belo cenário.

296. **Elevador Lacerda – Salvador, BA (M5).** Obra imponente com 72 m de altura, liga a cidade alta à cidade baixa em 22 segundos. Em sua última restauração, feita em 2002, ganhou um posto de atendimento ao turista, iluminação noturna e janelas panorâmicas com vista para o cais do Mercado Modelo. O nome é homenagem a Antonio de Lacerda, o comerciante que o idealizou, em 1873. Funciona 24 horas. Veja também Salvador.

O que há de fantástico? Suas quatro cabines transportam até 128 pessoas em cada viagem. Em média, 755 mil passageiros por mês utilizam o transporte.

297. **Emas – parque nacional – Chapadão do Céu, GO (M4).** 483 km de Goiânia. São 131,8 mil ha de reserva contendo rica vegetação, corredeiras de águas cristalinas e animais exóticos, muitos deles ameaçados de extinção. Entre as espécies mais encontradas estão o veado-campeiro, o tamanduá-bandeira, o lobo-guará, a arara-canindé, o tucano, a sucuri e as emas, que dão nome ao parque.

O que há de fantástico? Compreende a maior área do mundo de bioma de cerrado preservado.

298. **Embu, SP (M3).** 27 km de São Paulo. Pequeno e charmoso, o município, conhecido como Embu das Artes, ocupa a área de uma antiga aldeia de índios guaranis, mais tarde ocupada por jesuítas. Seu centro histórico, com ruas de paralelepípedo, oferece bons restaurantes, lojas de antiguidades, móveis rústicos e galerias de arte, que ocupam casarões preservados. Destaque para o Museu de Arte Sacra dos Jesuítas e para a casa habitada por eles, de 1730. As visitas são guiadas, de 3ª a 6ª, das 13h às 17h, e nos fins de semana, das 10h às 17h. Veja também São Paulo.
O que há de fantástico? A Feira de Artes e Artesanato, que acontece aos domingos e atrai milhares de turistas.

299. **Emílio Goeldi – museu – Belém, PA (M5).** Mais que um museu, o Emílio Goeldi é um centro de pesquisas sobre flora, fauna e cultura amazônicas. Seiscentos animais nativos da região, como macacos, araras e jacarés, vivem soltos ou em cativeiro. Há também um aquário com peixes dos rios da região, uma exposição com cerca de 700 tipos de madeiras e uma biblioteca com vasta documentação da cultura indígena amazônica. Aberto à visitação às 3ªs e 5ªs, das 9h às 11h30 e das 14h às 17h, às 6ªs, das 9h às 11h30, e aos sábados e domingos, das 9h às 17h. Há cobrança de ingresso.
O que há de fantástico? As 2 mil espécies de plantas do museu, que formam uma miniatura da Floresta Amazônica.

300. **Encontro das Águas dos Rios Negro e Solimões – Manaus, AM (M6).** A 10 km de Manaus ocorre o encontro das águas barrentas do Solimões com as águas escuras do Rio Negro, originando o Rio Amazonas. Há passeios regulares durante o ano todo, com duração de 6 horas, e

paradas para apreciar as vitórias-régias e pescar piranhas. Também é possível contratar um barco privativo por períodos que variam de 2h a 6h. Veja também Manaus.

O que há de fantástico? A verdadeira disputa travada entre as águas dos dois rios: o Negro corre a 2 km por hora, enquanto o Solimões atinge o dobro da velocidade.

301. Escadaria da Lapa – Rio de Janeiro, RJ (M3). A escadaria de 215 degraus que liga dois pontos turísticos do Rio, os bairros da Lapa e Santa Teresa, é regularmente decorada com azulejos de vários países do mundo pelo artista plástico chileno Jorge Selarón. O trabalho teve início em 1994, quando o artista revestiu a escadaria, então suja e abandonada, com motivos ligados à Copa do Mundo. Veja também Rio de Janeiro.

O que há de fantástico? Há mais de 20 anos Selarón renova a decoração da escadaria, e disse que pretende fazê-lo até o último dia de sua vida.

302. Escarpas do Lago – cânion – Capitólio, MG (M3). 268 km de Belo Horizonte. Balneário freqüentado por "descolados" de vários Estados, o Escarpas do Lago é uma das atrações do município de Capitólio. Os cânions possuem até 100 m de profundidade e abrigam belas cachoeiras. Possui infra-estrutura completa e luxuosa, que inclui uma imensa marina. Veja também Capitólio.

O que há de fantástico? É um paraíso natural freqüentado por ricos e famosos fora do eixo Rio–São Paulo.

303. Escorrega – cachoeira – Visconde de Mauá, RJ (M3). 200 km do Rio de Janeiro e 27 km de Penedo (a 2,5 km da Vila da Maromba). Como o próprio nome sugere, a cachoeira possui um grande tobogã natural. Há boa infra-estrutura, com estacionamento e bar. Veja também Visconde de Mauá.

O que há de fantástico? Deslizar pela pedra lisa de uma altura de 10 m e depois se deliciar com a rica gastronomia da cidade.

304. **Espelho – praia – Caraíva, BA (M5).** 768 km de Salvador, 40 km de Trancoso, 70 km de Porto Seguro (mais meia hora de barco). Cercada por falésias brancas e vermelhas, oferece uma paisagem deslumbrante composta por coqueirais, areia clara e águas azuis quentes e muito limpas. A entrada é por um condomínio de luxo. Veja também Caraíva.
O que há de fantástico? Na maré baixa os recifes de corais formam piscinas naturais ótimas para banho.

305. **Espraiado – cachoeira – Maricá, RJ (M3).** 63 km do Rio de Janeiro e 47 km de Niterói (a 15 km do centro). Com queda de 3 m e ambiente tranqüilo, é ideal para famílias com crianças pequenas. Visite também as praias Guaratiba e Cordeirinho. Veja também Maricá.
O que há de fantástico? Maricá possui uma lagoa com rica vegetação de restinga, muito procurada por praticantes de esportes náuticos.

306. **Esquina das avenidas Ipiranga e São João – São Paulo, SP (M3).** Eternizado pelos versos de Caetano Veloso, que em 1978 declarou seu amor a São Paulo na canção Sampa, o cruzamento já viveu dias mais glamorosos. Localizadas na região central, as avenidas abrigaram, entre as décadas de 40 e 60, bailes disputados e disputadas casas noturnas, freqüentadas por artistas e personalidades. A região começou a se degradar na década de 70 e nos últimos anos algumas iniciativas têm sido adotadas para a sua revitalização. Veja também São Paulo.
O que há de fantástico? O Bar Brahma. Inaugurado em 1948, tornou-se uma das mais tradicionais casas de São Paulo e desde 2001 tem resgatado suas origens.

307. Estação da Luz – São Paulo, SP (M3). Inaugurada em 1901, a Estação da Luz situa-se na região central da capital e ocupa uma área de 7.500 m^2. Sua estrutura, trazida da Inglaterra, inspira-se nos traços da abadia de Westminster e do Big Ben, ícones da arquitetura britânica. Durante muitos anos a estação foi a porta de entrada para imigrantes, turistas e empresários que chegavam à cidade. Em 1982 o prédio, que em 1946 foi destruído por um incêndio, foi tombado pelo Condephat e recentemente foi totalmente restaurado. A Estação da Luz funciona das 4h às 24h. Veja também São Paulo, Museu da Língua Portuguesa, Sala São Paulo e Pinacoteca do Estado.
O que há de fantástico? O Museu da Língua Portuguesa. Instalado acima da plataforma de trens, conta com ambientes interativos e sedutores, em que o idioma é o protagonista.

308. Estação das Docas – Belém, PA (M6). Antigo armazém do porto, o espaço foi totalmente reformado para abrigar um centro cultural e gastronômico, com restaurantes, bares, lojas de artesanato e teatro. Ao lado do Mercado Ver-o-Peso, as Docas são uma das atrações mais visitadas da cidade, reunindo turistas e habitantes locais. O espaço abre de 3ª a 5ª, das 10h à 1h, e de 6ª a domingo, das 9h às 3h. Veja também Belém.
O que há de fantástico? A arquitetura dos galpões ingleses, com mais de cem anos, agora reformados e com bela vista da Baía do Guajará.

309. Estação Ecológica Juréia-Itatins – Peruíbe, SP (M3). 137 km de São Paulo e 85 km de Santos (a 5 km do centro). Com 80 mil hectares de Mata Atlântica intocada, abriga várias espécies ameaçadas de extinção. Infelizmente, só uma pequena parte é aberta à visitação. Por enquanto, a única forma de conhecer toda a área é contratar um vôo de asa-delta ou ultraleve, com duração de meia hora. Veja também Peruíbe.

O que há de fantástico? Foi reconhecida pela Unesco como Sítio Mundial do Patrimônio Natural.

310. Estância do Barreiro – Araxá, MG (M3). 375 km de Belo Horizonte e 108 km de Uberaba. Localizado a 7 km do centro, o bairro abriga termas, lojas de sabonetes de lama e de doces caseiros. Terra da Dona Beja, a região tem como atrações uma visita a um vulcão extinto, o artesanato e o ecoturismo. Veja também Araxá.

O que há de fantástico? As termas, que oferecem diversas modalidades de banhos terapêuticos.

311. Estátua do Padre Cícero – Juazeiro do Norte, CE (M5). 563 km de Fortaleza e 12 km de Crato. Localizada na Serra do Horto, a estátua mede 27 m e foi construída em 1969 pelo artista plástico Armando Lacerda, no local onde o padre gostava de fazer retiros espirituais. Atração turística da cidade, é visitada por milhares de peregrinos. Veja também Juazeiro do Norte.

O que há de fantástico? É a terceira maior obra de concreto do mundo, perdendo para a Estátua da Liberdade, em Nova Iorque, e para o Cristo Redentor, no Rio de Janeiro.

312. Estrada da Graciosa – PR (M2). Construída em 1873, a Estrada da Graciosa ou Rodovia PR 410 começa a cerca de 35 km do centro de Curitiba e liga a capital ao litoral, cortando a Serra do Mar. Surgiu a partir de uma trilha aberta pelos índios para o transporte de pinhão. De seus sinuosos 20 km, 7 km são de paralelepípedos. Veja também Curitiba e Morretes.

O que há de fantástico? A estrada cruza belas paisagens da Mata Atlântica, com rica flora. O Parque Turístico da Graciosa, com boa infraestrutura, oferece mirantes e cachoeiras.

313. Estrada Real – Iraquara, BA (M5). 464 km de Salvador e 39 km de Palmeiras. Localizada na Chapada Diamantina, a Estrada Real foi construída por garimpeiros e tropeiros em uma das mais belas regiões do país, repleta de cavernas, cachoeiras e poços de água cristalina. Recomenda-se que a trilha seja explorada com o auxílio de guias. Veja também Chapada Diamantina.

O que há de fantástico? A estrada atravessa povoados com casarões coloniais de grande valor histórico.

314. Estrela Velha, RS (M2). 280 km de Porto Alegre e 120 km de Santa Cruz do Sul. Município rico em atrações naturais destinadas ao turismo de aventura, como cascatas, cachoeiras e rios. Destaque para as cascatas Juvenília e Linha das Bicas.

O que há de fantástico? O lago da hidrelétrica de Itabaúna. Com 92 m de profundidade, localiza-se entre belos vales que abrigam mata nativa.

315. Estuário do Curuçá – Curuçá, PA (M6). 104 km de Belém. Em uma área de aproximadamente 37 mil hectares, as águas de rios se encontram com a do mar, formando ilhotas, dunas e praias. Na Ilha de Mariteua encontra-se a Praia da Romana, uma das principais da região.

O que há de fantástico? A Reserva Extrativista Marinha de Mãe Grande, criada em 2002 para garantir que a população explore os recursos naturais de forma sustentável.

316. **Euclides da Cunha, BA (M5).** 315 km de Salvador e 80 km de Alto Alegre. O turismo gira em torno da Guerra de Canudos. É a cidade que oferece a melhor infra-estrutura na região. Aos sábados, em uma feira realizada na praça central, são comercializados sapatos artesanais de couro, cordas de sisal e aiós, cestas de palha e de cipó, chapéus de couro e uma infinidade de itens. Veja também Alto Alegre.

O que há de fantástico? Visitar as oficinas de couro, madeira e cerâmica, que funcionam de forma rudimentar, nas casas dos artesãos.

317. **Farol da Barra – Salvador, BA (M5).** Um dos cartões-postais da capital baiana, a Fortaleza de Santo Antônio da Barra (nome oficial do Farol) situa-se a apenas 5 km do centro. Foi construído em 1627 e em seu interior encontra-se o Museu Náutico da Bahia. A praia que circunda o Farol é protegida por recifes, o que garante ondas fracas e inúmeras piscinas naturais. Mergulhadores costumam explorar os mares da região em busca de navios naufragados. Veja também Salvador.

O que há de fantástico? No Carnaval o Farol é um dos pontos de partida para os milhares de foliões que percorrem a orla da cidade.

318. Farol – ilha – Arraial do Cabo, RJ (M3). 171 km do Rio de Janeiro e 14 km de Cabo Frio (mais 40 min de barco). Para passar o dia é preciso autorização da Marinha local. Praia de areia fina e branca, com águas calmas e límpidas. O mar é frio mesmo no verão. Veja também Arraial do Cabo.

O que há de fantástico? Ótima para a pesca. Correntes vindas do Pólo Sul trazem muitos nutrientes, que atraem uma rica e variada fauna marinha.

319. Farroupilha – RS (M2). 115 km de Porto Alegre e 23 km de Bento Gonçalves. Chamada antigamente de Nova Milano, por ter sido a primeira cidade da Serra Gaúcha a receber imigrantes italianos, Farroupilha atualmente é grande produtora de kiwi e atrai muitos turistas em busca de suas malhas e atrações naturais. Destaque para o Salto Ventoso, com 50 m, procurado pelos praticantes do rapel. Veja também Bento Gonçalves e Serras Gaúchas.

O que há de fantástico? O Santuário N. S. de Caravaggio. No final de maio, mais de 150 mil romeiros dirigem-se ao local para homenagear sua padroeira.

320. Faxinal do Céu, Pinhão, PR (M2). 400 km de Curitiba. Antiga vila com residências de operários que construíram a hidrelétrica de Foz do Areia, possui exuberante paisagem de mata de araucária, com grande diversidade de flora.

O que há de fantástico? A Universidade do Professor, projeto pioneiro no país, voltado para a capacitação de professores do Estado do Paraná.

321. Fazenda – praia – Ubatuba, SP (M3). 230 km de São Paulo e 30 km de Parati (a 36 km do centro). De areia compacta e mar calmo, tem 3,5 km de extensão. De um lado, abriga rico manguezal, a barra dos rios Fazenda e Picinguaba e a Praia das Bicas, do outro está o acesso para a trilha da Praia da Almada e um *camping*. Veja também Ubatuba e Núcleo Picinguaba.

O que há de fantástico? Abriga a sede administrativa do Núcleo Picinguaba, Parque Estadual da Serra do Mar, patrimônio da humanidade reconhecido pela Unesco.

322. Feira da Praça Benedito Calixto – São Paulo, SP (M3).

Localizada no bairro de Pinheiros, a pequena praça abriga 320 expositores, que oferecem artesanato variado, livros, obras de arte e antiguidades, e barracas de alimentação. Realizada aos sábados, das 9h às 19h, a feira é um ponto de referência intelectual, cultural e já faz parte do calendário turístico e de lazer da cidade. Veja também São Paulo.

O que há de fantástico? À tarde o visitante pode curtir shows de chorinho.

323. Feira de Antiguidades do Masp – São Paulo, SP (M3). Localizada na Avenida Paulista, no vão livre do Masp, reúne aos domingos colecionadores e expositores. Entre os objetos expostos, destacam-se relógios, moedas, pinturas, esculturas, luminárias, bijuterias, candelabros e lustres. A feira acontece aos domingos, das 9h às 17h. Veja também Masp e São Paulo.

O que há de fantástico? Um dos principais locais de venda de antiguidades do país, a feira é visitada por até 5 mil pessoas em cada domingo.

324. Feira de São Cristóvão – Rio de Janeiro, RJ (M3). Realizada no Pavilhão de São Cristóvão, espaço tradicional da cultura nordestina na cidade e um marco na arquitetura moderna, a feira conta com 700 barracas fixas, que oferecem o mais típico da cultura nordestina: culinária, artesanato, trios e bandas de forró, dança, cantores e poetas populares, repente e literatura de cordel. Acontece de 3ª a 5ª, das 10h às 16h, e ininterruptamente das 10h da 6ª até às 22h do domingo. Veja também Rio de Janeiro.

O que há de fantástico? Atrai cerca de 450 mil visitantes por mês, entre turistas e cariocas.

325. Feira do Largo da Ordem – Curitiba, PR (M2). Localizado na região central da cidade, o Largo da Ordem abriga prédios históricos, como o Palácio Garibaldi, a Casa Vermelha, a Casa Romário Martins, construída em 1737, e o Museu de Arte Sacra, anexo à igreja de São Francisco das Chagas. Aos domingos, das 9h às 14h, acontece uma tradicional feira de artesanato, com quadros, esculturas e objetos de arte. Veja também Curitiba.

O que há de fantástico? Além das atrações culturais e de propiciar boas compras, o Largo da Ordem tem bons restaurantes e bares, com opções de programa para todo o domingo.

326. Feiras da Praça XV – Rio de Janeiro, RJ (M3). Localizada no centro da cidade, a Praça XV é palco de dois eventos que atraem moradores e turistas. A Feirarte – Feira Colonial da Praça XV, criada para divulgar a cultura popular através das artes e do artesanato – acontece de 5ª e 6ª, das 8h às 18h. Já a Feira de Antiguidades da Praça Marechal Âncora/Praça XV acontece aos sábados, das 10h às 17h, e oferece objetos de decoração, louças, pratarias, cristais e obras de arte. Veja também Rio de Janeiro.

O que há de fantástico? A praça, pintada por Debret, já abrigou o Paço Imperial.

327. **Félix – praia – Ubatuba, SP (M3).** 230 km de São Paulo e 73 km de Parati (a 16 km do centro). Praia de tombo, com areia branca e fofa e ondas fortes, é muito procurada por surfistas. No seu lado direito o mar é mais calmo e há uma piscina natural. Veja também Ubatuba.

O que há de fantástico? A Prainha do Félix. Com apenas 30 m, possui vegetação exuberante (destaque para as bromélias) e é boa o para mergulho.

328. **Fernando de Noronha – arquipélago – PE (M5).** 360 km de Natal, RN e 545 quilômetros de Recife, PE. Há vôos diários de Recife (1h40) e de Natal (1h10), e cruzeiros de navio entre outubro e fevereiro. O arquipélago é formado por 21 ilhas, rochedos e ilhotas, com área aproximada de 26 km². Possui as mais belas praias do país e é o paraíso dos mergulhadores. As águas cristalinas, com diferentes tonalidades de verde e azul, abrigam rica fauna marinha, composta de tartarugas, golfinhos, tubarões, corais e outras espécies. Os praticantes do surfe encontram as melhores ondas entre dezembro e abril. Veja também Baía do Sancho, Baía dos Porcos, Praia da Conceição, Praia do Leão e Morro da Viuvinha.

O que há de fantástico? Profissionais e amadores desfrutam das melhores áreas para mergulho do país, com visibilidade de até 50 m e temperatura média de 27ºC.

329. Ferrovia do Trigo – Dois Lajeados, RS (M2). 168 km de Porto Alegre. Localizada no Vale do Taquari, a ferrovia, hoje desativada, é considerada uma das mais belas do país e percorre 17 km de paisagens exuberantes. O trajeto é formado por 32 túneis e 19 viadutos, sendo que um deles tem 143 m de altura e 512 m de extensão.

O que há de fantástico? A bela paisagem e a estrutura da ferrovia atraem os praticantes de esportes de aventura. O viaduto 13, com seus 143 m de altura, é o paraíso do rapel.

330. Ferroviário Madeira–Mamoré – museu – Porto Velho, RO (M6). É uma das principais atrações históricas do Estado. Reúne os objetos da ferrovia de 366 km, localizada no coração da Amazônia, que entre 1912 e 1972 ligou Porto Velho a Guajará-Mirim. Um dos espaços interessantes é o Prédio das Oficinas, que abrigava a parte de mecânica, fundição, carpintaria, pintura, serraria, funilaria e depósito.Veja também Porto Velho.

O que há de fantástico? A Madeira–Mamoré ficou mundialmente conhecida como a Ferrovia do Diabo, devido ao grande número de operários mortos durante sua construção.

331. Ferrugem – praia – Garopaba, SC (M2). 90 km de Florianópolis (a 5 km do centro). Praia freqüentada por surfistas e belas garotas, que de dia curtem as ondas e à noite agitam os barzinhos sempre lotados. O mar também é bom para windsurfe e kitesurfe. Fica próxima da Lagoa Encantada (ou Lagoa de Garopaba) e da praia pode-se avistar o morro onde está o antigo Cemitério Indígena da Tribo dos Carijós. Veja também Praia do Rosa.

O que há de fantástico? Entre junho e novembro, é comum ver baleias francas, provenientes do sul da Argentina, em busca de águas quentes para reprodução.

332. Festa do Divino Espírito Santo – Pirenópolis, GO (M4). 107 km de Goiânia e 140 km de Brasília. Realizada 50 dias depois da Páscoa, a festa mistura várias manifestações religiosas e profanas, de diversas origens e significados, e tem como objetivo receber a bênção do Espírito Santo. Foi realizada pela primeira vez em 1819. Os 23 dias de festejos incluem procissão, novenas, apresentação de grupos folclóricos e forró. Mascarados saem às ruas usando cabeças de onça e de boi. Veja também Pirenópolis.

O que há de fantástico? Encenação da Cavalhada, teatro ao ar livre que representa a luta entre cristãos e mouros, tradição trazida da Europa pelos jesuítas.

333. Festa do Peão de Boiadeiro – Barretos, SP (M3). 438

km de São Paulo e 95 km de São José do Rio Preto. O jornal norte-americano *The New York Times* já comparou Barretos ao Texas, a terra dos caubóis. Durante 11 dias há rodeios nacionais e internacionais. Com 50 ha, o Parque do Peão abriga o Estádio de Rodeio, projetado por Oscar Niemeyer, com capacidade para 35 mil pessoas. Criado em 1955, o evento foi o primeiro do tipo realizado na América Latina.

O que há de fantástico? Todos os anos, na segunda quinzena de agosto, mais de meio milhão de pessoas participam da maior festa *country* do país.

334. **Festa Junina – Campina Grande, PB (M5).** 123 km de João Pessoa. Realizada durante todo o mês de junho, a festa conta com 400 atrações e comidas típicas. Mais de 1 milhão de pessoas lotam o Parque do Povo, de 42,5 mil m^2. O forró pé-de-serra é apresentado por grupos regionais e há shows de grandes estrelas da MPB. Veja também Campina Grande.

O que há de fantástico? A festa junina gigantesca está entre as três maiores do Brasil e projetou a cidade nacionalmente.

335. **Festa Junina – Caruaru, PE (M5).** 134 km de Recife. Realizada durante os 30 dias de junho, oferece 100 atrações e quadrilhas com até 4 mil participantes. Cerca de 1 milhão de pessoas participam dos festejos, realizados no Pátio de Eventos Luiz "Lua" Gonzaga, de 40 mil m^2, e em toda a cidade. Uma das atrações é a fogueira de 12 m de altura, feita com restos de poda das árvores ao longo do ano, tida como a maior do mundo. Veja também Caruaru.

O que há de fantástico? Os maiores pratos do mundo, como a maior pamonha e o maior cuscuz – que em 1997 entrou para o *Guiness Book*, com seus 600 kg.

336. Festa La Sagra – Rodeio, SC (M2). 180 km de Florianópolis e 40 km de Blumenau. Pequena cidade do Vale Europeu, criada por descendentes de italianos, Rodeio realiza no mês de setembro a La Sagra (Dia Sagrado). A festa, em agradecimento ao período de colheita, dura 10 dias e é marcada pelos rituais de devoção a Nossa Senhora das Dores. Veja também Blumenau.

O que há de fantástico? A alegria contagiante, resultante da combinação de boa música, dança, bons vinhos e comidas típicas.

337. Festa Literária Internacional – Parati, RJ (M3). 250 km do Rio de Janeiro, 73 km de Ubatuba e 302 km de São Paulo. Iniciada em 2003, é uma das principais festas literárias do mundo. Durante cinco dias, em agosto, autores nacionais, internacionais e formadores de opinião falam sobre Literatura em palestras, debates e oficinas literárias, na encantadora cidade de Parati. Em um curto período, ficou conhecida como uma das principais festas literárias internacionais, reconhecida pela qualidade dos autores convidados. Veja também Parati.

O que há de fantástico? A feira já recebeu alguns dos grandes nomes da literatura mundial, como Julian Barnes, Don DeLillo, Salman Rushdie e Paul Auster.

338. Festival Internacional de Inverno – Campos do Jordão, SP (M3). 194 km de São Paulo e 40 km de Taubaté. Realizado no mês de julho, o festival reúne atrações nacionais e internacionais, que aproximam a música erudita dos turistas e moradores da região. Além das estrelas, conta com a participação de jovens músicos vindos de várias partes do mundo. Boa parte dos mais de 40 concertos, recitais e espetáculos tem preços populares ou é gratuita. Veja também Campos do Jordão.

O que há de fantástico? É o maior evento de música clássica da América Latina.

339. **Festival Folclórico de Parintins – Parintins, AM (M6).** 350 km de Manaus (1h30 de avião ou 15 a 27 h de barco). Desde 1964 o festival acontece no mês de junho. Os bois Garantido e Caprichoso desfilam no Bumbódromo, de 35 mil lugares, e a cidade fica dividida nas cores vermelho (Garantido) e azul (Caprichoso).

O que há de fantástico? Maior festival folclórico da Região Norte, é marcado pelas sofisticadas fantasias e pela rivalidade das torcidas, comparável às de futebol.

340. **Fleixeiras – praia – Trairi, CE (M5).** 138 km de Fortaleza e 63 km de Itapipoca. Praia tranqüila, cercada por enormes coqueiros, possui dunas e lagos de águas azuis. Lá se pratica a pesca artesanal em currais, que consiste em capturar os peixes em redes com a variação das marés.

O que há de fantástico? Descansar à sombra do imenso coqueiral e observar o trabalho dos pescadores.

341. **Flores da Cunha, RS (M2).** 150 km de Porto Alegre e 19 km de Caxias do Sul. O turismo da cidade gira em torno da preservação das tradições culturais herdadas dos imigrantes italianos, fundamentadas na língua, na gastronomia, na música, na religiosidade, nos usos e costumes e na produção do vinho. Veja também Caxias do Sul.

O que há de fantástico? O roteiro Caminhos da Colônia, que leva a museus, igrejas, vinícolas, parques naturais e propriedades rurais produtivas.

342.  **Floresta Amazônica – AC/AM/AP/MT/MA/PA/RO/RR/TO (M4, M5, M6).** Com aproximadamente 7 milhões de km^2, a Floresta Amazônica é uma das três grandes florestas tropicais do mundo. 60% de sua área situa-se no Brasil e os 40% restantes encontram-se na Bolívia, Colômbia, Equador, Guiana, Guiana Francesa, Peru, Suriname e Venezuela. A porção brasileira divide-se entre os Estados do Acre, Amazonas, Amapá, Mato Grosso, Maranhão, Pará, Rondônia, Roraima e Tocantins. Sua biodiversidade abriga de 40 a 300 espécies de árvores por hectare e fauna incomparável. Sua bacia hidrográfica é formada por rios como Tocantins, Solimões, Xingu, Negro e Amazonas. Veja também Rio Amazonas.

O que há de fantástico? Um dos mais importantes patrimônios naturais do planeta, a floresta reúne 20% da água doce existente da Terra e tem papel fundamental na estabilização ambiental.

343. **Florianópolis, SC (M2).** Capital do Estado, a ilha oferece praias com perfis variados, sendo as do norte mais urbanizadas e as do sul mais rústicas. Além das belezas naturais das praias, dunas, costões e da exuberante vegetação de Mata Atlântica, abriga inúmeros pontos de interesse histórico. Entre eles inscrições rupestres, igrejas, museus e casarios, que remetem aos tempos da colonização açoriana, ocorrida a partir de 1748. Tem vida noturna agitada. Veja também Barra da Lagoa, Ilha do Campeche, Lagoa da Conceição, Fortaleza de Santa Cruz, Praia de Jurerê, Lagoinha do Leste, Serra do Tabuleiro, Praia de Cima, Praia Mole, Praia de Moçambique, Praia da Armação, Praia do Santinho e Praia de Santo Antônio de Lisboa.

O que há de fantástico? É o paraíso dos esportes radicais, como surfe, windsurfe, surfe de areia, rapel e vôo livre.

344. **Fome – praia – Ilhabela, SP (M3).** 206 km de São Paulo e 5 km de São Sebastião (mais 15 min de balsa). Com 150 m de extensão, tem acesso por trilha ou pelo mar (o mais comum). Antigamente era o principal ponto de tráfico de escravos, de onde vem o

nome "Praia da Fome". Dizem que ali os escravos eram alimentados depois de longa e precária viagem da África para serem vendidos conforme seu peso. Veja também Ilhabela.
O que há de fantástico? Pequena, deserta e cortada por dois riachos, é ideal para a prática de esportes náuticos e mergulho.

345. **Fontes – praia – Beberibe, CE (M5).** 87 km de Fortaleza (a 6 km do centro). Praia exuberante, com dunas de areias claras, falésias coloridas, lagoas e cavernas, como a Gruta da Mãe d'Água, visível apenas na maré baixa. Existem vários passeios de *buggy* e ultraleve pelas atrações da região. Veja também Beberibe.
O que há de fantástico? Seu nome decorre das fontes naturais de água doce, que jorram das falésias de encontro ao mar de águas azuis e transparentes.

346. **Forno – praia – Arraial do Cabo, RJ (M3).** 140 km do Rio de Janeiro e 13 km de Cabo Frio (acesso de barco, 15 min a partir da Marina dos Pescadores, ou 1 hora de caminhada com alto grau de dificuldade a partir da Praia dos Anjos). Localizada em uma região com paisagens paradisíacas, repleta de dunas, lagoas e restingas, a Praia do Forno tem 500 m de extensão e águas esverdeadas. Muito procurada para mergulho e pesca submarina. Veja também Arraial do Cabo.
O que há de fantástico? Na praia, cercada pela vegetação nativa do Morro do Forno, há um bar flutuante e são criadas ostras importadas do Japão.

347. **Fortaleza, CE (M5).** A capital cearense é famosa por suas belas praias. As de Iracema, Meireles e do Futuro são as mais concorridas. Além das belezas naturais, Iracema concentra bares e boates; Meireles tem uma concorrida feira de artesanato noturna; e as barracas

de palha de carnaúba da Praia do Futuro ficam repletas de turistas, que se deliciam com caranguejo ao som do forró. O Ceará produz grande variedade de renda, usada em toalhas de mesa e roupas. Veja também Centro Cultural Dragão do Mar.

O que há de fantástico? Fortaleza nasceu da construção de um forte, erguido pelos holandeses em 1649 para disputar as terras com os portugueses – que saíram vitoriosos.

348.  **Fortaleza – cânion – Cambará do Sul, RS (M2).** 188 km de Porto Alegre e 116 km de Gramado (mais 23 km em estrada de terra). Menos famoso que o vizinho Itaimbezinho, o Cânion Fortaleza não é menos impressionante: possui 7,5 km de extensão, 1,5 km de largura e 900 m de profundidade. Trilhas fáceis levam a belas cachoeiras, como a Tigre Preto. Veja também Cânion Itaimbezinho e Aparados da Serra.

O que há de fantástico? Os mirantes com vista dos litorais gaúcho e catarinense.

349. Forte – praia – Cabo Frio, RJ (M3). 160 km de Rio de Janeiro, 26 km de Búzios e 13 km de Arraial do Cabo. Mais badalada praia de Cabo Frio, possui apenas 1,5 km de extensão e oferece águas azuis e transparentes, de temperatura agradável e areias muito brancas e finas. É boa para caminhadas, esportes náuticos e surfe. No verão é difícil encontrar um espaço na areia. Veja também Cabo Frio.
O que há de fantástico? Abriga o Forte São Matheus, construído no século XVII para protegê-la dos invasores estrangeiros.

350. Forte – praia – Mata de São João, BA (M5). 90 km de Salvador. Localizada no marco zero da Linha Verde, rodovia que se prolonga até a divisa com Sergipe, a praia é conhecida como a "Polinésia brasileira". São 12 km de mar azul, dunas de areia clara, coqueiros, recifes e piscinas naturais, que oferecem diversas opções para os ecoturistas. A Praia do Forte é a mais procurada pelas tartarugas marinhas no período de desova e por isso abriga a sede nacional do Projeto Tamar. Veja também Castelo Garcia d'Ávila.
O que há de fantástico? A Casa da Torre, também conhecida como Castelo de Garcia d'Ávila. Única construção com características medievais das Américas, foi construída em 1551.

351. Forte – praia – Praia Grande, SP (M3). 62 km de São Paulo e 12 km de Santos. Com 22,5 km de orla, Praia Grande é um dos principais destinos do litoral sul de São Paulo, devido à proximidade da capital. A Praia do Forte é uma das mais procuradas (junto como Boqueirão e Guilhermina). Possui larga faixa de areia batida e escura. O Morro de Itaipu abriga os fortes de Duque de Caxias, Jurubatuba e Rego Barros, além de oferecer excelente vista da Baía de Santos. Veja também Santos.
O que há de fantástico? Praia Grande possui um dos mais longos calçadões à beira-mar de todo o litoral brasileiro. Dos 22,5 km de orla, 10 km contam com ciclovia.

352. **Foz do Iguaçu, PR (M2).** 639 km de Curitiba e 141 km de Cascavel (acesso a 15 km do centro). Localizada na divisa com o Paraguai e a Argentina, a cidade abriga as famosas Cataratas, que fazem parte do Parque Nacional do Iguaçu, Patrimônio Natural da Humanidade. O lado brasileiro das Cataratas é formado por 275 quedas e rica floresta nativa. Outra atração do município é a Hidrelétrica de Itaipu, a maior em operação no mundo. Veja também Lago de Itaipu e Usina Hidrelétrica de Itaipu.

O que há de fantástico? A visão das cataratas a bordo de um helicóptero. Há passeios que incluem também o sobrevôo da usina de Itaipu.

353. **Foz do Rio São Francisco – Penedo, AL (M5).** 168 km de Maceió e 64 km de Arapiraca. Para chegar à foz do São Francisco há duas opções: de *buggy* (24 km pela areia da praia do Peba) ou de barco (25 km até Piaçabuçu, mais 2h30 de viagem). Após percorrer 2.800 km, o Velho Chico encerra sua jornada ao encontro do Atlântico em meio a dunas e piscinas naturais. O Pontal do Peba, área de proteção ambiental, recebe aves migratórias e tartarugas na época da desova. Veja também Penedo.

O que há de fantástico? O cenário onírico, formado por mangues, dunas e coqueirais, que inspirou o cineasta Cacá Diegues a filmar algumas cenas de *Deus é Brasileiro*.

354. Frades – ilha – Salvador, BA (M5). Localizada a 20 km do centro, com acesso de escuna a partir do Centro Náutico da Bahia, próximo ao Mercado Modelo, a ilha tem apenas 6 km de extensão e é considerada reserva ecológica desde 1982. Situa-se no centro da Baía de Todos os Santos e abriga um vilarejo habitado por apenas 45 pessoas. Veja também Salvador.

O que há de fantástico? Possui o formato de uma estrela de 15 pontas, coberta por exuberante vegetação com inúmeras árvores nativas, entre elas o raro pau-brasil.

355. Francês – praia – Marechal Deodoro, AL (M5). 20 km de Maceió. Uma das mais belas do país, possui boa infra-estrutura turística, com hotéis, pousadas e bares. Para o lazer há passeios de barco e ultraleve. A região é conhecida pelo artesanato produzido pelas rendeiras. Veja também Maceió.

O que há de fantástico? As piscinas naturais de água azul-turquesa e cristalina, formadas por recifes de corais, e o balé dos golfinhos que povoam a região.

356. Fumaça – cachoeira – Alegre, ES (M3). 189 km de Vitória e 50 km de Cachoeiro de Itapemirim (a 33 km do centro, acesso por estrada de terra). Com queda de 140 m, a cachoeira está dentro do parque que leva o mesmo nome. O grande volume de água e a velocidade com que ela desce fazem com que se forme uma camada de névoa, semelhante a fumaça.

O que há de fantástico? A força da cachoeira provoca um estrondoso som de pedras rolando, que pode ser ouvido a distância.

357. Fumaça – cachoeira (Chapada Diamantina) – Caeté-Açu, BA (M5). 472 km de Salvador e 25 km de Lençóis. Principal atrativo do Parque Nacional da Chapada Diamantina, a Cachoeira da Fumaça tem 380 m e possui a maior queda livre do Brasil. No período de estiagem a água mal chega ao solo, sendo levada pelo vento. Para chegar ao alto é preciso encarar uma caminhada de 6 km com trechos íngremes. Para atingir a base o desafio é ainda maior: 3 dias de caminhada (quase 80 km). Veja também Chapada Diamantina.

O que há de fantástico? Olhar para baixo, da beira da queda. Os turistas são orientados a deitar e se aproximar do abismo devagar, pois a altura pode provocar vertigens.

358. **Furnas – lago – MG (M3).** 350 km de Belo Horizonte. O reservatório de Furnas, conhecido como "Mar de Minas", é um lago artificial alimentado pelos rios Grande e Sapucaí. Margeia 34 municípios de uma região privilegiada pela natureza, com exuberantes florestas, cerrados, cânions e uma infinidade de cachoeiras. Os balneários se espalham pelas suas margens, oferecendo excelente infra-estrutura, praias artificiais, locais para pesca e esportes náuticos. Veja também Cânions do Lago de Furnas.
O que há de fantástico? Seu volume de água é sete vezes maior que o da Baía de Guanabara, no Rio de Janeiro.

359. **Futuro – praia – Fortaleza, CE (M5).** Localizada a 11 km do centro, a mais badalada praia da cidade tem cerca de 7 km de areia clara e águas límpidas. Alguns trechos apresentam correnteza, mas na maré baixa formam-se piscinas naturais. Os surfistas aproveitam os trechos com ondas fortes. Veja também Fortaleza.
O que há de fantástico? A noite é agitada com forró nas barracas de palha de carnaúba que servem caranguejos.

360. **Gaibu – praia – Cabo de Santo Agostinho, PE (M5).** 41 km de Recife. Uma das mais badaladas praias do litoral pernambucano, conta com boa estrutura de pousadas, hotéis e restaurantes. O mar tem água cristalina e boas ondas, que atraem os praticantes do surfe. A região também tem atrações históricas, como o Convento das Carmelitas, fundado em 1731, o Forte Castelo do Mar, de 1632, e o Forte de Suape, de 1633. Veja também Recife e Olinda.
O que há de fantástico? A vista do Morro das Pedras, de onde se pode ver o mar cristalino de Gaibu e a praia de Calhetas.

361. Galés de Maragogi – AL (M5). 142 km de Maceió e 134 km de Recife (acesso inclui 10 km em estrada de terra e travessia de balsa). As piscinas naturais formadas pelos recifes são a principal atração do município. Segundo destino mais visitado do Estado (superado apenas por Maceió), Maragogi possui cenários paradisíacos, com praias de areia branca, repletas de coqueiros e com águas tranqüilas. Veja também Maragogi.

O que há de fantástico? Os passeios de barco até as Galés, onde é possível mergulhar (apenas com a maré baixa).

362. Galinhos – praia – Galinhos, RN (M5). 166 km de Natal (mais 20 min de barco, a partir do Pratagil, no município de Galinhos). A pequena península, localizada entre o rio e o mar, possui três belas praias: Galinhos, do Farol e Galos. Galinhos possui areias claras e águas mornas, com infra-estrutura mediana e passeios de *buggy*. Veja também Macau.

O que há de fantástico? Salinas naturais formam pirâmides e criam um clima místico.

363. Gamboa – praia – Morro de São Paulo, BA (M5).

268 km de Salvador (2 horas de barco de Salvador, do cais localizado atrás do Mercado Modelo). Pequena vila de pescadores na Ilha de Tinaré, Gamboa possui grandes praias de areia branca e água cristalina. Veja também Morro de São Paulo.

O que há de fantástico? É um refúgio para os que querem fugir um pouco do agito de Morro de São Paulo.

364. Garanhuns, PE (M5). 229 km do Recife e 91 km de Arcoverde. Oferece uma infinidade de praças, igrejas, um mosteiro e o Santuário de São Cristóvão, localizado em uma de suas sete colinas. Uma de suas peculiaridades é o Castelo de João Capão, construído por um trabalhador que ambicionava morar em um castelo medieval. Durante o Festival de Inverno, transforma-se em restaurante. Entre as belezas naturais está a Cachoeira de Inhumas, de pequenas quedas (a maior de 15 m) com piscinas naturais próprias para banho.
O que há de fantástico? Chamada de Suíça Pernambucana, a cidade é um verdadeiro oásis em meio ao agreste, com temperaturas baixas que podem chegar a 13°C.

365. Garapuá – praia – Morro de São Paulo, BA (M5). 268 km de Salvador (2 h de barco de Salvador, do cais localizado atrás do Mercado Modelo, mais 2h30 de caminhada ou 1 hora de barco de Morro de São Paulo). Destino preferido pelos amantes da caminhada, Garapuá é uma vila de pescadores que abriga uma praia deserta repleta de coqueiros, com infra-estrutura mínima. Também é possível chegar à vila a cavalo. Veja também Morro de São Paulo.
O que há de fantástico? Suas águas calmas e límpidas são ideais para o mergulho.

366. Garganta do Diabo (Chapada Diamantina) – Lençóis, BA (M5). 425 km de Salvador (mais 22 km a partir de Lençóis e 15 min de caminhada). A cachoeira é uma das mais visitadas na Chapada Diamantina (a mais visitada é a da Fumaça, com uma queda de 340 m), verdadeiro paraíso localizado no coração da Bahia. Veja também Chapada Diamantina.
O que há de fantástico? Possui duas piscinas naturais em meio a um dos mais belos cenários do país.

367. **Garibaldi, RS (M2).** 110 km de Porto Alegre e 16 km de Bento Gonçalves. Município com diversidade econômica e cultural, foi colonizado por imigrantes italianos e teve forte influência da cultura francesa, transmitida pelas congregações religiosas que educaram seus habitantes durante décadas. Mais tarde recebeu os sírios e libaneses. Leva este nome em homenagem ao italiano Giuseppe Garibaldi, que participou da Revolução Farroupilha e é chamado de "Herói dos Dois Mundos". Veja também Bento Gonçalves.

O que há de fantástico? Produziu a primeira garrafa de champanhe do país, em 1913, e hoje é responsável por mais da metade da produção brasileira.

368. **Garopaba, SC (M2).** 96 km de Florianópolis. Antigo povoado criado por imigrantes açorianos, o município possui belas praias, como as do Rosa, do Luz, Vermelha. É muito procurado pelos surfistas, que se reúnem principalmente nas praias Silveira e Ferrugem, e pelos amantes dos esportes de aventura, como o mergulho, o wind-surfe e o sandboard (surfe de areia praticado em dunas). A noite em Garopaba oferece muito agito. Veja também Praia do Ferrugem.

O que há de fantástico? O Projeto Baleia Franca, que protege as baleias que chegam à costa entre junho e novembro para acasalar.

369. **Garrafão – Pico – Itamonte, MG (M3).** 417 km de Belo Horizonte e 166 km de Pouso Alegre. Com 2.350 m, situa-se em uma pequena cidade pertencente à Área de Proteção Ambiental da Mantiqueira (APA), que também é uma das portas de entrada para o Parque Nacional de Itatiaia. Na região viviam jesuítas, que utilizavam mão-de-obra escrava para a extração de ouro e de pedras preciosas das montanhas. A subida requer bom preparo físico. Veja também Parque Nacional de Itatiaia.

O que há de fantástico? Oferece um visual privilegiado do Pico do Papagaio, do Parque do Itatiaia e da Serra Fina.

370. **Genipabu – Extremoz, RN (M5).** 24 km de Natal. Vila de pescadores que oferece uma das principais atrações de Natal, o passeio de *buggy* pelas praias e dunas móveis. Suas praias são calmas e com águas quentes (temperatura média de 26°C) e a orla é rica em coqueiros. Na Lagoa de Pitangi é possível descer das dunas por meio de cabos e alugar caiaques. As operadoras locais oferecem passeios de ultraleve e mergulho em Parrachos de Maracaju. Veja também Natal.

O que há de fantástico? O passeio de dromedário, que reproduz a atmosfera de uma travessia de deserto.

371. **Gipóia – ilha – Angra dos Reis, RJ (M3).** 168 km do Rio de Janeiro e 99 km de Parati (mais 30 min de barco). A segunda maior ilha de Angra é uma das mais procuradas pelos visitantes. Suas praias são cheias de particularidades. A do Vitorino, de rara beleza, é muito freqüentada por celebridades. Outra boa opção é a de Jurubaíba, conhecida também como praia dos Dentistas, uma das mais badaladas de Angra, que nos fins de semana recebe muitas lanchas e iates. Veja também Ilha Grande.

O que há de fantástico? Abriga a Praia das Flechas, ponto de concentração dos barcos na Procissão Marítima, que acontece no primeiro dia do ano.

372. **Goiana, PE (M5).** 65 km do Recife e 51 km de João Pessoa. Além de abrigar belas praias e várias igrejas barrocas, é um grande centro de produção de artesanato. Cangaceiros, santos e personagens nordestinos são reproduzidos em cerâmica e barro, originados de seu solo rico em argila. Possui Carnaval alternativo, com apresentações de maracatus rurais e caboclinhos, herança indígena. Veja também Recife e João Pessoa.

O que há de fantástico? No episódio conhecido como Epopéia das Heroínas de Tejucupapo, no século XVII, as mulheres expulsaram os holandeses da cidade com água quente e pimenta.

373. **Goiânia,GO (M4).** A capital do Estado possui um acervo arquitetônico considerado um dos mais significativos do país. Projetada em 1935 para ser a nova capital do Estado no lugar de Goiás, teve seus primeiros prédios inspirados na art déco. Sua localização, no centro do país, e a ótima infra-estrutura hoteleira e de restaurantes contribuíram para que se transformasse em sede de muitos congressos.

O que há de fantástico? Construído nas décadas de 40 e 50, o conjunto de prédios em estilo art déco foi tombado pelo Instituto do Patrimônio Histórico e Artístico Nacional.

374. **Goiás, GO (M4).** 140 km de Goiânia e 42 km de Itaberaí. Fundada no século XVIII, durante o Ciclo do Ouro, a cidade foi capital do Estado até 1930 (por isso também é conhecida como Goiás Velho). Possui construções históricas, museus e igrejas preservadas, como a de Santa Bárbara, de 1780, que oferece vista privilegiada do centro

histórico. Os doces são outra tradição de Goiás, cidade em que nasceu e viveu a poetisa Cora Coralina. Veja também Casa de Cora Coralina.

O que há de fantástico? Patrimônio Cultural Mundial, é a cidade do Estado com o maior número de construções protegidas pelo patrimônio histórico.

375. **Gomeral – Guaratinguetá, SP (M3).** 176 km de São Paulo, 65 km de Campos do Jordão e 237 km do Rio de Janeiro. Bairro rural localizado no topo da Serra da Mantiqueira, voltado para o ecoturismo sustentável. Destaque para a trilha da Pedra Grande (do alto dos 1.789 m da Pedra é possível avistar várias cidades do Vale do Paraíba) e para a Cachoeira do Onça. Veja também Campos do Jordão.

O que há de fantástico? O projeto de educação ambiental, destinado a escolas e grupos, que visa preservar as riquezas da região.

376. **Gouveia, MG (M3).** 252 km de Belo Horizonte e 45 km de Diamantina. Situada no alto do Vale do Jequitinhonha, a cidade surgiu no século XVIII, com a criação da Estrada Real, destinada a escoar os minérios de Diamantina até Parati. A Beleza natural (possui rios de água cristalina, montanhas e cachoeiras) e a típica culinária mineira são suas principais atrações. Veja também Diamantina e Caminho do Ouro.

O que há de fantástico? Os sítios arqueológicos com pinturas rupestres.

377. **Governador Celso Ramos, SC (M2).** 41 km de Florianópolis e 60 km de Itajaí. Privilegiado pela natureza, além de belas praias de águas calmas, o município tem sua fauna e flora protegidas por duas APAs (Área de Proteção Ambiental), de Anhatomirim e da Baleia Franca, e pela Reserva Biológica Marinha de Arvoredo. Durante 200 anos, os portugueses exploraram ali a pesca da baleia, agora proi-

bida. A praia da Costeira, preferida pelos golfinhos, é um dos antigos redutos de pesca do mamífero. É grande produtora de marisco. Veja também Florianópolis e Itajaí.

O que há de fantástico? A Ilha de Anhatomirim, onde está a Fortaleza de Santa Cruz, de 1744, um dos principais monumentos históricos de Santa Catarina.

378. Gramado, RS (M2). 126 km de Porto Alegre e 47 km de São Francisco de Paula. Cartão-postal da cidade, os jardins de hortênsias floridas decoram as ruas, que abrigam casas de arquitetura bávara e enxaimel – de madeira com teto em 45 graus, entre dezenas de lojas de chocolate. Por toda parte há sinais das colonizações italiana e alemã. A bem estruturada rede hoteleira oferece opções aconchegantes no inverno.

O que há de fantástico? É sede de um dos mais tradicionais festivais de cinema, em agosto, e do Festival de Inverno, que oferece música, literatura, teatro e cinema, em julho.

379. Grande das Palmas – praia – Ilha Grande, RJ (M3). 125 km do Rio de Janeiro (mais 1h30 de barco a partir de Angra dos Reis ou Mangaratiba, e 50 min de barco ou 1h20 de caminhada a partir da Praia do Abraão). Vila de pescadores, com exuberante vegetação tropical. Local de pesca de linha e submarina. Veja também Ilha Grande.

O que há de fantástico? Vistos do alto, os contornos e sinuosidades da praia lembram o formato de um bumerangue.

380. Grande – praia – Arraial do Cabo, RJ (M3). 140 km do Rio de Janeiro e 13 km de Cabo Frio (a 3 km do centro). Com paisagens paradisíacas, compostas por dunas, lagoas e restingas, além de rica fauna marinha, a cidade oferece belas praias e ótimas opções de mergulho. A Praia Grande possui ondas fortes (apreciadas pelos surfistas), água fria e dunas de areia branca e fina. Abriga destroços dos navios *Imbetiba* e *D. Afonso*. Veja também Arraial do Cabo.

O que há de fantástico? Escorregar nas dunas e se banhar na cachoeira de água salgada formada por um duto de sucção do mar.

381. Grande – rio – São Desidério, BA (M5). 860 km de Salvador e 27 km de Barreiras (que possui aeroporto). Localizado na divisa com os Estados de Goiás e Tocantins, São Desidério é rico em atrações voltadas para o ecoturismo. Possui várias cachoeiras, ilhas, lagos, rios, paredões de pedra (utilizados para a prática do rapel) e cavernas, como a do Buraco do Inferno, que abriga o maior lago subterrâneo do país.

O que há de fantástico? Maior afluente do Rio São Francisco, o Rio Grande alterna águas tranqüilas e velozes corredeiras, apreciadas pelos praticantes de canoagem e rafting.

382. Gritador – morro – Pedro II, PI (M5). 195 km de Teresina. Localizado na Serra do Matão, a pouco mais de 10 km do centro, o Morro ganhou esse nome devido ao eco produzido pelos gritos dos turistas. Pedro II, conhecida como "Cidade das Opalas", é a segunda maior produtora do mundo da pedra preciosa.

O que há de fantástico? Com belos mirantes, é cercado por cachoeiras e sítios arqueológicos.

383. Grumari – praia – Rio de Janeiro, RJ (M3). Distante 28 km do centro da cidade, Grumari é considerada a última praia do Rio de Janeiro. São 4 km de extensão de areia clara, com vegetação rasteira, costões e mar bravo. É ponto de partida para se conhecer outras praias mais isoladas da região, como a do Inferno, a Funda e a Perigosa. Veja também Rio de Janeiro.

O que há de fantástico? Assim como sua vizinha Prainha, é mais selvagem e limpa que as praias da Zona Sul carioca.

384. Gruta Azul – Arraial do Cabo, RJ (M3). 140 km do Rio de Janeiro e 13 km de Cabo Frio (os passeios de barco, com 4 horas de duração, incluem paradas na Gruta Azul). Localizada na Região dos Lagos, a vila de pescadores de Arraial do Cabo possui belas praias e áreas para mergulho. A Gruta Azul é uma das principais atrações de Arraial. Em forma de pirâmide, possui paredes de 15 m de altura e um salão de 30 m de extensão. Veja também Arraial do Cabo.

O que há de fantástico? Suas paredes internas, em tons de dourado e prateado, tornam-se azuis com a incidência do sol.

385. Guaíba – lago – Porto Alegre, RS (M2). Porto Alegre espalha-se à beira deste grande lago chamado de rio. Com 496 km^2 de superfície, é cercado por 40 morros. Um emaranhado de ilhas em frente à cidade forma um arquipélago, onde um ecossistema ímpar propicia a presença de uma exuberante vida selvagem. Banha ainda os municípios de Guaíba, Barra do Ribeiro, Eldorado do Sul e Viamão. Veja também Porto Alegre.

O que há de fantástico? O pôr-do-sol junto ao Guaíba é um dos cartões-postais da capital do Rio Grande do Sul.

386. Guaíra, PR (M2). 676 km de Curitiba e 124 km de Umuarama. Localizado na divisa com o Paraguai, às margens do Rio Paraná, onde se pesca o dourado, o município é considerado o portal do Pantanal Paranaense. Abriga o Parque Nacional de Ilha Grande, com mais de 266 ilhas e lagoas formadas pelo Rio Paraná e seus afluentes. Na região, concentram-se centenas de espécies de mamíferos, aves, répteis, anfíbios e 170 espécies de peixes. Em abril acontece a Festa das Nações.

O que há de fantástico? A Igreja de Pedra Nuestro Señor Del Perdón, uma capela de pedra em estilo espanhol, com vitrais e santos, com feições indígenas, feitos pelos índios.

387. Guajará-Mirim, RO (M6). 320 km de Porto Velho. Município localizado na bacia do Rio Mamoré, que faz divisa com a Bolívia e divide as cidades gêmeas Guayaramerin (boliviana) e Guajá-Mirim (brasileira). Em agosto e outubro formam-se praias fluviais nos rios da região. A cidade é uma zona de livre comércio e com isso é possível comprar artigos estrangeiros com isenção de impostos. Entre as opções culturais, destaca-se o Museu Municipal, localizado na antiga estação da Ferrovia Madeira–Mamoré, desativada em 1972. Veja também Museu Ferroviário Madeira–Mamoré.

O que há de fantástico? Os hotéis na selva, construídos sobre palafitas, e os passeios de barco até o encontro dos rios Mamoré e Pacaás – de águas cristalinas.

388. Guaporé – rio – RO (M6). Fronteira natural entre o Brasil e a Bolívia, o Rio Guaporé nasce na Serra dos Parecis, no Mato Grosso, e chega a Rondônia pela cidade de Pimenteiras do Oeste, passando por Cabixi, Cerejeiras, São Miguel do Guaporé e Costa Marques. Seu principal afluente é o Rio Mamoré. Com águas cristalinas, possui praias no período de seca e é um paraíso da pesca, com tambaquis, arauanás, piraíbas e apapás, entre outros.

O que há de fantástico? Com 1.716 km de extensão (1.500 km navegáveis), é considerado um dos mais belos rios do país.

389. **Guaramiranga, CE (M5).** 92 km de Fortaleza e 17 km de Baturité. Vilarejo serrano localizado no alto do Maciço de Baturité, é conhecido como a Suíça do Ceará, pois apresenta temperatura média de 18°C. Na região está o Pico Alto, o mais alto do Ceará, com 1.115 m. Nesta área de proteção ambiental, a principal atração é o ecoturismo.
O que há de fantástico? O Parque das Trilhas, onde se pratica rapel, tirolesa e outros esportes de aventura.

390. **Guarapari, ES (M3).** 59 km de Vitória. Praia de orla urbanizada e vida noturna intensa. O mar é propício para pesca oceânica e mergulho. Suas nove praias têm características diferentes. A mais visitada é a de Areia Preta, que possui areias escuras ricas em monazita, que têm poder medicinal e alto teor de radioatividade. Veja também Praia da Areia Preta e Praia do Morro.
O que há de fantástico? A vida noturna agitada, desfrutada por capixabas e mineiros.

391. **Guaraqueçaba, PR (M2).** 167 km de Curitiba (78 km em estrada de terra) e 124 km de Paranaguá (3 h de barco, em viagem paradisíaca). Declarada pela ONU Reserva da Biosfera, a cidade possui 313 mil hectares povoados por golfinhos e espécies em extinção, como o jacaré-de-papo-amarelo.

O que há de fantástico? O Parque Nacional do Superagüi, um dos cinco ecossistemas mais importantes do mundo, formado pelas ilhas de Superagüi e das Peças.

392. **Guaratuba, PR (M2).** 127 km de Curitiba (mais 10 min de balsa) e 65 km de Joinville. Um dos balneários mais freqüentados do litoral paranaense, tem tradição de pesca artesanal e plataformas de cultivo de ostras. Guaratuba está no centro de um círculo de 200 km que engloba várias atrações turísticas. No Paraná ficam Ilha do Mel, Serra da Graciosa, Morretes e Antonina. Em Santa Catarina estão Itapoá, Vila da Glória, São

Francisco do Sul e Joinville. Veja também Ilha do Mel, Farol das Conchas e Serra da Graciosa.

O que há de fantástico? O passeio de barco pela Baía Guaratuba e a Cachoeira do Parati.

393. **Guarda do Embaú, SC (M2).** 50 km de Florianópolis e 33 km de Garopaba. Vila de pescadores separada do mar pelo Rio da Madre, o que proporciona duas opções de lazer. O mar de tombo é ideal para o surfe, e o rio, para mergulho e passeios de barco e caiaque. Veja também Florianópolis e Garopaba.

O que há de fantástico? O município situa-se na Reserva Natural da Serra do Tabuleiro, que possui 88 mil hectares com dunas, rios e ricas flora e fauna.

394. **Guartelá – parque estadual – Tibagi, PR (M2).** 210 km de Curitiba e 55 km de Castro (a 18 km do centro). Com 800 ha, possui vegetação variada (campos limpos, cerrado, matas de galeria e capões com araucária) e rica fauna (destaque para o veado-campeiro e o lobo-guará). Na caminhada por suas trilhas há tesouros como a Cachoeira da Ponte de Pedra, com 200 m de altura, e o Rio Iapó, com grandes corredeiras. Funciona de 4ª a domingo, das 8h às 18h. Veja também Castro e Tibagi.

O que há de fantástico? O Cânion Guartelá, considerado o 6º maior do mundo em extensão e o único com vegetação nativa, segundo o *Guiness.* No cânion há pinturas rupestres.

395. **Guarujá, SP (M3).** 82 km de São Paulo e 13 km de Santos (mais 5 min de balsa). Localizado no Litoral Sul, é um dos lugares de veraneio prediletos dos paulistanos, por sua proximidade e excelente infra-estrutura. A maior parte das praias é urbanizada, com altos edifícios. Algumas têm mar calmo, como Pitangueiras; outras oferecem

ondas para o surfe, como Enseada e Pernambuco, as mais badaladas. A noite é agitada. Veja também Santos.

O que há de fantástico? A cidade abriga o maior aquário da América do Sul, com mais de 700 espécies. Os visitantes podem se aproximar de tubarões e raias, que ficam no tanque de contato.

396. **Guaxuma – praia – Maceió, AL (M5).** Localizada a 13 km do centro. Ao norte de Maceió estende-se uma faixa litorânea de cerca de 130 km conhecida como Costa Dourada, com características semelhantes às do Caribe. A região é rica em coqueiros, falésias, piscinas naturais com água esverdeada, manguezais, rios e vegetação de diversas espécies. Guaxuma tem bares rústicos e no verão se transforma em *point* dos jovens. Veja também Maceió.

O que há de fantástico? A capital alagoana abriga algumas das mais belas praias urbanas do país.

397. **Guriri – São Mateus, ES (M3).** 232 km de Vitória e 13 km de São Mateus. Balneário movimentado no verão, Guriri é uma ilha de águas cristalinas formada pelos rios Mariricu e Cricaré. Possui 40 km de praias e pequenas dunas. Durante a maré baixa, formam-se as piscinas naturais de águas mornas.

O que há de fantástico? É uma das principais áreas de desova das tartarugas marinhas do Projeto Tamar.

398. Harmonia – lagoa – Teutônia, RS (M2). 100 km de Porto Alegre e 20 km de Estrela. Situada a 593 m, é cercada por vegetação exuberante e possui 8 ha de águas límpidas. Deu origem à primeira hidrelétrica do município. Veja também Estrela.

O que há de fantástico? Conta com ótima infra-estrutura e opções de lazer, como passeios de pedalinho e de jipe, trilhas ecológicas, vôos de asa-delta e um belo mirante.

399. Hidrelétrica de Itaipu – Foz do Iguaçu, PR (M2). 641 km de Curitiba e 140 km de Cascavel. Há quatro opções de roteiro para conhecer a usina, o ecomuseu e o refúgio biológico Bela Vista. O mais simples (gratuito) inclui a projeção de um vídeo e um passeio de ônibus até o mirante (1h), de onde se vê o vertedouro. A usina fecha em feriados nacionais. Veja também Foz do Iguaçu.

O que há de fantástico? É a segunda maior usina hidrelétrica do mundo, com 7,7 km de extensão e altura equivalente a um prédio de 65 andares. A maior é a de Três Gargantas, na China.

400. Hidrelétrica de Paulo Afonso – Paulo Afonso, BA (M5). 463 km de Salvador e 207 km de Garanhuns. Complexo formado por quatro usinas hidrelétricas abertas à visitação. Uma das atrações é o passeio de teleférico sobre o Rio São Francisco, a 100 m de altura. Pode-se ainda praticar rapel, andar por trilhas ou escalar os cânions e morros. Nos lagos das usinas são oferecidos passeios de barco e há locais para pesca. Veja também Paulo Afonso.

O que há de fantástico? Os saltos de bungee jump a partir da ponte D. Pedro II, de 85 m, sobre o Rio São Francisco.

401. Hidrelétrica Tucuruí – Tucuruí, PA (M6). 320 km de Belém e 260 km de Marabá. Inaugurada em 1984, a usina gera energia para a região amazônica. Com sua implantação formaram-se praias e lagos que atraem turistas à região. Para proteger a fauna e a flora, que se ampliaram com o alagamento da região, foi criada a APA – Área de Proteção Ambiental – de Tucuruí, com 568,7 mil ha. Veja também Represa de Tucuruí.

O que há de fantástico? Maior usina genuinamente brasileira, é a quarta maior do mundo em potência instalada.

402. Hidrelétrica de Xingó – Canindé de São Francisco, SE/Piranhas, AL (M5). 213 km de Aracaju e 76 km de Paulo Afonso. Localizada na divisa dos Estados de Sergipe e Alagoas, a usina é a maior hidrelétrica do Rio São Francisco. Sua construção mudou radicalmente a região. A partir de 1995, com a criação do reservatório da hidrelétrica, o Rio Canindé,

que na maior parte do tempo era seco e sem vegetação, passou a ter vegetação exuberante, que atraiu enorme diversidade de pássaros e outras espécies. Veja também Canindé de São Francisco, Piranhas e Paulo Afonso.

O que há de fantástico? Os passeios de catamarã pelo lago originado com a construção da barragem da hidrelétrica, com 65 km de extensão.

403. Histórico Nacional – museu – Rio de Janeiro, RJ (M3). O museu destaca-se por retratar as peculiaridades do Brasil Império. Seu acervo tem 275 mil peças, entre quadros, armas, mobiliário e até mesmo carruagens usadas pela família imperial brasileira. Na parte externa do conjunto arquitetônico formado pelo antigo Arsenal de Guerra e pela Casa do Trem fica o Pátio dos Canhões. Há também uma coleção de numismática e filatelia, com 127 mil moedas, notas e selos. O museu foi restaurado e modernizado recentemente e está aberto à visitação de 3ª a 6ª, das 10h às 17h30, e aos sábados e domingos, das 14h às 18h. Há cobrança de ingresso. Veja também Rio de Janeiro.

O que há de fantástico? A pena usada pela Princesa Isabel na assinatura da Abolição da Escravatura e obras-primas como a tela *Combate Naval do Riachuelo*, de Victor Meirelles.

404. **Holambra, SP (M3).** 120 km de São Paulo e 35 km de Campinas. Conhecida como a "Cidade das Flores", foi colonizada por holandeses. Oferece visitas de *van* e a cavalo às fazendas da região, onde há lindos jardins de tulipas, rosas e outras espécies. Para as crianças há passeios de pônei no Parque Lindenhof, que abriga um borboletário. Há flores e acessórios para jardinagem à venda durante o ano todo. Em setembro realiza-se a Expoflora, com música, dança, comida e artesanato típicos.
O que há de fantástico? O município é o maior produtor de flores e plantas ornamentais do país, respondendo por 35% do mercado.

405. **Humaitá – forte – Salvador, BA (M5).** Localizado na Ponta de Humaitá, no bairro da Graça, tem a forma de um polígono irregular, com grandes torres circulares, e vista para a Baía de Todos os Santos. Sua construção teve início no século XVI e atualmente abriga um museu de armas. Aberto ao público de 3ª a domingo, das 9h30 às 12h e das 13h30 às 17h. Veja também Salvador.
O que há de fantástico? É considerada a mais bela construção militar do país.

406. **Ibirapuera – parque – São Paulo, SP (M3).** Localizado em área central da cidade, o Ibirapuera é repleto de atrações culturais e esportivas. Aos fins de semana, cerca de 200 mil pessoas freqüentam o local, que abriga o MAM, o MAC, o Pavilhão Japonês, o Museu Afro Brasil, o Viveiro Manequinho Lopes, quadras poliesportivas e *playgrounds*. O Pavilhão da Bienal e a Oca recebem mostras

temporárias. Há shows musicais na Praça da Paz e no Auditório Ibirapuera. Às 20h30 dos sábados e domingos, a atração é o show das fontes multimídia, no lago. Aberto à visitação diariamente, das 6h às 24h. Veja também São Paulo.

O que há de fantástico? O projeto arquitetônico do parque, de Oscar Niemeyer e Burle Marx, que integra áreas verdes a belas construções, como a Oca e o Auditório Ibirapuera.

407. Ibiraquera – lagoa – Imbituba, SC (M2). 90 km de Florianópolis. Vilarejo habitado por pescadores que vivem da pesca do camarão rosa. Entre junho e outubro baleias francas nadam pela região. A Lagoa de Ibiraquera oferece condições boas para a prática de slalom e de kitesurfe. Veja também Imbituba.

O que há de fantástico? Um dos melhores locais do Brasil para praticar windsurfe em ondas. Recebe o campeonato brasileiro da modalidade.

408. Ibitipoca – parque estadual – Lima Duarte, MG (M3). 340 km de Belo Horizonte, 80 km de Juiz de Fora e 260 km do Rio de Janeiro (a 30 km do centro). Localizado em um dos pontos mais altos da Serra da Mantiqueira, possui 1.488 ha que abrigam campos rupestres, cachoeiras, lagos e riachos. Animais em extinção, como a onça-parda e o lobo-guará, circulam entre as candeias (árvores predominantes no parque). Funciona diariamente e oferece guias. É cobrado ingresso.

O que há de fantástico? As águas dos rios e cachoeiras têm coloração de ferrugem.

409. Ibituruna – pico – Governador Valadares, MG (M3). 324 km de Belo Horizonte e 147 km de Teófilo Otoni (a 16 km do centro). Com 1.123 m, a exuberante montanha negra pode ser avistada por quem chega à cidade e de todos os seus bairros.

O que há de fantástico? Os vôos de asa-delta e paraglider. Há cursos para iniciantes.

410. Igarassu, PE (M5). 36 km do Recife. Primeiro núcleo de povoamento do país, possui um dos patrimônios mais invejáveis e expressivos da arquitetura religiosa colonial do Brasil. Lá se encontram a mais antiga igreja do país, de São Cosme e São Damião (1535), e o Convento de Santo Antônio, com uma das pinacotecas mais completas da fase Colonial. O ecoturismo é praticado no Refúgio Charles Darwin, de 100 ha, que oferece trilha na Mata Atlântica. Veja também Recife.

O que há de fantástico? Suas ruas, igrejas e construções do período colonial oferecem uma viagem pela história do Brasil.

411. Igatu, BA (M5). 425 km de Salvador e 310 km de Feira de Santana. Criado no Ciclo do Diamante, no século XIX, é o povoado mais rústico do Parque Nacional da Chapada Diamantina. Oferece visitas guiadas à mina de

diamantes Brejo-Berruga, a maior da região, e à Galeria Arte Memória, montada entre as ruínas das casas dos garimpeiros, com objetos encontrados nos antigos garimpos. Veja também Chapada Diamantina e Lençóis.

O que há de fantástico? A visita ao interior de uma mina de diamantes.

412. Igreja Afundada do Lago de Itá – Itá, SC (M2). 550 km de Florianópolis e 465 km de Blumenau (acesso apenas de barco). Tornou-se atração turística em 1978, quando a cidade de Itá (pedra em tupi-guarani), construída em 1916 por imigrantes italianos e alemães, foi inundada por uma barragem. A cidade foi transferida para uma colina e as torres da antiga Igreja Matriz São Pedro Apóstolo, de 1936, ficaram solidificadas e aparentes, no meio do lago da Usina Hidrelétrica de Itá.

O que há de fantástico? A iluminação noturna faz com que a Igreja pareça uma visão no meio das águas do lago.

413. Igreja e Convento de São Francisco – Salvador, BA (M5). Localizada no Pelourinho, o centro histórico da capital, foi construída por frades franciscanos em 1708. É uma das maiores expressões do Barroco no Brasil, com retábulos recobertos de folhas de ouro. Destacam-se ainda os painéis de azulejos portugueses, que reproduzem o nascimento de São Francisco e sua renúncia aos bens materiais; e os 18 painéis a óleo que estão na sacristia, que mostram fatos marcantes da vida do santo. A nave central, cortada por outra menor, forma a cruz do Senhor. Veja também Salvador e Pelourinho.

O que há de fantástico? A imagem de São Pedro de Alcântara, atribuída ao grande santeiro baiano Manuel Inácio da Costa.

414. Igreja – morro – Urubici, SC (M2). 170 km de Florianópolis (a 28 km do centro). É um dos pontos mais altos do Sul, com 1.828 m e registra baixas temperaturas. Urubici possui belas cachoeiras, cavernas e sítios arqueológicos, sendo uma das cidades mais visitadas da região serrana de Santa Catarina. Veja também Urubici.

O que há de fantástico? Em 1996 foi registrada no local a menor temperatura do país: -17,8°C.

415. **Ilha do Farol – praia – Arraial do Cabo, RJ (M3).** 140 km de Rio de Janeiro e 14 km de Cabo Frio (mais 40 min de barco). De areia branca e fina, tem águas calmas e transparentes. Antes de agendar o passeio de barco é preciso obter uma autorização da Marinha local para desembarcar na Ilha. Veja também Arraial do Cabo.

O que há de fantástico? É considerada uma das praias mais limpas do país.

416. **Ilha do Mel – Paranaguá, PR (M2).** 130 km de Curitiba (mais 30 min de barco ou 1h30 de barco de Paranaguá; carros não transitam na Ilha). As riquezas ecológicas são incontáveis – praias de areia branca, grutas, ricas fauna e flora. Os golfinhos aparecem de dia e nas noites mais escuras os "*spyro gyros*" brilham na água e na areia. A infra-estrutura concentra-se nas vilas Encantadas e Nova Brasília. Veja também Farol das Conchas e Mirante da Fortaleza.

O que há de fantástico? Muito preservada, oferece trilhas, passeios de barco pelas águas calmas, esportes radicais, surfe e monumentos históricos.

417.  **Ilha Fiscal – museu – Rio de Janeiro, RJ (M3).** Localizado na Baía de Guanabara, próximo ao centro. Abriga um castelo inaugurado em 1889 com a maior festa feita pela Coroa, com 5 mil convidados. O Baile da Ilha Fiscal tinha o objetivo de fortalecer a Monarquia, que caiu seis dias depois da festa. Recuperado em 2001, o castelo reúne rica coleção de vitrais, trabalhos em cantaria, pinturas e piso de parquê do torreão. A travessia é feita em uma escuna, que parte do cais do Espaço Cultural da Marinha. É cobrado ingresso. Veja também Rio de Janeiro.
O que há de fantástico? O castelo neogótico, inspirado nas obras francesas do século XIV, era uma das construções preferidas do Imperador D. Pedro II.

418.  **Ilha Grande – Angra dos Reis, RJ (M3).** 125 km do Rio de Janeiro (mais 1h30 de barco de Angra dos Reis; carros não circulam na ilha). Reúne 86 praias com as características mais variadas, com enseadas, rios, lagoas, cachoeiras, planícies, montanhas, picos e Mata Atlântica. Parte de seu terri-

tório pertence ao Parque Estadual e Reserva Biológica. A infra-estrutura fica na Vila do Abraão. Em 1903 foi construída na ilha a Colônia Penal Dois Rios, que abrigou presos políticos, como o escritor Graciliano Ramos. Veja também Lagoa Azul, Praia de Araçatiba, Praia Grande das Palmas, Praia do Aventureiro, Praia do Leste, Vista do Pico do Papagaio, Praia de Santo Antônio, Praia de Dois Rios e Praia de Lopes Mendes.

O que há de fantástico? Com águas límpidas, o mar da região é ótimo para o mergulho, muito praticado na região.

419. Ilhabela – SP (M3). 206 km de São Paulo e 6 km de São Sebastião (mais 15 min de balsa). Cachoeiras e 55 praias em meio a uma reserva de Mata Atlântica exuberante são encontradas neste paraíso dos esportes aquáticos. Cada praia tem características diferentes. A do Curral, a mais movimentada, tem ótima infra-estrutura de bares; a do Pinto é ideal para windsurfe e esportes aquáticos. Veja também Praia de Castelhanos, Praia do Viana, Praia da Fome, Praia Jabaquara e Baía de Castelhanos.

O que há de fantástico? Conhecida como a "Capital da Vela", Ilhabela abriga o maior evento de iatismo sul-americano, realizado em junho.

420. **Ilhéus, BA (M5).** 458 km de Salvador e 36 km de Itabuna. Imortalizada na obra de Jorge Amado, a cidade de *Gabriela Cravo e Canela* é o principal município da Costa do Cacau. Possui areias brancas, rodeadas por extensos coqueirais e por um mar azul esverdeado. A baía é ótima para a prática de esportes náuticos, como windsurfe, laser, hobby-cat e passeios de caiaque. Rios, lagoas e cachoeiras permeiam a Mata Atlântica preservada, hábitat de espécies raras como o mico-leão-dourado. Veja também Praia da Concha, Praia de São Miguel, Praia do Desejo e Ecoparque de Una.

O que há de fantástico? Abriga monumentos históricos que remontam ao Ciclo do Cacau.

421. **Ilia – cachoeira (Chapada das Mesas) – Carolina, MA (M3).** 897 km de São Luís, 506 km de Palmas e 100 km de Araguaína (a 20 km do centro por estrada de terra que exige veículo 4x4). A Cachoeira do Ilia possui água cristalina, que corre rente a um paredão de pedra. Veja também Parque Nacional da Chapada das Mesas.

O que há de fantástico? A Chapada das Mesas possui várias cachoeiras, cânions e rica vegetação de cerrado.

422. **Imbassaí, BA (M5).** 73 km de Salvador. Localizada na Costa dos Coqueiros, na APA – Área de Proteção Ambiental – da Linha Verde, é um distrito de Mata de São João. Oferece 6 km de praias, margeados por dunas elevadas e mar azul, que se encontra com o Rio Imbassaí, permitindo que se alterne banhos de água salgada e doce. Veja também Praia do Forte.

O que há de fantástico? Barracas improvisadas pelos moradores servem peixe frito e bebidas, permitindo aos turistas colocar as cadeiras dentro do rio.

423. **Imbuí – forte – Niterói, RJ (M3).** 20 km do Rio de Janeiro. Sua construção foi iniciada em 1863, para proteger a entrada de inimigos pela Baía de Guanabara. Mas as obras foram paralisadas e só reiniciaram em 1894, quando foi incluída no projeto uma torre encouraçada armada com dois canhões de tiro rápido Krupp de 280 mm e 75 mm, os mais potentes da época. Veja também Niterói.

O que há de fantástico? Atualmente funciona como base militar e é um ótimo mirante voltado para o Rio de Janeiro.

424. **Imperial – museu – Petrópolis, RJ (M3).** 66 km do Rio de Janeiro e 53 km de Teresópolis. Criado em 1943, o museu ocupa o antigo Palácio Imperial e tem estilo neoclássico. Abriga documentos, obras de arte, móveis e jóias que pertenceram à Família Imperial. Funciona de 3ª a domingo, das 11h às 18h. Veja também Petrópolis.

O que há de fantástico? A coroa de D. Pedro II, com 639 brilhantes e 77 pérolas, e o cetro usado na coroação de D. Pedro I, com 2,5 m e feito de ouro.

425. Inconfidência – museu – Ouro Preto, MG (M3). 90 km de Belo Horizonte. Museu criado pelo ex-presidente Getulio Vargas, em 1936, para documentar e preservar a história daquele que foi o primeiro movimento de emancipação nacional. Os personagens da antiga Vila Rica (atual Ouro Preto) estão retratados por meio de objetos, documentos, livros, armas e obras de arte. Aberto à visitação de 3ª a domingo, das 12h às 18h. Há cobrança de ingresso. Veja também Ouro Preto.

O que há de fantástico? Os cerca de 40 mil documentos que contam a evolução do Movimento da Inconfidência e a suposta forca que teria matado Tiradentes.

426. Instituto Ricardo Brennand – Recife, PE (M5). O empresário e colecionador pernambucano Ricardo Brennand construiu uma réplica de castelo medieval, em meio a muito verde, para expor seu acervo. Há mais de 50 anos ele vem adquirindo obras de arte das mais diferentes procedências e épocas. Possui peças européias do século XV e brasileiras, do século XVII ao século XIX. Veja também Recife.

O que há de fantástico? Um castelo medieval, com 3 mil armas, armaduras e obras de arte localizado no Nordeste brasileiro.

427. Intervales – parque estadual – Ribeirão Grande, SP (M3). 270 km de São Paulo (a 25 km do centro em estrada de terra). Importante reserva de Mata Atlântica localizada na Serra de Paranapiacaba, tem 41,7 mil ha e está ligado ao Parque Estadual Turístico do Alto Ribeira – Petar e à estação ecológica de Xitué. Possui mirantes, cavernas e cachoeiras e conta com boa infra-estrutura, que inclui hospedarias com capacidade para acomodar até 100 pessoas.

O que há de fantástico? Recebeu da Unesco o título de Patrimônio Natural da Humanidade e é procurado por americanos e europeus interessados em observar suas aves.

428. Ipanema – praia – Rio de Janeiro, RJ (M3). Praia preferida dos cariocas, é a mais badalada da cidade e reduto de artistas, modelos e jogadores de futebol. É conhecida em todo o mundo graças à canção *Garota de Ipanema*, composta por Vinícius de Moraes e Tom Jobim. Oferece equipamentos de musculação e quadra de futevôlei. Veja também Rio de Janeiro e Posto 9.

O que há de fantástico? A badalação e o desfile de "descolados" das mais variadas tribos.

429. Iporanga, SP (M3). 331 km de São Paulo e 40 km de Apiaí. Porta de entrada para as principais cavernas abertas à visitação do Parque Estadual Turístico do Alto Ribeira – Petar. Oferece ainda serras, rios de águas límpidas e exuberantes cachoeiras, onde se pode tomar banho ou praticar esportes radicais, entre eles bóia-cross e rapel. A cidade tem construções históricas da época da exploração do ouro, no século XVIII. Veja também Petar.

O que há de fantástico? O Petar, com 35,7 mil ha, concentra mais de 250 cavernas cadastradas.

430. Iriri – praia – Anchieta, ES (M3). 97 km de Vitória (8 km do centro). Localizada no município onde o padre Anchieta viveu a maior parte de sua vida, a praia possui pequenas enseadas, cercadas por morros e rochas. Veja também Anchieta.

O que há de fantástico? Os costões rochosos, onde se pratica pesca de arremesso e mergulho.

431. Itabira, MG (M3). 107 km de Belo Horizonte e 61 km de Barão de Cocais. A principal atração do município é a Serra dos Alves, um dos divisores das águas das bacias hidrográficas dos rios São Francisco e Doce, onde nasce o Rio Tanque, que tem várias cachoeiras. Entre as opções culturais estão o Museu do Tropeiro e o Memorial de Carlos Drummond de Andrade, homenagem ao poeta que lá nasceu.
O que há de fantástico? A cidade abriga 46 placas com poemas de Drummond, colocadas em lugares que inspiraram o poeta.

432. Itaboraí, RJ (M3). 80 km do Rio de Janeiro. Município que foi chamado por D. Pedro II de "Pernambuco Pequeno", devido à sua importância econômica na época, possui monumentos tombados pelo Patrimônio Histórico e Artístico Nacional, como a Igreja de São João Batista e as ruínas do Convento de São Boaventura. Também possui atrações naturais, como o Manguezal, reserva ecológica navegável controlada pelo Ibama, que abriga cerca de 170 espécies de aves. Veja também Rio de Janeiro.
O que há de fantástico? Abriga o mais antigo sítio paleontológico do Brasil, às margens do Rio São José.

433. Itacaré, BA (M5). 440 km de Salvador e 50 km de Ilhéus. Seu litoral é uma sucessão de praias e morros, cobertos por florestas e coqueirais. A cidade oferece ainda uma infinidade de cachoeiras e rapel para iniciantes na Cachoeira da Noré. Com suas ruas de paralelepípedos e seus antigos casarões, conservou todo o charme do passado. A noite é animada. Veja também Ilhéus.
O que há de fantástico? É um dos melhores pontos para surfe do Nordeste, com ondas grandes e tubulares, principalmente em julho.

434. Itacoatiara – praia – Niterói, RJ (M3). 20 km do Rio de Janeiro (a 20 km do centro). Possui águas transparentes, azuladas e frias, em meio a uma vegetação exuberante. De seu lado esquerdo há uma formação rochosa conhecida como Pedra do Elefante. Veja também Niterói.
O que há de fantástico? É o paraíso dos surfistas e uma das praias de Niterói mais freqüentadas pelos jovens.

435. Itacuruçá – RJ (M3). 94 km do Rio de Janeiro e 24 km de Mangaratiba. Situado à margem da Baía de Sepetiba, entre o mar e a serra, o município exibe natureza exuberante, abrigando grandes áreas de Mata Atlântica preservada. É o ponto de partida para a Costa Verde e oferece muitas cachoeiras. Um dos principais passeios é o de saveiro pelas ilhas do município. Veja também Mangaratiba.
O que há de fantástico? A Ilha de Jaguanum, com pequenas vilas de pescadores, praias desertas e paradisíacas, próprias para a pesca.

436. Itaimbezinho – cânion – Cambará do Sul, RS (M2).

188 km de Porto Alegre e 116 km de Gramado (mais 18 km em estrada de terra). Na divisa dos Estados de Santa Catarina e Rio Grande do Sul, o Itaimbezinho tem 5,8 km de extensão e profundidade média de 600 m. É a maior atração do Parque Nacional de Aparados da Serra e dispõe de três trilhas com baixo grau de dificuldade, belos mirantes e piscinas naturais. Veja também Cânion Fortaleza e Aparados da Serra.
O que há de fantástico? As formações rochosas com pelo menos 130 milhões de anos, que parecem verdadeiras esculturas.

437. **Itaipu – lago – PR (M2).** Reservatório da maior usina hidrelétrica em atividade do mundo (a usina fica em Foz do Iguaçu, a 639 km de Curitiba e 141 km de Cascavel), o lago banha 16 municípios, sendo que em Santa Helena (a 619 km da capital e 75 km de Toledo) está o maior terminal turístico, com 87 ha de praias. Há visitas à tribo dos índios avá-guaranis. Veja também Usina Hidrelétrica de Itaipu e Foz do Iguaçu.

O que há de fantástico? Oferece várias opções de lazer e atividades esportivas, como trekking, rafting e canoagem.

438. **Itaipu – praia – Niterói, RJ (M3).** 20 km do Rio de Janeiro e 45 km de Maricá. Uma das mais primitivas, abriga colônia de pescadores, uma igreja do século XVIII e o Museu de Arqueologia. Tem boa infra-estrutura de restaurantes e muitas casas de veraneio. Oferece o melhor pôr-do-sol da cidade. Veja também Niterói.

O que há de fantástico? É a única praia oceânica de Niterói que apresenta águas calmas.

439. **Itajaí, SC (M2).** 88 km de Florianópolis e 5 km de Navegantes. Situada na foz do Rio Itajaí-Açu, abriga o principal porto de Santa Catarina e o quarto do país. Oferece boas praias, como a Atalaia, a 3 km do centro (rasa e sem ondas), e a Brava, com ondas ótimas para o surfe e pequenas dunas, a 7 km do centro.

O que há de fantástico? Abriga o único terminal exclusivo para passageiros de transatlântico do país, o Píer Turístico de Itajaí, no centro.

440. **Itamaracá – ilha – PE (M5).** 49 km do Recife. Separada do continente pelo Rio Jaguaribe, oferece praias de águas calmas e cristalinas, repletas de coqueiros, piscinas naturais, recifes e bancos de areia. Além das reservas ecológicas com mata nativa, possui o Centro de Preservação do Peixe-boi. A região é bastante conhecida pela prática

de esportes náuticos. Duas atrações são o Forte Orange e a Coroa do Avião, extenso banco de areia usado como base de pesquisas de aves migratórias. Veja também Recife.
O que há de fantástico? Observar o peixe-boi e outros animais ameaçados de extinção.

441. Itambé – gruta – Altinópolis, SP (M3). 398 km de São Paulo e 29 km de Batatais (a 9 km do centro). Possui uma abertura de cerca de 28 m e galerias com aproximadamente 350 m. Altinópolis também oferece outras boas atrações, como a Cachoeira do Esmeril e a reserva florestal que abriga a Cachoeira do Itambé.
O que há de fantástico? O Jardim das Esculturas, em Altinópolis. Com 7 mil m^2, possui 42 esculturas em cimento de Bassano Vaccarini e é um verdadeiro museu a céu aberto.

442. Itaoca – praia – Itapemirim, ES (M3). 122 km de Vitória e 42 km de Marataízes. Oferece águas mornas e cristalinas. Uma parte urbanizada, com quiosques à beira-mar, outra deserta, que vai até a divisa com o Rio Itapemirim, próximo à ponte que liga Itaoca ao município de Marataízes. Veja também Marataízes.
O que há de fantástico? A região possui 12 km de praias, sendo algumas ainda desertas.

443. Itaparica – ilha – BA (M5). 279 km de Salvador (mais 50 min. de balsa) e 102 km de Valença. Maior e mais famosa ilha da Baía de Todos os Santos, compreende os municípios de Itaparica e Vera Cruz. É cercada por uma barreira de recifes e possui vasta vegetação tropical e um rico patrimônio histórico, marcado por construções coloniais. As praias, que circundam os 240 km^2 de seu entorno, oferecem opções de mergulho, caminhada, cavalgada e grandes piscinas naturais de águas calmas. Veja também Praia de Cacha Pregos.

O que há de fantástico? O passeio de barco que parte de Vera Cruz com destino ao manguezal conhecido como "Pantanal Baiano".

444. Itapecuru – cachoeiras (Chapada das Mesas) – Carolina, MA (M5). 897 km de São Luís, 506 km de Palmas e 100 km de Araguaína (a 30 km do centro). Duas cachoeiras com queda de 12 m, que formam uma grande piscina natural. Veja também Parque Nacional da Chapada das Mesas.
O que há de fantástico? O banho na piscina natural e nas pequenas ilhas e praias formadas na base da cachoeira.

445. Itapema, SC (M2). 76 km de Florianópolis e 17 km de Bombinhas. Localizada na Costa Esmeralda, a cidade possui cinco praias de águas verde-esmeraldas, cercadas por faixa de areia larga e clara. No Canto da Praia há o costão dos pescadores, onde ficam ancorados os barcos, e no lado oposto, o Rio Perequê. Veja também Bombinhas e Porto Belo.
O que há de fantástico? Cercado pela Mata Atlântica, o município oferece boas opções de gastronomia e ótimos locais para pesca.

446. Itapuã – praia – Salvador, BA (M5). Localizada a 26

km do centro, a praia tornou-se um ícone da cidade nas vozes de Toquinho e Vinícius de Moraes. Talvez a beleza da canção frustre um pouco as expectativas de quem espera encontrar uma praia paradisíaca. Com alguns trechos impróprios para banho, Itapuã é cercada por coqueiros e formações de recifes. Veja também Salvador e Lagoa do Abaeté.

O que há de fantástico? Simplesmente "passar uma tarde em Itapuã" e visitar o Parque do Abaeté, com 400 ha, que abriga a famosa lagoa de mesmo nome.

447. Itapuã – parque estadual – Viamão, RS (M2). 57 km de Porto Alegre. Ao longo do Guaíba, em direção à Lagoa dos Patos, estão oito praias que servem de refúgio a 200 tipos de aves, 40 de répteis, espécies ameaçadas de extinção e aves migratórias. Abriga mais de 300 espécies de árvores e plantas, destacando-se a figueira, a corticeira-do-banhado, o jerivá, orquídeas, cactos e bromélias. Veja também Porto Alegre e Lago Guaíba.

O que há de fantástico? É uma importante área de preservação ecológica, que abriga a última amostra dos ecossistemas originais da região metropolitana.

448. Itararé, SP (M3). 352 km de São Paulo e 176 km de Ponta Grossa. Situada na divisa com o Estado do Paraná, o município é cortado pelo Rio Itararé, que forma cânions, grutas, fendas, túneis, cascatas, minas de águas cristalinas e uma infinidade de cachoeiras, entre elas a do Segredo, com queda de 70 m. Ideal para esportes radicais e ecoturismo.

O que há de fantástico? A Trilha das Sete Cachoeiras, de 14 km.

449. Itatiaia – parque nacional – Itatiaia, RJ (M3). 172 km do Rio de Janeiro, 15 km de Resende e 269 km de São Paulo (mais 15 km em estrada de terra). Localizado na Serra da Mantiqueira, na divisa entre os Estados do Rio de Janeiro, Minas Gerais e São Paulo,

abrange ainda os municípios de Itamonte (MG), Alagoa (MG) e Bocaina de Minas (MG). Possui 30 mil ha. A parte baixa é repleta de cachoeiras, piscinas naturais e trilhas. Na parte alta encontram-se vales suspensos com nascentes e picos. Funciona das 8h às 17h e é cobrado ingresso. Veja também Cachoeira Véu da Noiva e Pico das Agulhas Negras.

O que há de fantástico? O Pico das Agulhas Negras, com 2.791 m de altitude, muito procurado para escaladas.

450. Itaúnas – parque estadual – Itaúnas, ES (M3). 271 km de Vitória e 25 km de Conceição da Barra. Com 3,7 ha, reúne vários ecossistemas: mata atlântica, manguezais, restinga, alagados e dunas, onde vivem macacos-prego e preguiças, entre outros animais. O projeto Tamar tem uma base no local para criação de tartarugas marinhas. Pode-se fazer passeios de canoa, cavalo, jipe ou simplesmente seguir uma das trilhas a pé. A cidade de Itaúnas possui belas praias e costuma lotar no verão.

O que há de fantástico? Dunas que chegam a 30 m de altura nas praias de Itaúnas e Riacho Doce.

451. Itu, SP (M3). 100 km de São Paulo e 47 km de Campinas. Conhecida como "Cidade dos Exageros" (a fama surgiu com as brincadeiras do comediante Simplício), Itu possui atrações históricas e naturais. Abriga a casa em que aconteceu, em 1873, a Convenção de Itu, marco do movimento que derrubou a monarquia e se transformou no Museu Republicano. É possível conhecer a cidade a pé. Os antiquários vendem móveis e réplicas e há lojas com souvenires em tamanho gigante.

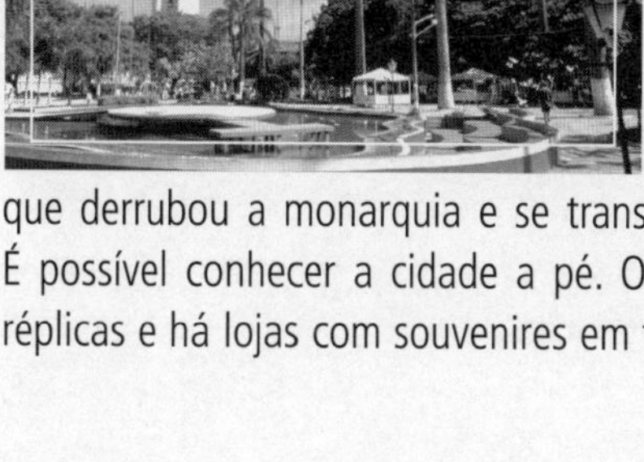

O que há de fantástico? Os exageros da cidade, entre os quais se destacam um orelhão e um semáforo gigantes, localizados na praça da Matriz.

452. Jabaquara – praia – Ilhabela, SP (M3). 205 km de São Paulo e 6 km de São Sebastião (mais 15 minutos de balsa, a 13 km do centro). A face da Ilha conhecida como "Capital da Vela", voltada para o oceano é menos badalada e abriga um parque estadual, trilhas, cachoeiras e praias desertas. Veja também Ilhabela.
O que há de fantástico? A praia de Jabaquara é a mais procurada pelos praticantes da caça submarina e de esportes de aventura.

453. Jacaraípe, ES (M3). 37 km de Vitória e 25 km de Serra. Às margens do Rio Joara, a localidade, que foi vila de pescadores, é a mais badalada das praias do norte de Vitória. Abriga muitas casas de veraneio, freqüentadas nos fins de semana, devido à sua proximidade com a capital. Entre as opções de lazer há um parque temático. Veja também Vitória.
O que há de fantástico? Bastante conhecida devido aos campeonatos de surfe.

454. Jaciara, MT (M4). 143 km de Cuiabá e 67 km de Rondonópolis. A beleza das cachoeiras e grutas são os atrativos do local. A Caverna que Chora é um dos destaques, com amplos salões e queda-d'água para banho. As corredeiras do Rio Tenente Amaral são muito apreciadas pelos praticantes do rafting.
O que há de fantástico? A Cachoeira da Fumaça, com 30 m de queda, que possui piscinas naturais, corredeiras e cânion.

455. Jacumã – praia – Jacumã, PB (M5). 29 km de João Pessoa e 10 km do Conde. Praia urbanizada, com recifes, falésias e exuberante natureza ao redor. O mar é verde azulado e forma piscinas naturais. Tem boa infra-estrutura de comércio e intensa vida noturna. Fica ao lado de Tambaba, a praia de naturismo mais conhecida do Nordeste. Veja também João Pessoa.

O que há de fantástico? A pedra furada, uma rocha vulcânica com um túnel de 2 m de diâmetro. Segundo uma lenda, um solitário que passar pelo túnel arrumará companhia.

456. Jaguari – rio – Pedreira, SP (M3). 130 km de São Paulo e 33 km de Campinas. Uma das cidades do chamado "circuito das águas" de São Paulo, Pedreira possui várias atrações naturais e se destaca pelo comércio de louças e porcelanas. O rio Jaguari corta o centro do município e ao seu redor foram construídas áreas de lazer.

O que há de fantástico? As várias ilhas formadas na margem do rio. Na principal, próxima à Igreja Matriz Santana, o acesso é feito por uma das pontes pênseis.

457. Jalapão – TO (M5). 198 km de Palmas. Pouco conhecido e de difícil acesso (as principais atrações só são alcançadas em veículos 4x4), o Jalapão oferece cenários surpreendentes, com imensas dunas alaranjadas, cachoeiras (destaque para a da Fumaça, a da Velha e a do Lajeado), lagos e chapadões. Visite também o Parque Nacional do Jalapão, em Ponte Alta do Tocantins, e a comunidade quilombola de Mumbuca, onde são vendidas peças de artesanato.

O que há de fantástico? O Fervedouro, um poço de água cristalina com fundo de areia branca. Um inusitado fenômeno faz com que todos bóiem espontaneamente.

458. Japi – serra – Jundiaí, SP (M2). 60 km de São Paulo e 42 km de Campinas. Ocupa terras também de Cabreúva e Cajamar. Para visitas, é preciso solicitar autorização da Polícia Florestal de Jundiaí. Existem algumas trilhas de 2 a 4 horas de caminhada que passam por piscinas naturais, cascatas e cachoeiras. Possui flora e uma fauna diversificada, com 29 espécies de anfíbios, 19 de répteis, 31 de mamíferos, 216 de aves e 652 de borboletas. Veja também São Paulo.
O que há de fantástico? Serve como barreira aos ventos que saem do mar rumo ao Planalto Paulista, interferindo nos índices pluviométricos em suas faces sul e noroeste.

459. Jaraguá do Sul, SC (M2). 185 km de Florianópolis e 44 km de Joinville. Conhecida como capital nacional da malha, a cidade possui natureza exuberante, que oferece rios, cachoeiras e morros apreciados pelos praticantes do ecoturismo. A Festa dos Atiradores, de tradição alemã, com dança, música e comidas típicas, é o maior evento da cidade. Veja também Joinville.
O que há de fantástico? O Morro da Boa Vista. Com 900 m de altura, é um dos melhores do país para prática de vôo livre.

460. Jardim, MS (M4). 361 km de Campo Grande e 71 km de Bonito. A cidade oferece uma extensão das belezas naturais de Bonito, cidade de ecoturismo mais conhecida da região. Oferece balneários com infra-estrutura turística, todos com um atrativo em comum: banhos e prática de esportes nas águas cristalinas do Rio da Prata e suas ricas cachoeiras. Além disso, é um ótimo destino para quem gosta de mergulhar, praticar esportes radicais, trekking, pescar ou simplesmente contemplar a natureza. Veja também Bonito.
O que há de fantástico? O Buraco das Araras, depressão em arenito de 124 m de profundidade e 500 m de circunferência, que abriga um lago rico em plânctons.

461. **Jardim Botânico – Rio de Janeiro, RJ (M3).** Localizado no bairro que leva seu nome, foi criado por D. João VI, em 1808. Abriga mais de 8.200 tipos de plantas (entre elas a rara palmeira-imperial) e espécies em extinção, como o pau-brasil e o araçá-amarelo. Merecem destaque os canteiros medicinais, o jardim japonês sensorial, as 3 mil orquídeas e 1.700 bromélias. Abriga grande variedade de pássaros e rico patrimônio histórico dos séculos XVI ao XIX. Veja também Rio de Janeiro.

O que há de fantástico? Com 137 hectares, está entre os dez mais importantes do gênero no mundo.

462. **Jardim Botânico Francisca Maria Garfunkel Rischbieter – Curitiba, PR (M2).** Localizado nas proximidades do centro, tem mais de 40% dos 178 mil m^2 cobertos por um remanescente florestal típico da vegetação regional (capões), com nascentes que formam lagos. Possui boa infra-estrutura e rica fauna. Aberto todos os dias, das 8h às 20h. Veja também Curitiba.

O que há de fantástico? Um imenso jardim francês com canteiros geométricos, esculturas e uma estufa inspirada no Palácio de Cristal de Londres, com plantas tropicais.

463. Jardim da Orla – Santos, SP (M3). 72 km de São Paulo e 13 km (mais 5 min de balsa) do Guarujá. São 5.335 metros de jardim distribuídos ao longo de 7 km de praias, que vão do José Menino à Ponta da Praia. Lembrando um tapete colorido, o jardim é enfeitado por 100 diferentes espécies, entre elas biris (flores vermelhas), lírios (amarelos), crinuns (brancos), margaridas e coleus. Veja também Santos.
O que há de fantástico? Figura no *Guinness Book* como o jardim frontal de praia de maior extensão do mundo.

464. Jeribucaçu – praia – Itacaré, BA (M5). 436 km de Salvador e 70 km de Ilhéus (9 km do centro, acesso requer cerca de 40 min de caminhada). Vilarejo rico em atrações naturais, como cachoeiras, rios e mata nativa preservada, Itacaré possui vida noturna agitada. Jeribucaçu, situada em uma propriedade particular, é cercada por coqueiros e manguezais e apresenta ondas grandes, sobretudo em julho. É cobrada taxa para visitar a praia. Veja também Itacaré.
O que há de fantástico? A região oferece algumas das melhores praias para surfe do nordeste.

465. Jericoacoara – praia – Jericoacoara, CE (M5).

305 km de Fortaleza e 22 km de Jijoca de Jericoacoara (o acesso só é feito em veículos com tração nas quatro rodas. Pode-se optar por *buggy*, caminhonete ou jardineira, que circulam em vários horários). Uma das praias mais bonitas do país, conserva o ritmo de vila de pescadores em meio a uma infra-estrutura turística de pousadas,

restaurantes e bares noturnos. As paisagens paradisíacas e os fortes ventos existentes no segundo semestre atraem velejadores. Veja também Lagoa do Paraíso e Lagoa de Jijoca.

O que há de fantástico? O belo cenário formado por águas esverdeadas, dunas de até 30 m de altura, recifes e coqueiros.

466. Jijoca – lagoa – Jericoacoara, CE (M5). 300 km de Fortaleza e 22 km de Jijoca de Jericoacoara (a 20 km do centro, acesso somente com veículos 4x4 ou *buggy*). Com 12 m de profundidade a Lagoa de Jijoca, também conhecida como Lagoa do Paraíso, possui águas cristalinas, ótimas para passeios de caiaque e mergulho livre. Veja também Jericoacoara.

O que há de fantástico? A lagoa é ideal para a prática de windsurfe e vela, devido aos ventos alísios que sopram na região.

467. Joana – praia – Rio das Ostras, RJ (M3). 170 km do Rio de Janeiro e 25 km de Macaé. Muito procurada para a pesca de anzol, é uma das praias menos freqüentadas da cidade, devido à sua localização, um pouco distante das principais vias de acesso. Veja também Rio das Ostras.

O que há de fantástico? Pequena praia que compõe o Monumento Natural dos Costões Rochosos, área de preservação ambiental de rara beleza.

468. Joanes – praia – Ilha de Marajó, PA (M6). 87 km de Belém (saindo de Belém, há barcos que partem do Cais Escadinha e chegam a Joanes em 2h; quem vai de carro deve pegar a balsa que parte de Icoroaci, a 13 km de Belém). Localizada na foz do Rio Amazonas, tem águas calmas e brancas dunas, com grande variedade de pássaros e peixes. Veja também Ilha de Marajó.

O que há de fantástico? Sua enseada é marcada pela presença de falésias.

469. João Pessoa – PB (M5). Capital do Estado, a cidade foi fundada no século XVI e preserva um rico patrimônio de igrejas e casarões em estilo barroco. Oferece praias de águas transparentes e calmas, e recifes, que formam piscinas naturais. A orla, de areias claras e finas, é preservada por uma lei que limita a três andares os prédios construídos. Entre as praias que merecem destaque estão Tambaú, que abriga o Mercado de Artesanato, e Picãozinho, onde as piscinas naturais chegam a manter a temperatura em 28ºC. Veja também Igreja de São Francisco e Convento de Santo Antônio, Barra de Gramane, Conde, Sítio do Conde, Siribinha, Praia de Jacumã, Praia de Tambaba, Praia do Coqueirinho e Corais de Carapibus.

O que há de fantástico? A Praia da Ponta do Seixas, ponto mais oriental da América do Sul. A 1 km situa-se o Farol do Cabo Branco, que oferece um mirante.

470. Joaquina – praia – Florianópolis, SC (M2). Localizada a 16 km do centro, a praia é cercada por dunas. Ganhou fama a partir da década de 1970, quando suas ondas foram descobertas pelos surfistas. Hoje faz parte do Circuito Mundial de Surfe, mas também oferece opções menos radicais, como redes para vôlei de praia e futebol. Veja também Florianópolis.

O que há de fantástico? Uma das praias mais badaladas de Florianópolis, fica lotada nos finais de semana e feriados.

471. Joinville, SC (M2). 184 km de Florianópolis e 135 km de Curitiba. De colonização alemã, Joinville tem rica vida cultural. É sede do Festival Internacional de Dança, o maior concurso de dança da América Latina, que em julho reúne 4 mil bailarinos e público de 50 mil pessoas. Em junho é palco do Joinville Jazz Festival, com apresentação de talentos nacionais e internacionais, e recebe mais de 30 mil pessoas. Abriga ainda o Museu Nacional da Imigração, instalado no Palácio dos Príncipes, de 1870.

O que há de fantástico? É a única cidade fora da Rússia a ter uma escola do Balé Bolshoi.

472. José de Alencar – teatro – Fortaleza, CE (M5). Inaugurado em 1910, sua arquitetura tem estilo eclético. A estrutura metálica, importada de Glasgow (Escócia), abriga uma sala de espetáculos em estilo *art nouveau*, um foyer e um espaço cênico a céu aberto. No prédio anexo ao museu funcionam o Centro de Artes Cênicas, a Biblioteca Carlos Câmara e outros espaços artísticos e culturais. Veja também Fortaleza.

O que há de fantástico? Em 1975 o teatro ganhou um jardim, que fazia parte do projeto original. Com paisagismo de Burle Marx, abriga plantas brasileiras e raridades como o pau-brasil.

473. Juazeiro do Norte, CE (M5). 600 km de Fortaleza e 12 km de Crato. A economia da cidade gira em torno da figura de Padre Cícero, que nasceu em 1844 e morreu em 1934. Conselheiro espiritual do povo mais humilde, tornou-se popular por um milagre que teria processado em

1891. Anualmente, milhões de pessoas de todo o país visitam a estátua do religioso, as igrejas e museus da cidade. Veja também Estátua do Padre Cícero.

O que há de fantástico? No Dia do Romeiro (1º de novembro), cerca de meio milhão de fiéis vão até a capela onde está enterrado o padre, em uma das mais famosas romarias do Nordeste.

474. **Juiz de Fora, MG (M3).** 257 km de Belo Horizonte e 61 km de Três Rios. Localizado na Serra da Mantiqueira, o município possui parques e morros, como o Morro do Imperador, de 1.492 m, que foi escalado por D Pedro II. Abriga rico acervo cultural, com destaque para o Museu Mariano Procópio, com 45 mil peças da vida colonial e do Império, que reúne obras de artistas europeus, como Daubigny e Fragonard, ao lado dos brasileiros Pedro Américo e Rodolfo Amoedo.

O que há de fantástico? O Centro Murilo Mendes, que reúne significativa coleção de arte, com obras de Miró, Picasso, Magritte, Max Ernest e Portinari.

475. **Juparanã – lagoa – Linhares, ES (M3).** 137 km de Vitória e 85 km de São Mateus (9 km do centro). Com 26 km de comprimento e profundidade de 20 m, é ideal para a prática de esportes náuticos. Forma dezenas de praias, entre elas a das Três Pontas e a do Caju, de areias claras e com vista espetacular da lagoa. Ao norte situa-se a Ilha do Imperador, visitada por Dom Pedro II. Veja também Linhares.

O que há de fantástico? Cartão-postal da cidade, é a segunda maior lagoa do Brasil em volume de água.

476. Jurerê – praia – Florianópolis, SC (M2). Localizada a 23 km do centro, no norte da ilha.

Com 3,5 km de extensão, possui areia fina e clara, águas de coloração esverdeada, com temperatura amena e ondas calmas, ideais para a prática de esportes náuticos. Os veleiros e lanchas do Iate Clube de Santa Catarina ficam ancorados no local. Veja também Florianópolis.

O que há de fantástico? A sofisticação e a ótima infra-estrutura da praia.

477. Juruena – rio – Fontanillas/Juina, MT (M4). 750 km de Cuiabá e 300 km de Campo Novo dos Parecis (a 60 km do centro por estrada de terra). Localizado em uma região que abriga duas grandes reservas indígenas e a Estação Ecológica Iquê-Juruena, o Juruena é um dos principais afluentes do Rio Amazonas.

O que há de fantástico? Sua calha é formada por areia fina e águas transparentes. Possui pequenas cachoeiras, ilhas, praias e enormes bancos de areia.

478. Laboratório – praia – Angra dos Reis, RJ (M3). 155 km do Rio de Janeiro e 96 km de Parati (a 50 km do centro). Muito freqüentada por ricos e famosos, que costumam velejar até as praias mais paradisíacas, Angra dos Reis também é conhecida por abrigar uma central nuclear composta por três usinas. E é justamente ao lado do Laboratório de Monitoração Ambiental da central que se esconde a pequena e bela Praia do Laboratório, praticamente desconhecida. Veja também Angra dos Reis.

O que há de fantástico? Quase sempre deserta, dispõe de um espaço para pesca.

479. **Lage – parque – Rio de Janeiro, RJ (M3).** Com 93.500 m^2, localiza-se nas encostas do maciço do Corcovado. Foi projetado em 1840 pelo paisagista inglês John Tyndale para servir de residência à família do industrial Antonio Lage. Além de conservar grande área de floresta nativa, possui belos jardins, lagos, grutas e boa infra-estrutura. Oferece uma série de atividades para crianças e uma escola de artes visuais. Aberto todos os dias, das 8h às 17h30. Veja também Rio de Janeiro.

O que há de fantástico? A trilha que liga o parque ao Corcovado.

480. **Lages, SC (M2).** 210 km de Florianópolis e 75 km de São Joaquim. Pioneira no turismo rural, tem várias fazendas destinadas a este fim. Fundada em 1766 por tropeiros paulistas que foram enviados para defender a região dos espanhóis, a cidade mantém vivas as tradições e danças folclóricas. Abriga vários monumentos em homenagem aos seus descobridores e à Guerra dos Farrapos, o maior conflito civil do país, iniciado em 1835, que contou com um acampamento na cidade. Veja também São Joaquim.

O que há de fantástico? A Catedral N.S. dos Prazeres, construída em pedra em 1922, tem vitrais importados da Alemanha e altar-mor em estilo gótico.

481. **Lago Azul – gruta – Bonito, MS (M4).** 310 km de Campo Grande e 70 km de Jardim (a 20 km do centro). É a única gruta da Unidade de Conservação das Grutas do Lago Azul e N.S. Aparecida que pode ser visitada. O percurso até a entrada da gruta é fácil, mas é obrigatório o uso de tênis. As visitas são feitas pela manhã, para aproveitar a luminosidade natural. Veja também Bonito.

O que há de fantástico? Mundialmente conhecida, abriga espeleotemas em todo o caminho percorrido para chegar ao belo espelho d'água, com mais de 80 m de profundidade.

482. Lago de Furnas – cânions – MG (M3). 175 km de Belo Horizonte. Criado em 1963 a partir do desvio do curso do Rio Grande para a construção da Usina de Furnas, o Lago de Furnas é um dos maiores reservatórios de água do mundo, com 1.440 km de extensão. Ao longo de 34 municípios, possui praias, cachoeiras e, no município de Capitólio, o Lago formou quatro cânions. Veja também Lago de Furnas.

O que há de fantástico? Os passeios de barco para explorar os cânions e cachoeiras.

483. Lagoa Azul – cachoeira – Capitólio, MG (M3). 315 km de Belo Horizonte e 256 km de Ribeirão Preto. Com águas cristalinas, conta com piscinas naturais em tons de azul e verde. Para conhecer a cachoeira é preciso pagar uma taxa de preservação ambiental. Visite também a Trilha do Sol e o Lago de Furnas, conhecido como "Mar de Minas Gerais". Veja também Parque Nacional da Serra da Canastra.

O que há de fantástico? Região de beleza singular, com diversos cânions e cachoeiras, oferece passeios de barco e belas trilhas.

484. Lagoa do Mato – praia – Aracati, CE (M5). 165 km de Fortaleza (a 15 km do centro). Praia com fontes de água potável e grutas, em meio a falésias. A falta de luz elétrica ajuda a preservar sua bela paisagem, adornada por denso coqueiral. Veja também Canoa Quebrada.

O que há de fantástico? Praia deserta e tranqüila, nas proximidades da badalada Canoa Quebrada.

485. Lagoa do Peixe – parque nacional – Mostardas, RS (M2). 210 km de Porto Alegre (a 25 km do centro). Localizado entre a Lagoa dos Patos e o Oceano Atlântico, sobre uma extensa planície costeira arenosa, o parque possui 34,3 mil ha compostos por restinga, banhados, matas nativas, dunas e praias. Na região vivem algumas comunidades de pescadores, que sobrevivem da pesca artesanal do camarão e

da tainha. Não tem infra-estrutura turística. Veja também Mostardas.
O que há de fantástico? O parque foi criado para proteger 182 espécies de aves migratórias, que encontram alimentos em suas águas repletas de plânctons, crustáceos e peixes.

486. Lagoinha – praia – Paraipaba, CE (M5). 88 km de Fortaleza. Praia movimentada e extensa (tem 15 km), reúne uma infinidade de belezas naturais, como dunas, coqueiros, lagoas e falésias. Possui boa infra-estrutura de bares e restaurantes. Veja também Fortaleza.
O que há de fantástico? É considerada uma das mais belas praias do litoral cearense.

487. Lagoinha do Leste – praia – Florianópolis, SC (M2). Localizada a 31 km do centro (3 km percorridos a pé ou de barco). Excelente opção de turismo ecológico, a praia tem sua mata e suas águas muito preservadas. Fica entre as praias do Pântano do Sul e do Matadeiro. Não possui nenhuma infra-estrutura. Veja também Florianópolis.
O que há de fantástico? No final da praia está a Lagoinha, com águas limpas e ondas.

488. Laguna, SC (M2). 110 km de Florianópolis e 30 km de Imbituba. A economia de Laguna gira em torno da criação de camarão e do turismo. A mais freqüentada de suas praias, do Mar Grosso, oferece ótima infra-estrutura; a de Galheta, de extrema beleza natural, é reduto de surfistas. Entre as atrações históricas, destacam-se a casa que abrigou a revolucionária farroupilha Anita Garibaldi e a Casa Pinto d'Ulisséa, réplica de uma quinta portuguesa, que foi construída em 1866. Veja também Praia do Mar Grosso e Farol de Santa Marta.

O que há de fantástico? O Farol de Santa Marta, o maior das Américas e o 3º do mundo em alcance, localizado na Praia do Farol.

489. Lajeado do Pai Mateus – Cabaceiras, PB (M5). 189 km de João Pessoa e 76 km de Campina Grande. Com 2 km de extensão, o lajeado abriga formações rochosas esculpidas ao longo de milhões de anos, que impressionam pelo tamanho e pela beleza. Veja também Campina Grande.

O que há de fantástico? Principal reserva arqueológica do Cariri paraibano, possui paisagem singular, com jardins de cactos e bromélias típicos da caatinga.

490. Lambari, MG (M3). 334 km de Belo Horizonte e 51 km de São Lourenço. A estância hidromineral abriga o Parque das Águas, com seis fontes de águas curativas e piscina semi-olímpica de água mineral. Oferece ainda belas cachoeiras, os mirantes da Serra das Águas e o Parque Estadual de Nova Baden. Com 214,47 ha, o parque abriga a cachoeira das Sete Quedas e ricas fauna e flora. Possui infra-estrutura para visitantes. Veja também Caxambu e São Lourenço.

O que há de fantástico? O Cassino do Lago. Construído em 1909, o cartão-postal da cidade chama a atenção pela suntuosidade.

491. **Lapa, PR (M2).** 65 km de Curitiba. Os 14 quarteirões de seu centro histórico abrigam muitas casas caiadas, de pé-direito alto, construídas a partir de 1769, quando os tropeiros fundaram a cidade. O conjunto foi tombado pelo Patrimônio Histórico. Entre as atrações turísticas destacam-se o Museu dos Tropeiros e a Festa dos Tropeiros. Com comidas, músicas e danças típicas, a festa acontece em abril. Veja também Curitiba.

O que há de fantástico? As várias manifestações religiosas, entre elas as Congadas de São Benedito e o Corpus Christi, com tapetes de serragem colorida, que reúne 8 mil fiéis.

492. **Lapa Doce – gruta – Iraquara, BA (M5).** 425 km de Salvador e 140 km de Paraguaçu. De trajeto relativamente fácil, é uma espécie de introdução ao subterrâneo da Chapada Diamantina. Apresenta estalactites e estalagmites. A visitação é permitida em grupos de 12 pessoas, só com guia. Veja também Chapada Diamantina.

O que há de fantástico? Formações milenares, batizadas de Corcovado e Pão de Açúcar, entre outras.

493. Lapão – gruta – Lençóis, BA (M5). 420 km de Salvador (acesso por meio de trilha de 5 km a partir de Lençóis). Com 1.000 m de extensão, é a segunda maior gruta de quartzo do Brasil (a primeira é a das Bromélias, em Conceição do Ibitipoca, MG). Muito explorada no século XIX por garimpeiros em busca de diamantes, a gruta apresenta muitas pedras soltas, o que torna sua visitação perigosa. O melhor período para visitação é de março a dezembro. Veja também Chapada Diamantina.

O que há de fantástico? Nas grutas de origem calcária (maioria na região) são necessários 33 anos para formar cada centímetro de estalactite. Na do Lapão são necessários cem anos.

494. Lapinha da Serra, MG (M3). 90 km de Belo Horizonte e 41 km de Jaboticatubas. Localizado ao pé do Pico do Breu, ponto mais alto da Serra do Cipó, com 1.687 m, o pequeno vilarejo possui um visual encantador. Veja também Belo Horizonte.

O que há de fantástico? Abriga muitas cachoeiras (algumas de grande beleza cênica) e o Córrego das Pedras, próximo ao Pico do Breu, com várias corredeiras.

495. Laranjeiras, SE (M5). 22 km de Aracaju. A cidade, que no seu início viveu do comércio da cana-de-açúcar e de escravos, abriga construções históricas do século XVIII e o Museu Afro-Brasileiro, com objetos usados em cultos religiosos. Os grupos folclóricos apresentam congadas, cheganças e alguns tipos de danças mantidos apenas no município. Veja também Aracaju.

O que há de fantástico? A Igreja de N. S. Comendaroba, que esconde no altar-mor um túnel que leva à Gruta da Pedra Furada, onde aconteciam as missas durante a ocupação holandesa.

496. Laranjeiras – praia – Balneário Camboriú, SC (M2). 84 km de Florianópolis (3 km do centro, acesso pela estrada ou pelo mar). Pequena baía rodeada pelo verde da Mata Atlântica, com um mar tão tranqüilo que em alguns dias parece uma piscina, é a praia mais próxima do centro e muito movimentada. Veja também Balneário Camboriú.
O que há de fantástico? O acesso à praia é feito de teleférico, a partir de Camboriú.

497. Lasar Segall – museu – São Paulo, SP (M3). Instalado na antiga residência e ateliê do artista, o museu foi criado para preservar sua obra, além de estimular a experimentação no campo das artes. O projeto arquitetônico do local é valioso e data de 1932. O acervo conta com cerca de 3 mil obras, entre elas os esboços e ensaios guardados em gavetas, uma das marcas do museu. Aberto à visitação de 3ª a sábado, das 14h às 19h, e domingo, das 10h às 18h. Veja também São Paulo.
O que há de fantástico? Além de museu, o local é um centro cultural com biblioteca, cinema, shows musicais, mostras de fotografias e café.

498. Lavagem do Bonfim – Salvador, BA (M5). O ritual simboliza o sincretismo religioso de Salvador. Desde o século XVIII, três dias antes da missa do domingo de Bonfim – o segundo depois da Festa de Reis, em janeiro –, os romeiros e os escravos reuniam-se para lavar a igreja e prepará-la para a celebração. Os negros aproveitavam a oportunidade para homenagear Oxalá. Atualmente, baianas em seus enormes vestidos brancos lavam as escadarias da Igreja do Senhor do Bonfim, construída em 1745, na Cidade Baixa. Um espetáculo, realizado ao som dos atabaques. Veja também Salvador.

O que há de fantástico? Segunda maior manifestação popular do Estado, perde em público somente para o Carnaval.

499. Lavras Novas, MG (M3). 117 km de Belo Horizonte e 17 km de Ouro Preto (7 km por estrada de terra). Cidade montanhosa com vários mirantes, cachoeiras e serras, como a do Trovão (com visão de 360 graus da cidade e muito procurada no horário do pôr-do-sol). Veja também Ouro Preto.

O que há de fantástico? Os passeios a cavalo pela região das cachoeiras, as trilhas para caminhada e as boas opções para pesca.

500. Lázaro – cachoeira – Pirenópolis, GO (M4). 107 km de Goiânia e 140 km de Brasília (a 13 km do centro, sendo 12 km por terra, mais trilha fácil de 30 min). Localizada na Reserva Ecológica Vargem Grande, a cachoeira tem 50 m de queda, com piscinas naturais. Possui boa infra-estrutura. Aproveite para visitar a vizinha Cachoeira de Santa Maria, que fica a 1,3 km. Veja também Pirenópolis e Cachoeira do Abade.

O que há de fantástico? Muito procurada pelos brasilienses nos finais de semana, Pirenópolis possui várias opções para os praticantes de esportes de aventura.

501. Lázaro – praia – Ubatuba, SP (M3). 230 km de São Paulo e 73 km de Parati (a 15 km do centro). Praia com areias finas e brancas, mar calmo e águas cristalinas, localizada em região com belas casas de veraneio e boa infra-estrutura. À sua esquerda fica a pequena praia da Sununga, com ondas fortes e areias grossas, que abriga a "Gruta que Chora". Veja também Ubatuba.

O que há de fantástico? Praia tranqüila, com boas sombras e mar calmo, é muito procurada por quem quer apenas relaxar e contemplar a bela paisagem.

502. Leão – praia – Fernando de Noronha, PE (M5). 545 km do Recife (1h40 de avião) e 360 km de Natal (1h10 de avião). Seu nome decorre de uma enorme pedra localizada em frente à praia, semelhante a um leão deitado. Ao seu lado está o Morro da Viuvinha, formação rochosa que abriga ninhos de aves. Veja também Fernando de Noronha.

O que há de fantástico? Maior praia do arquipélago, tem areias avermelhadas, água de cor azul-esverdeada e piscinas naturais.

503. Leblon – mirante – Rio de Janeiro, RJ (M3). Um dos mais sofisticados bairros da Zona Sul carioca, o Leblon abriga praias badaladas, lojas chiques e boas opções de lazer. Mães e babás freqüentam muito o chamado Baixo Bebê, que dispõe de fraldário e brinquedos. Veja também Rio de Janeiro.

O que há de fantástico? A vista privilegiada das praias do Leblon e de Ipanema. O Mirante do Leblon é um ponto muito procurado para fotografias.

504. Lençóis, BA (M5). 425 km de Salvador. Entrada para o Parque Nacional da Chapada Diamantina, de 152 mil ha, oferece uma infinidade de trilhas, rios, grutas e cachoeiras. A cidade possui ainda construções coloniais do século XVIII e oferece ótima infra-estrutura turística. Veja também Parque Nacional da Chapada Diamantina.

O que há de fantástico? A Cachoeira da Fumaça, de 340 m de altura. Devido à sua altura, nos meses mais secos a água evapora antes de chegar ao solo.

505. **Lençóis Maranhenses – parque nacional – MA (M5).** O parque ocupa vários municípios, mas a entrada principal é feita por Barreirinhas, a 272 km de São Luís (o acesso às atrações é feito em veículos 4x4 ou barco). Cenário deslumbrante, formado por inúmeras lagoas de águas azuis e verdes, que durante o período das chuvas (dezembro a julho) contrastam com as dunas de areia branca que se estendem por 50 km em direção ao continente. O forte calor é compensado pelo banho nas lagoas cristalinas e nos 70 km de praias desertas. Destaque para as lagoas Azul e Bonita. As visitas ao parque, de 155 mil hectares, são organizadas por agências. Veja também Lagoa Bonita e Mandacaru.

O que há de fantástico? Entre as dunas de quase 40 m de altura destacam-se dois oásis, o Queimada dos Britos e o Baixa Grande.

506. Leste – praia (Ilha Grande) – Angra dos Reis, RJ (M3). 123 km do Rio de Janeiro e 408 km de São Paulo (mais 1h30 de barco a partir de Mangaratiba ou Angra dos Reis). Principal ilha de Angra, a Ilha Grande possui 86 praias com características variadas, além de cachoeiras, rios, montanhas e enseadas. A Praia do Leste fica do lado de fora da ilha, em mar aberto e para chegar até ela é necessário contratar um guia e enfrentar mais de 1h de caminhada. Veja também Ilha Grande.

O que há de fantástico? Devido ao difícil acesso, as praias do leste e do sul, que são separadas por uma pequena ilha, costumam ser menos concorridas.

507. Liberdade – São Paulo, SP (M3). Localizado na região central da cidade, o bairro concentra a maior colônia japonesa do mundo fora do Japão e reproduz muitas características do país de origem. As lojas de produtos japoneses usam letreiros em japonês. A principal rua, a Galvão Bueno, tem um corredor de pilastras vermelhas com as inconfundíveis lanternas japonesas e um pequeno jardim oriental. Abriga o Museu Histórico da Imigração Japonesa no Brasil, com 5 mil objetos e 10 mil fotos. Veja também São Paulo.

O que há de fantástico? O Festival das Estrelas, em julho. As ruas são enfeitadas com bambu e estrelas e os visitantes penduram papéis com seus desejos em uma árvore.

508. **Língua Portuguesa – museu – São Paulo, SP (M3).** Localizado na Estação da Luz, região central, o Museu ocupa três andares da suntuosa construção erguida pelos ingleses em 1901 e que é um dos cartões-postais da cidade. Um dos destaques do Museu é a interatividade. No Beco das Palavras é possível criar palavras e conhecer a sua etimologia. Abriga exposições temporárias, terminais multimídia e atividades educativas. Funciona de 3ª a domingo, das 10h às 18h. É cobrado ingresso. Veja também São Paulo, Estação da Luz e Pinacoteca do Estado.

O que há de fantástico? A árvore das palavras, com termos de outros idiomas que ajudam a entender como surgiu a língua portuguesa.

509. **Linhares, ES (M3).** 137 km de Vitória e 85 km de São Mateus. Balneário repleto de atrações naturais, Linhares possui boas praias (a mais de 40 km do centro), lagoas e cachoeiras. A praia de Comboios abriga a sede do Projeto Tamar para preservação das tartarugas marinhas. Pontal do Ipiranga possui uma faixa de 300 m de restinga, onde habitam antas, sagüis e onças. Veja também Lagoa Juparanã, Praia de Urussuquara e Praia de Barra Seca.

O que há de fantástico? A cidade abriga 64 lagoas, entre elas a Juparanã, muito procurada pelos praticantes de esportes náuticos, e a Reserva Natural do Vale do Rio Doce.

510. Londrina, PR (M2). 380 km de Curitiba e 180 km de Maringá. A segunda principal cidade paranaense é rica em serviços, universidades e vida cultural. Londrina é também ponto de partida para opções de lazer em meio à natureza, como o Parque Estadual Mata dos Godoy e o Balneário Thermas de Londrina. A 70 km do centro, em uma reserva indígena, fica o Salto Apucaraninha, com queda-d'água de 116 m de altura.

O que há de fantástico? O Festival Internacional de Teatro de Londrina. Um dos mais importantes eventos do gênero no país, acontece nos meses de maio e junho.

511. Lopes Mendes – praia – Ilha Grande, RJ (M3). 125 km do Rio de Janeiro (mais 1h30 de barco ou 1h30 de barco de Angra dos Reis; acesso pela trilha de 2,5 km que sai da Praia dos Mangues, cerca de 30 min a pé). Com areia fina e águas transparentes, boas para o surfe, banho e mergulho, abriga grande variedade de pássaros e peixes. Veja também Ilha Grande.

O que há de fantástico? Suas areias são cortadas por três riachos e é sombreada por belas amendoeiras espalhadas ao longo dos 3 km de sua extensão.

512. Luís Correia, PI (M5). 348 km de Teresina e 16 km de Parnaíba. Uma das poucas cidades litorâneas do Piauí, Luís Correia tem praias urbanas, como a do Coqueiro, e desertas, como a bela Itaqui, com dunas e um farol. Veja também Passeio de Barco pelo Delta do Parnaíba.

O que há de fantástico? O passeio de jipe que liga as praias do Atalaia e de Macapá e que passa pelos mais belos cenários da região, entre eles a foz do Rio Cumurupim.

513. **Luminárias, MG (M3).** 288 km de Belo Horizonte e 38 km de Lavras. A cidade recebeu esse nome após um fenômeno ocorrido em 1600. Do alto da serra, os moradores viram pontos brilhantes parecidos com luminárias (alguns acreditam que eram discos voadores). Vizinha da mística São Tomé das Letras, possui a mesma formação rochosa. Veja também São Tomé das Letras.

O que há de fantástico? Possui mais de 20 cavernas (fechadas), formações rochosas impressionantes, como o Portal de Pedra, além de rios, corredeiras, lagos e cachoeiras.

514. **MAC – museu – Niterói, RJ (M3).** 20 km do Rio de Janeiro. Localizado no Mirante da Boa Viagem, a 3 km do centro, o Museu de Arte Contemporânea é um dos fabulosos projetos de Oscar Niemeyer. Inaugurado em 1996, possui três pavimentos elevados e um subterrâneo. Anexo ao salão principal há uma varanda com vista de 360º, que permite apreciar o mar e a Baía de Guanabara. Funciona de 3ª a domingo, das 10h às 18h. É cobrado ingresso (estudantes da rede pública até o ensino médio e crianças menores de 7 anos não pagam). Veja também Niterói.

O que há de fantástico? Apoiado em uma base cilíndrica de apenas 9 m de diâmetro, lembra um disco voador a flutuar sobre o mar azul.

515. **MAC – museu – São Paulo, SP (M3).** O acervo do Museu de Arte Contemporânea traça um retrato da evolução das artes plásticas no século XX. As cerca de 8 mil obras estão expostas em sua maior parte na sede da Cidade Universitária, mas também em um andar do prédio da Bienal, no Ibirapuera. Aberto à visitação às 3as, 4as e 6as, das 10h às 19h, às 5as, das 11h às 20h, e aos sábados e domingos, das 10h às 16h. Há cobrança de ingresso. Veja também São Paulo.

O que há de fantástico? As obras de mestres estrangeiros como Miró, Matisse, Paul Klee, Picasso e Kandinsky, e de brasileiros como Tarsila do Amaral, Di Cavalcanti e Portinari.

516. **Macaé, RJ (M3).** 187 km do Rio de Janeiro e 85 km de Cabo Frio. A cidade produz grande parte do petróleo consumido no país. Para o turista, Macaé oferece praias de areia grossa próprias para o surfe, como a dos Cavaleiros e a do Pecado, e para a pesca, como a São José do Barreto e a do Pecado. Do Pico do Frade, com 1.750 m, é possível avistar quase toda a região serrana. Veja também Quissamã e Rio das Ostras.

O que há de fantástico? O Arquipélago de Sant'Anna, uma área de preservação ambiental formada por três ilhas com cenários paradisíacos e bons pontos para o mergulho submarino.

517. **Macapá – praia – Luís Correia, PI (M5).** 344 km de Teresina e 25 km de Parnaíba (a 26 km do centro). Com 66 km de extensão, o litoral do Piauí oferece paisagens de rara beleza, formadas por lagoas de água doce e praias repletas de dunas de areia branca, como a de Macapá, umas das mais tranqüilas da região. Nas proximidades, na divisa com o Ceará, fica Cajueiro de Praia, povoado de pescadores conhecido como hábitat natural do peixe-boi marinho. Veja também Luís Correia.

O que há de fantástico? A região abriga o delta do Rio Parnaíba, que forma cerca de 90 ilhotas ao despejar suas águas no oceano.

518. **Macau, RN (M5).** 182 km de Natal e 148 km de Mossoró. Cidade típica do litoral potiguar, Macau tem clima quente e sol o ano inteiro. Suas praias de águas calmas e ventos fortes são próprias para a prática de esportes como o kitesurfe. O destaque fica para a Praia de Galinhos, cujo acesso é feito de barco ou *buggy* (com a maré baixa) e que fica em uma península cercada por dunas, salinas e rio. Veja também Praia de Galinhos.
O que há de fantástico? As duas grandes salinas da cidade, que estão abertas à visitação nos dias úteis, mediante autorização da secretaria municipal de turismo.

519. **Maceió, AL (M5).** A capital de Alagoas é famosa pelas belas praias ladeadas por coqueiros e com mar verde de águas calmas e mornas. As praias urbanas, como a de Pajuçara, são muito freqüentadas, mas há também vilas de pescadores menos badaladas, como Riacho Doce. O Armazém Sebrae oferece produtos regionais, como rendas e artesanato. Veja também Maragogi, Galés de Maragogi, Praia do Carro Quebrado, Praia do Francês, Praia de São Miguel dos Milagres, Praia de Guaxuma, Duas Barras, Foz do Rio São Francisco, Penedo, Piaçabuçu, Convento de São Francisco, Igreja de N. S. dos Anjos e Porto das Pedras.
O que há de fantástico? Os passeios de jangada que partem da Praia de Pajuçara rumo às piscinas naturais da região.

520. **Madeira – rio – Porto Velho, RO (M6).** A capital de Rondônia foi criada no meio da Floresta Amazônica por volta de 1907, durante a construção da Estrada de Ferro Madeira–Mamoré. É cortada pelo Rio Madeira, maior afluente da margem direita do Rio Amazonas. Com águas caudalosas, possui grande diversidade de peixes, como dourado, surubim, tambaqui, tucunaré, piraíba e candiru. Às margens do rio há um museu sobre a história da construção da Madeira–Mamoré. Veja também Porto Velho.

O que há de fantástico? O passeio de barco pelo rio. Com cerca de 40 min de duração, parte da Praça Madeira–Mamoré.

521. **Magistério – praia – Balneário Pinhal, RS (M2).** 95 km de Porto Alegre. Suas fortes ondas atraem os surfistas. Possui boa infra-estrutura, com redes para prática de vôlei e outros esportes. Veja também Porto Alegre.

O que há de fantástico? As dunas móveis, quase em extinção no litoral gaúcho, chegam até a praia.

522. **Maior Cajueiro do Mundo – Parnamirim, RN (M5).** 14 km de Natal. Localizado na Praia de Pirangi do Norte, o cartão-postal do município tem uma copa de 8.400 m^2 e mais de 100 anos. Produz 60 mil cajus por safra e tornou-se uma das principais atrações turísticas da região. À sua volta há barracas de artesanato, onde se encontram produtos feitos com os frutos do cajueiro, como doces, compotas e castanhas com coberturas diversas. Veja também Natal.

O que há de fantástico? Pesquisas mostram que a enorme árvore é fruto de uma aberração genética.

523. MAM – museu – Rio de Janeiro, RJ (M3). Dono de um acervo de cerca de 4 mil obras, entre pinturas, esculturas e gravuras de artistas brasileiros e estrangeiros, o Museu de Arte Moderna conta também com cinemateca, livraria e biblioteca. A vasta coleção de Gilberto Chateaubriand, com peças de Anita Malfatti, Tarsila do Amaral, Di Cavalcanti e Portinari, é um dos destaques do museu. Aberto à visitação de 3ª a 6ª, das 12h às 18h, e aos sábados, domingos e feriados, das 12h às 19h. Há cobrança de ingresso. Veja também Rio de Janeiro.

O que há de fantástico? A integração do museu ao Aterro do Flamengo, projetado por Burle Marx junto à Baía de Guanabara.

524. Manaus, AM (M6). A capital do Amazonas foi fundada no meio da Floresta Amazônica no século XVII. Possui grande diversidade de atrativos turísticos, como os passeios de barco pela floresta, nos quais é possível observar as vitórias-régias, os seringais e até praias, como a de Ponta Negra. A hospedagem pode ser feita em hotéis na selva. O grande desenvolvimento registrado durante o Ciclo da Borracha permitiu o surgimento de construções imponentes, como o Palácio Rio Negro, de 1913. Em 1957 a cidade tornou-se Zona Franca. Veja também Encontro das Águas dos Rios Negro e Solimões, Palácio Rio Negro, Rio Amazonas, Teatro Amazonas e Vitória-Régia.

O que há de fantástico? O Teatro Amazonas, construção neoclássica de 1896, auge do Ciclo da Borracha. Com 700 lugares, foi edificado com tijolos, vidros e mármore.

525. **Mandacaru, MA (M5).** 270 km de São Luís. Vila de pescadores onde a maior atração é um farol de 54 m de altura, de onde se tem uma bela vista do Parque Nacional dos Lençóis Maranhenses, com dunas, lagoas e praias desertas. Veja também Parque Nacional dos Lençóis Maranhenses.

O que há de fantástico? A cidade situa-se ao lado do Parque Nacional dos Lençóis Maranhenses, um dos mais belos cenários do país.

526. **Mangabeiras – parque – Belo Horizonte, MG (M3).** A maior área verde da capital mineira foi transformada em parque em 1982. Com projeto paisagístico de Burle Marx, oferece inúmeras opções de lazer, como trilhas na mata nativa e atividades culturais. Destaque para o bucólico Lago dos Sonhos. Com um pouco de atenção é possível ver micos brincando nas copas das árvores. Aberto à visitação de 3ª a domingo, das 8h às 18h. Veja também Belo Horizonte.

O que há de fantástico? O Mirante da Mata, a melhor vista de Belo Horizonte e da Serra do Curral.

527. **Mangal das Garças – parque – Belém, PA (M6).** Com 40 mil m², o parque situa-se às margens do Rio Guamá, no centro histórico de Belém. Síntese do ambiente amazônico no centro da cidade, abriga os diferentes tipos de vegetação da região e viveiros de aves e borboletas, em meio a prédios destinados a atividades culturais e de lazer. Veja também Belém.

O que há de fantástico? Mistura natureza e cultura no centro histórico da capital paraense.

528. **Mangaratiba, RJ (M3).** 110 km do Rio de Janeiro e 52 km de Angra dos Reis. Dona de uma orla recortada por penínsulas e de praias de águas calmas, Mangaratiba também serve de acesso para a Ilha Grande. As cachoeiras do Rubião e da Bengala são con-

sideradas as melhores da região. Veja também Angra dos Reis.
O que há de fantástico? O passeio de saveiro pela Baía de Sepetiba, onde com um pouco de sorte pode-se ter a companhia de golfinhos.

529. Mangue Seco – praia – Jandaíra, BA (M5). 242 km de Salvador, 35 km de Estância e 108 km de Aracaju (acesso em veículo 4x4 a partir da Praia Costa Azul ou 45 min de barco a partir de Pontal, SE). Localizada na divisa com o Estado de Sergipe, a praia tornou-se badalada quando foi cenário da novela *Tieta*, inspirada na obra de Jorge Amado. O local é tranqüilo e muito procurado por casais.
O que há de fantástico? As lindas dunas de areias claras, cercadas por coqueiros e manguezais.

530. Maquiné – gruta – Cordisburgo, MG (M3). 123 km de Belo Horizonte. Descoberta em 1825, é considerada o berço da paleontologia brasileira. Com 625 m destinados à visitação, possui sete salões repletos de estalactites e estalagmites e boa iluminação artificial. Visite também a Casa de Guimarães Rosa, museu que guarda objetos pessoais do escritor, que nasceu em Cordisburgo.
O que há de fantástico? Foi utilizada como abrigo pelo homem no período pré-histórico e abriga na entrada uma pintura rupestre de mais de 6 mil anos.

531. Mar Grosso – praia – Laguna, SC (M2). 120 km de Florianópolis e 34 km de Tubarão. Uma das cidades mais antigas do Estado, durante a Revolução Farroupilha, em 1839, Laguna foi tomada por Garibaldi. Possui 14 praias com características variadas. A do Mar Grosso, com cerca de 2,5 km, é uma das mais concorridas, devido à sua boa infra-estrutura. Veja também Laguna.
O que há de fantástico? Na lagoa de Santo Antônio, a 4 km, golfinhos ajudam os pescadores a encontrar os cardumes de tainhas.

532. Maracaípe – praia – Ipojuca, PE (M5). 65 km de Recife. Vizinha da badalada Porto de Galinhas, localiza-se em uma região repleta de coqueiros e piscinas naturais. Oferece várias opções para os praticantes de esportes radicais, como mergulho, além de passeios de jangada, *buggy* e caiaque. Veja também Recife e Porto de Galinhas.

O que há de fantástico? Praia de ondas fortes, que recebe uma etapa do Circuito Brasileiro de Surfe.

533. Maracajaú – praia – Maxaranguape, RN (M5). 60 km de Natal e 40 km de Genipabu. Destaca-se pela presença de recifes a 7 km da costa, conhecidos como parrachos, e pela presença de um farol submerso. Veja também Natal e Genipabu.

O que há de fantástico? Os mergulhos para exploração dos parrachos, que são agendados de acordo com a maré.

534. Maracanã – estádio – Rio de Janeiro, RJ (M3). Um dos maiores estádios de futebol do planeta, o Maracanã foi construído para abrigar a Copa do Mundo de 1950. A construção é monumental e guarda histórias repletas de emoções e personagens, como o escritor Nelson Rodrigues, que mal enxergava o campo mas comparecia para torcer pelo seu Fluminense. O turista ouve essa e outras histórias enquanto visita corredores, vestiários e o Hall da Fama, com marcas dos pés de atletas famosos. Há cobrança de ingresso. A visitação está aberta diariamente, exceto em dias de jogos e eventos, das 9h às 17h. Veja também Rio de Janeiro.

O que há de fantástico? Entrar no gramado ao som de gravações de gritos da torcida, sentindo um pouco a emoção dos jogadores de futebol.

535. Maragogi, AL (M5). 142 km de Maceió e 134 km de Recife (acesso inclui 10 km em estrada de terra e travessia de balsa). Segundo destino mais visitado do Estado (superado apenas por Maceió), possui cenários paradisíacos, com praias de areia branca repletas de coqueiros e com águas tranqüilas. Destaque para as praias de Ponta do Mangue, Maragogi (de onde saem os barcos para os passeios) e Barreiras do Boqueirão, que abriga falésias coloridas. Veja também Galés de Maragogi.
O que há de fantástico? Os passeios de barco até as Galés, piscinas naturais formadas por recifes, onde é possível mergulhar (passeios apenas com a maré baixa).

536. Marajó – ilha – PA (M6). 87 km de Belém (o acesso por barco leva 3 horas e o aéreo 30 min). Marajó é um dos santuários ecológicos mais preservados da Amazônia. Abriga a maior manada de búfalos do país e grande variedade de peixes e aves, entre elas os guarás-vermelhos. Oferece praias com dunas de areias claras e ricas atrações culturais, como a dança carimbó e a cerâmica marajoara. Chove muito o ano todo, mas entre fevereiro e maio as chuvas alagam campos e estradas. Veja também Ilha do Mosqueiro, Praia do Joanes e Praia do Pesqueiro.
O que há de fantástico? Um dos locais mais selvagens, pouco conhecidos e preservados do Brasil, onde se pode fazer um passeio de búfalo e observar aves raras.

537. Marambaia – restinga – Rio de Janeiro, RJ (M3). Localizada a 90 km do centro. Estreita área de terra de 42 km, situada entre o Oceano Atlântico e a Baía de Sepetiba. Têm acesso restrito à área as Forças Armadas, que a utilizam para treinamentos, e estudantes e pesquisadores. Abriga florestas, brejos, praias, dunas e restingas. Os presidentes da República costumam se hospedar na base militar da Restinga. Veja também Rio de Janeiro.

O que há de fantástico? Trata-se de um tesouro ambiental preservado graças ao acesso controlado.

538. Marataízes, ES (M3). 122 km de Vitória e 70 km de Guarapari. Um dos principais balneários do Espírito Santo, possui lagoas (a do Siri, a 5 km do centro, é a mais procurada) e belas praias (destaque para Areias Pretas, com várias piscinas naturais, e Marobá, que possui dunas). Veja também Guarapari.

O que há de fantástico? As praias do sul, belas e desertas (mas com acesso difícil no período de chuvas).

539. Marco Zero do Equador – Macapá, AP (M6). Localizado na região central da capital do Estado, que é acessível apenas por balsa (36 horas de Belém, PA) ou avião, o Marco Zero é um dos pontos turísticos mais visitados de Macapá. Com boa infra-estrutura, dispõe de amplos salões com exposições sobre a cultura do Amapá. Veja também Fortaleza de São José e Passeio de Trem pela Serra do Navio.

O que há de fantástico? O Macapá é a única capital do país cortada pela linha do Equador.

540. Marechal Deodoro, AL (M5). 20 km de Maceió. Primeira capital do Estado, recebeu o nome de seu filho mais ilustre, Deodoro da Fonseca. Destino muito procurado devido à proximidade de Maceió, costuma lotar nos finais de semana e feriados. Conta com praias de perfis variados, com águas mais calmas ou mais agitadas. Veja também Maceió e Praia de Massagueira.

O que há de fantástico? A Praia do Francês, conhecido reduto de surfistas.

541. Maresias – praia – São Sebastião, SP (M3). 173 km de São Paulo e 80 km de Ubatuba (a 29 km do centro). A mais badalada do Litoral Norte, oferece 5 km de areia branca fina e água cristalina. Ao sul, no "Canto do Moreira", quebram as melhores ondas. O mar tem arrebentações fortes, provocadas por uma laje submersa apreciada pelos mergulhadores.Tem ótima infra-estrutura e vida noturna agitada. Veja também São Sebastião e Ubatuba.

O que há de fantástico? Faz parte do Circuito Mundial de Surfe e tornou-se um dos principais pólos do turismo sofisticado do litoral paulista.

542. Maria da Fé, MG (M3). 467 km de Belo Horizonte, 35 km de Delfim Moreira e 300 km de São Paulo. Situada na Serra da Mantiqueira, a cidade apresenta as mais baixas temperaturas do Estado (média de 17°C e mínimas de -8°C). Rico artesanato feito com fibra de bananeira e pigmentos de terra, exportado para vários países.

O que há de fantástico? O Pico da Bandeira, com 1.650 m de altura, de onde há saltos de asa-delta e paraglider.

543. Maria Farinha, PE (M5). 38 km do Recife e 28 km de Olinda. Distrito do município de Paulista, localizado na divisa com a Paraíba, Maria Farinha possui grandes condomínios e diversas marinas às margens do Rio Timbó. Destaque para a Praia da Conceição, com recifes, para a Igreja N.S. Conceição, de 1842, e a do Pau Amarelo, com um forte construído no início do século XVIII. Veja também Recife e Olinda.

O que há de fantástico? A região abriga um dos maiores parques aquáticos do Nordeste, com toboáguas, corredeiras e piscinas de ondas.

544. Mariana, MG (M3). 105 km de Belo Horizonte e 12 km de Ouro Preto. Primeira capital de Minas Gerais e cidade mais antiga do Estado (1696), Mariana é repleta de lembranças da época colonial, quando para lá rumavam pessoas do Brasil inteiro atrás do ouro. Hoje, o tesouro está na arquitetura das igrejas e do casario. Nas visitas às antigas minas pode-se conhecer o processo de extração, beneficiamento e transporte de minério de ferro e ouro. Em julho, o Festival de Inverno oferece shows musicais, teatro e oficinas de artesanato. Veja também Ouro Preto.

O que há de fantástico? As obras de Aleijadinho e do Mestre Athayde, espalhadas por atrações como a Catedral Basílica da Sé e o Museu Arquidiocesano de Arte Sacra.

545. Mariano Procópio – museu – Juiz de Fora, MG (M3). 271 km de Belo Horizonte e 106 km de Barbacena. O primeiro museu de Minas Gerais é muito diversificado, com um acervo natural, de animais, plantas, fósseis e informações sobre geologia, mineralogia, paleontologia e zoologia, e um acervo histórico, com dedicação especial ao reinado de D. Pedro II. Há pinturas de mestres como Daubigny e Pedro Américo, além de jóias, moedas, armas, móveis e esculturas. Aberto à visitação de 3ª a domingo, das 12h às 17h. Há cobrança de ingresso.

O que há de fantástico? Raridades como cartas de Dom Pedro I a sua amante e os trajes da coroação, maioridade e casamento de D. Pedro II.

546. **Maricá, RJ (M3).** 61 km do Rio de Janeiro. Fundada em 1755, Maricá foi a primeira cidade da Região dos Lagos. O centro abriga construções importantes, como a Igreja Matriz N.S. do Amparo, do século XVIII, e a Capela do São José do Imbassaí, de 1675. O valor histórico da cidade é proporcional à beleza natural da região: de um lado o oceano, do outro as lagoas e a serra. Há ainda a restinga de Maricá, faixa de areia de 35 km com cactos, bromélias, gramíneas e arbustos de baixo porte. Veja também Cachoeira do Espraiado.
O que há de fantástico? O pôr-do-sol na Lagoa de Maricá, boa para banho, pesca e esportes náuticos.

547. **Marin – Cascata – Cotiporã, RS (M5).** 162 km de Porto Alegre e 40 km de Bento Gonçalves (situada no Arroio Sapatinho, a 6 km do centro em estrada de terra). Possui duas quedas de cerca de 80 m, com águas límpidas e piscinas naturais ótimas para banho. Há trilhas monitoradas para chegar à parte inferior. Ao lado fica um alambique artesanal. Veja também Bento Gonçalves.
O que há de fantástico? A vista do Rio das Antas e a degustação de cachaça e de frios feitos no local.

548. **Maringá, PR (M2).** 428 km de Curitiba e 80 km de Campo Mourão. Cidade planejada e bastante arborizada, conhecida pela boa qualidade de vida oferecida aos seus habitantes. Possui parques e estações de lazer com cachoeiras e piscinas, como o Salto Bandeirantes.

O que há de fantástico? A Catedral Basílica Menor N.S. da Glória, o Templo Budista Jodoshu Nippakuji e a Mesquita Sheik Mohamad Ben Nasser Al Ubudi.

549. **Marins – pico – Marmelópolis, MG (M3).** 465 km de Belo Horizonte, 22 km de Itajubá e 251 km de São Paulo (a 25 km do centro). Situado na Serra da Mantiqueira, na divisa entre Minas Gerais e São Paulo, possui 2.422 m e oferece trilhas a partir do Morro do Careca, com grau de dificuldade que varia de mediano a elevado e que consomem de 2 a 5 horas.

O que há de fantástico? A vista magnífica, que permite observar vários municípios vizinhos e a cúpula da basílica de Aparecida do Norte, no Estado de São Paulo.

550. **Masp – museu – São Paulo, SP (M3).** Projetado por Lina Bo Bardi e inaugurado em 1968, o MASP é um marco da arquitetura modernista brasileira. O museu conta com um acervo de 5.500 obras, entre telas, esculturas, tapeçarias e cerâmicas representativas de movimentos como renascimento, impressionismo e modernismo. O museu fica na Avenida Paulista e está aberto à visitação de 3ª a domingo, das 10h às 18h. Há cobrança de ingresso. Veja também São Paulo.

O que há de fantástico? O Masp é considerado o mais importante museu da América Latina. Abriga obras de mestres como Van Gogh, Picasso, Goya, Botticelli e Renoir.

551. **Massagueira, AL (M5).** 15 km de Maceió. Antiga vila de pescadores nas margens da Lagoa Manguaba, é rica em mangues, canais e coqueirais. Veja também Maceió e Marechal Deodoro.

O que há de fantástico? A culinária, com variadas opções de frutos do mar e doces divinos, como cocadas, broas e suspiros.

552. Matilde – cachoeira – Alfredo Chaves, ES (M3). 80 km de Vitória e a 36 km de Guarapari (a 18 km do centro). A Cachoeira Engenheiro Reeve, popularmente conhecida como Matilde (nome do distrito em que se localiza), possui 42 m de queda e piscinas naturais. O local é freqüentado por capixabas em geral e por praticantes do turismo de aventura. Veja também Vitória e Guarapari.

O que há de fantástico? Ficar atrás do véu de água da cachoeira. A rampa de vôo livre Cachoeira Alta também é uma boa pedida na cidade.

553. Matriz de N.S. do Pilar – Igreja – Ouro Preto, MG (M3). 98 km de Belo Horizonte. Exemplar requintado do Barroco Mineiro, foi inaugurada em 1733, no auge do Ciclo do Ouro. A capela-mor abriga 472 anjos, cobertos de ouro. Os entalhes são do artesão Francisco José de Brito, com rico douramento. Veja também Ouro Preto.

O que há de fantástico? Foram empregados em sua ornamentação mais de 400 kg de ouro e 400 kg de prata.

554. Matriz de Santo Antônio – igreja – Tiradentes, MG (M3). 213 km de Belo Horizonte e 15 km de São João del Rey. Sua construção começou em 1710, no local onde os bandeirantes haviam erguido uma pequena capela de madeira. Foi inaugurada em 1732, mas a fachada atual é considerada o último trabalho do artista Aleijadinho, de 1810. Merece destaque o órgão rococó, de 630 tubos, adquirido na cidade do Porto, em Portugal, em 1788. Veja também Tiradentes e São João del Rey.

O que há de fantástico? Um dos mais belos templos barrocos, abriga sete primorosos altares de talha dourada, em estilo D. João V, e coro decorado com guirlandas douradas.

555. MAX – museu – Canindé de São Francisco, SE (M5). 213 km de Aracaju e 76 km de Paulo Afonso (a 3 km do centro). Criado a partir do Programa de Salvamento Arqueológico do Xingó, que teve início em 1988, o Museu de Arqueologia de Xingó expõe cerâmicas, urnas funerárias e painéis com pinturas rupestres. Dos mais de 250 sítios arqueológicos descobertos na região, apenas dois foram escavados. Aberto de 4ª a domingo, das 9h às 16h30. Veja também Canindé de São Francisco.

O que há de fantástico? Mapas e miniaturas mostram como viviam os povos que ocuparam a região durante a pré-história.

556. Memorial da América Latina – São Paulo, SP (M3). Construído em 1989 para promover a arte e a cultura latino-americanas, este complexo cultural reúne museu, biblioteca, auditório, centro de exposições, restaurante e lanchonete, numa área total de 78 mil m^2. O Pavilhão da Criatividade recebe os visitantes com um mapa-maquete da América Latina e tem uma exposição permanente de arte popular da região. O Memorial está aberto à visitação de 3ª a domingo, das 9h às 17h. Veja também São Paulo.

O que há de fantástico? A arquitetura de formas ousadas do complexo, projetado por Oscar Niemeyer e marcado pelo concreto e pelas grandes vidraças.

557. Memorial do Imigrante – São Paulo, SP (M3). Entre 1887 e 1978, o conjunto de prédios abrigou a hospedaria que recebia imigrantes do mundo inteiro em sua chegada a São Paulo. Em 1998 foi criado o Memorial, um museu que reúne objetos, documentos, móveis, fotografias e depoimentos. O acervo documenta a própria formação de São Paulo, um encontro das mais diversas culturas. Há cobrança de ingresso. Aberto à visitação de 3ª a domingo, das 10h às 17h. Veja também São Paulo.

O que há de fantástico? Uma rápida pesquisa por sobrenome dá acesso à data de chegada, lista de pertences e outros detalhes de cada imigrante que se registrou na hospedaria.

558. **Memorial do Rio Grande do Sul – Porto Alegre, RS (M2).** A antiga sede dos Correios e Telégrafos fica no coração da capital gaúcha e hoje abriga um centro cultural sobre a história do Rio Grande do Sul. O acervo traz objetos, mapas, gravuras, fotos, livros e depoimentos importantes sobre os principais fatos ocorridos no Estado. O Memorial recebe visitantes de 3ª a 6ª, das 10h às 19h, e sábado e domingo, das 12h às 17h. Veja também Porto Alegre.

O que há de fantástico? A arquitetura de influência barroca do edifício de três andares, construído em 1913 e tombado pelo Iphan em 1980.

559. **Memorial JK – Brasília, DF (M4).** O ex-presidente Juscelino Kubitschek foi o principal responsável pela construção e inauguração, em 1960, da nova capital federal. O memorial abriga os restos mortais de JK e expõe seus objetos pessoais, sua biblioteca, fotografias e documentos, com destaque para aqueles referentes ao seu período na presidência (1956-1961). Está aberto à visitação de 3ª a domingo, das 9h às 18h. Há cobrança de ingresso. Veja também Brasília.

O que há de fantástico? O monumento projetado por Oscar Niemeyer, no qual a figura de JK fica suspensa, a grande altura, sobre a cidade que criou.

560. Mercado Modelo – Salvador, BA (M5). Maior shopping de artesanato do Brasil, com mais de 260 lojas, bares e restaurantes, o Mercado localiza-se na Cidade Baixa, aos pés do Elevador Lacerda. Ocupa um prédio neoclássico tombado pelo Patrimônio Artístico e Histórico Nacional e é um dos pontos turísticos mais visitados de Salvador. Sua história é marcada por vários incêndios – o último foi em 1984 e exigiu completa restauração. Veja também Salvador.

O que há de fantástico? Além da vocação histórica e comercial, é um importante ponto de encontro da cidade. Abriga rodas de capoeira e eventos culturais.

561. Mercado Municipal – São Paulo, SP (M3). Reformado e ampliado em 2004, a diversidade e a grandiosidade do "Mercadão", localizado no centro velho, fazem jus à capital paulista. Das mais de 300 barracas saem frutas, legumes, peixes e especiarias que abastecem os melhores restaurantes da cidade. Nos fins de semana, milhares de pessoas visitam o local para apreciar os famosos pastéis de bacalhau e sanduíches de mortadela ou comer uma refeição em um dos restaurantes do mezanino. Abre diariamente das 7h às 18h e aos domingos das 7h às 13h. Veja também São Paulo.

O que há de fantástico? A arquitetura neoclássica do edifício, com destaque para os vitrais do artista Conrado Sorgenitch Filho, e a diversidade de sabores e aromas nele encontrados.

562. Mercado Ver-o-Peso – Belém, PA (M6). Maior feira livre da América Latina, o mercado é um dos principais pontos turísticos do Pará. Surgiu no século XVIII como um posto de fiscalização e tributos (chamado de Casa do Haver o Peso). Sua arquitetura combina estilos neoclássicos com peças de ferro e gradil importados da Europa, como o mercado de carne, conhecido como o Mercado de Ferro, importado da Inglaterra. O complexo do mercado abriga também a Praça do Pescador, de onde se pode apreciar a Baía de Guajará e o Solar da Beira. Veja também Belém.
O que há de fantástico? As ervas medicinais usadas em rituais sagrados e raízes aromáticas que criam o famoso "cheiro do Pará", usado para perfumar ambientes.

563. Meros – ilha – Parati, RJ (M3). 250 km do Rio de Janeiro, 73 km de Ubatuba e 302 km de São Paulo (a 1h do centro). Melhor lugar de Parati para a prática do mergulho, com profundidades que variam de 3 m a 21 m. Suas águas são límpidas e as areias brancas contrastam com as pedras, que formam tocas e facilitam o mergulho. Veja também Parati.
O que há de fantástico? Sua rica fauna marinha, com muitas arraias, barracudas e cavalas.

564. Mesquita Brasil – São Paulo, SP (M3). A primeira mesquita do Brasil foi inaugurada em 1955 e situa-se na Avenida do Estado, região central. Erguida a partir da iniciativa de muçulmanos sírios e libaneses, possui os tradicionais elementos da arquitetura árabe, como grandes minaretes, mosaicos e azulejos. Veja também São Paulo.
O que há de fantástico? Às sextas-feiras, às 12h, o templo fica repleto para a tradicional oração semanal.

565. Mesquita Omar Ibn Al-Khatab – Foz do Iguaçu, PR (M2). 639 de Curitiba e 141 km de Cascavel. Construída na cidade que abriga a segunda colônia árabe do país, a mesquita foi inaugurada em 1983. Possui dois minaretes de 15 m de altura e seu interior, com 600 m^2, é decorado com arabescos e desenhos geométricos. Nas paredes e quadros são reproduzidos versículos do Alcorão, livro sagrado dos muçulmanos. As visitas, que devem ser agendadas previamente, podem ser feitas de 2ª a sábado, das 8h às 18h. Veja também Foz do Iguaçu.
O que há de fantástico? A mesquita é uma das mais suntuosas do país e foi inspirada no segundo maior centro sagrado do islamismo, a mesquita de Al Akssa, em Jerusalém.

566. Metropolitana, Catedral – Rio de Janeiro, RJ (M3). Localizada no centro, tem projeto arquitetônico em forma de pirâmide, com 96 m de altura. A porta principal é decorada com 48 baixos-relevos de bronze. No interior, vitrais em cores vívidas estendem-se sobre as paredes nos quatro pontos cardeais, permitindo que a luz do sol se projete em cores variadas, dependendo da hora do dia, criando uma atmosfera mística. No subsolo situa-se o Museu de Arte Sacra, que funciona diariamente das 7h às 17h30. Veja também Rio de Janeiro.
O que há de fantástico? A Rosa de Ouro concedida à princesa Isabel pelo papa Leão XIII pela abolição da escravatura no Brasil, exposta no Museu de Arte Sacra.

567. MIAN – museu – Rio de Janeiro, RJ (M3). O Museu de Arte Naïf fica no bairro de Cosme Velho, a 30m da estação do trenzinho que leva ao Corcovado, em uma casa tombada pelo Patrimônio Histórico cercada de mangueiras centenárias. Seu acervo é composto por mais de 6 mil obras de pintores de todos os Estados do Brasil e artistas de outros 100 países, pintadas a partir do século XV. O Brasil está entre os cinco países onde a arte naïf tem maior expressão e as obras dos pintores brasileiros estão nos principais museus do mundo. Veja também Rio de Janeiro.

O que há de fantástico? Reúne o maior e mais completo acervo de arte naïf do mundo.

568. Micareta – Feira de Santana, BA (M5). 114 km de Salvador. Em 1937, um grupo de foliões de Feira de Santana, inconformado com a não realização do Carnaval devido a fortes chuvas, resolveu botar o bloco na rua no mês de abril. A idéia deu tão certo que foi crescendo a cada ano e se espalhou pelo país. Os blocos são animados por grandes grupos de axé, e os abadás, que dão direito a participar dos desfiles, são disputadíssimos.

O que há de fantástico? O carnaval fora de época costuma atrair mais de 1 milhão de pessoas e tornou-se uma das maiores manifestações populares do Brasil.

569. Miguel Pereira, RJ (M3). 119 km do Rio de Janeiro e 36 km de Vassouras. Encravado nas reentrâncias da Serra do Couto, possui colinas suaves e montanhas que abrigam cachoeiras e rios de águas cristalinas. A cidade pode ser conhecida em um bucólico passeio de carroça. Veja também Vassouras.

O que há de fantástico? O Museu da Cachaça, com 3 mil marcas diferentes da bebida.

570. Mina Modelo – Criciúma, SC (M2). 195 km de Florianópolis e 60 km de Tubarão. Na única mina de carvão aberta à visitação no país, é possível aprender sobre o processo de extração e sobre a história do local, que interrompeu a produção em 1980. Com sorte, pode-se ouvir as histórias de Davino Gava, que trabalhou durante 25 anos na mina. Aberta à visitação diariamente das 8h às 11h30 e das 13h às 18h. Há cobrança de ingresso.

O que há de fantástico? O passeio de trem por 300 m de galerias subterrâneas, no qual é possível verificar as camadas de carvão extraídas e saber como trabalhavam os mineiros.

571. Mineirão – estádio – Belo Horizonte, MG (M3). O maior estádio de Belo Horizonte foi inspirado nas outras grandes arenas esportivas do Brasil, como o Maracanã e o Morumbi. Inaugurado em 1965, recebe jogos do Cruzeiro e do Atlético. Na época de sua construção era o segundo maior estádio coberto do mundo, com capacidade para receber até 130 mil torcedores. Com as reformas e novas regras de segurança, o público máximo hoje é de cerca de 80 mil. Aberto à visitação diariamente, das 8h às 18h. Veja também Belo Horizonte.
O que há de fantástico? Os clássicos entre Cruzeiro e Atlético, cujas torcidas são rivais e fazem um espetáculo lindíssimo, favorecido pela arquitetura e acústica da construção.

572. Mirador – serra – Ibirama, SC (M2). 170 km de Florianópolis, 75 km de Blumenau e 27 km de Rio do Sul. Com 800 m de altura, este pequeno pedaço da Serra do Mar é procurado pelos praticantes de vôo livre. Muito arborizado e com belos rios e cachoeiras, o município oferece ainda trilhas para trekking e rios para rafting. Veja também Timbó.
O que há de fantástico? Oferece boa infra-estrutura para os praticantes de vôo livre.

573. Miranda, MS (M4). 217 km de Campo Grande e 127 km de Bonito (acesso por estrada de terra, fora da época de cheia). Essa cidade ao norte de Bonito é considerada o portal do Pantanal Sul, região alagadiça que pertence à Bacia do Paraguai. Uma das atrações é presenciar o encontro das águas cristalinas do Rio Salobra com as águas turvas do Rio Miranda. Como em todo o Pantanal, Miranda é tomada por pescadores de todo o país, que só estão autorizados a praticar o esporte no sistema pesque-e-solte. Veja também Pantanal Mato-Grossense.

O que há de fantástico? A riqueza natural do Pantanal, que deixa os turistas maravilhados com sua fauna e flora.

574. Mirante dos Golfinhos – Barra de Tabatinga, RN (M5). 25 km de Natal. Situado na Rota do Sol, trecho entre a capital e Tabatinga que abriga duas outras atrações da região: o maior cajueiro do mundo e a Barreira do Inferno (base de lançamento de foguetes). Veja também Natal.

O que há de fantástico? O balé dos golfinhos, melhor apreciado no início da manhã e no final da tarde, quando os animais chegam em grupos para alimentar seus filhotes.

575. Moçambique – praia – Florianópolis, SC (M2). Localizada a 29 km do centro, também é conhecida como Praia Grande. É a mais extensa da ilha, com 7,5 km de areias claras e macias, quase intocadas. Praia de tombo com águas frias, ondas agitadas e paisagem árida, procurada quase que exclusivamente por surfistas. Moçambiques são moluscos semelhantes a ostras, encontrados em suas areias. Veja também Florianópolis.

O que há de fantástico? Encontra-se em meio às dunas do Parque Florestal do Rio Vermelho, uma reserva de aproximadamente 400 mil m^2.

576. Moeda – serra – Moeda, MG (M3). 65 km de Belo Horizonte. A Serra tem este nome porque no início do século XVIII a região abrigou uma fábrica clandestina de moedas de ouro, transferida de Vila Rica a fim de sonegar o fisco português. Devido ao grande número de nascentes e trilhas, a região é apropriada para os esportes off-road, caminhadas, trail, ciclismo, vôo livre e cavalgadas.

O que há de fantástico? O vôo panorâmico de balão. As decolagens ocorrem na Moedinha, com 180 m de desnível, e no Moedão, com 580 m.

577. **Mole – praia – Florianópolis, SC (M2).** Localizada a 15 km do centro, na região norte (que também abriga as praias dos Ingleses, Joaquina e Canasvieiras), é uma das mais badaladas praias da ilha. Veja também Florianópolis.

O que há de fantástico? Com ondas fortes, a praia é muito procurada por surfistas e faz parte do calendário de competições do esporte.

578. **Monte Negro – pico – São José dos Ausentes, RS (M2).** 252 km de Porto Alegre e 96 km de Criciúma (a 43 km do centro, por estrada de terra). Ponto mais alto do Rio Grande do Sul, com 1.403 m, localiza-se em uma das regiões mais frias do país. Suas belas paisagens são marcadas por campinas e araucárias, com presença freqüente de neblina. No inverno há precipitações de neve. Veja também São José dos Ausentes.

O que há de fantástico? A vista do cânion do Monte Negro e, nos dias sem neblina, do litoral de Santa Catarina.

579. **Monte Pascoal – parque nacional – Caraíva, BA (M5).** 690 km de Salvador e 39 km de Trancoso. Área de preservação da Mata Atlântica com 22,5 mil ha, possui grande diversidade de ecossistemas, como a floresta atlântica densa, regiões alagadiças, restinga, mangue e praia. Abriga mais de 10 mil espécies de plantas, entre elas árvores de jatobá e jacarandá; centenas de mamíferos, como a onça-pintada; aves raras como mutuns e curiós; anfíbios e répteis. Veja também Caraíva e Trancoso.

O que há de fantástico? Foi criado em 1943 para proteger o Monte Pascoal, primeira porção continental avistada por Pedro Álvares Cabral ao chegar no Brasil.

580. Monte Roraima – Uiramutã, RR (M6). 299 km de Boa Vista (68 km em estrada não asfaltada). Um dos pontos mais elevados do país (2.772 m), situa-se na divisa do Brasil com a Venezuela e a Guiana. Possui formações rochosas atípicas e vegetação rara, que atraem turistas, cientistas e esotéricos. Para chegar ao cume é preciso encarar dois dias de caminhada. Operadoras oferecem passeios de barco pela Floresta Amazônica.
O que há de fantástico? Suas características geológicas peculiares. O topo aplainado forma um imenso planalto, que termina em paredões com 500 m de altura.

581. Monte Verde, MG (M3). 508 km de Belo Horizonte, 30 km de Camanducaia e 160 km de São Paulo. Cidade fundada por alemães, italianos e suíços, situa-se no alto da Serra da Mantiqueira, na divisa entre São Paulo e Minas Gerais. Suas belas paisagens e as baixas temperaturas (já registrou -8°C) atraem turistas em busca de esportes de aventura, de sossego e de boa comida.
O que há de fantástico? As trilhas pela Serra da Mantiqueira até o topo da Pedra Partida ou do Pico do Selado.

582. Monumento aos Mortos da 2ª Guerra Mundial – Rio de Janeiro, RJ (M3). Localizado no Aterro do Flamengo, esta homenagem às tropas brasileiras que lutaram ao lado dos Aliados reúne um museu e um mausoléu, além de bonitas esculturas a céu aberto. O museu expõe objetos pessoais dos soldados, como fardas, armas, medalhas e documentos. Aberto à visitação de 3ª a domingo, das 10h às 17h. Veja também Rio de Janeiro.
O que há de fantástico? O espetáculo da troca da guarda que as três Armas realizam no local no primeiro domingo de cada mês.

583. Moreré – praia – Ilha de Boipeba, BA (M5). 448 km de Salvador e 180 km de Valença (4h de barco a partir de Valença, mais 1h30 de caminhada ou 40 min de barco a partir de Boca da Barra). Bela enseada de águas tranqüilas, cercada de recifes de corais, que formam piscinas naturais a 500 m da praia, ótimos para banho e mergulho. Entre os petiscos servidos nas barracas de praia está o camarão gigante, pego no local. Veja também Ilha de Boipeba.

O que há de fantástico? Na maré baixa, um grande banco de areia permite caminhar 300 m mar adentro.

584. Morretes, PR (M2). 70 km de Curitiba e 40 km de Paranaguá. Localizada na Baía de Paranaguá, a 35 km do mar, a cidade foi fundada por jesuítas. Possui construções históricas e várias opções de esportes de aventura. Na Estrada da Graciosa há diversas cachoeiras e mirantes que oferecem belas paisagens. Veja também Curitiba, Paranaguá e Estrada da Graciosa.

O que há de fantástico? A viagem de trem de Curitiba a Morretes. Com 3h de duração, cruza túneis e pontes em meio à Mata Atlântica.

585. **Morro – praia – Guarapari, ES (M3).** 57 km de Vitória. Paraíso dos mergulhadores, devido à diversidade das espécies e boa visibilidade, Guarapari possui praias com características variadas, com dunas, restingas e vegetação marcada pela presença de castanheiras. Com aproximadamente 4 km de extensão, a praia do Morro possui areias claras. Em alguns trechos as ondas fortes são ideais para a prática do surfe. Veja também Guarapari.

O que há de fantástico? É uma praia badalada, com vida noturna pulsante na alta temporada.

586. **Morro Branco – praia – Beberibe, CE (M5).** 80 km de Fortaleza. Situada em uma região repleta de belas praias, dunas e falésias, Morro Branco é conhecida por fornecer as areias de várias tonalidades utilizadas pelos artesãos para criar desenhos em garrafas de vidro. Veja também Beberibe.

O que há de fantástico? Um labirinto de falésias onde são feitos passeios de *buggy*.

587. **Morro da Viuvinha – ilha – Fernando de Noronha, PE (M5).** 545 km do Recife (1h40 de avião) e 360 km de Natal (1h10 de avião). Ilhota repleta de ninhos de aves, localizada em frente à Praia do Leão, a maior do arquipélago. Veja também Fernando de Noronha.

O que há de fantástico? É o principal ponto de desova de tartarugas marinhas no arquipélago.

588. Morro de São Paulo, BA (M5). 245 km de Salvador (2h de barco de Salvador, do cais localizado atrás do Mercado Modelo ou 1h30 de Valença). Um dos destinos mais badalados da Bahia, oferece belas praias e intensa vida noturna. O agito se concentra até a Segunda Praia. Quem busca sossego encontra refúgio em Gamboa, na Praia do Encanto e em Garapuá. Veja também Quarta Praia, Boipeba e Gamboa.

O que há de fantástico? As piscinas naturais e formações de corais são um convite ao mergulho.

589. **Morumbi – estádio – São Paulo, SP (M3).** O maior estádio da capital paulista pertence ao São Paulo Futebol Clube, mas recebe também jogos de outros times da cidade, além de shows musicais e eventos religiosos. Inaugurado em 1960, o Morumbi foi projetado para receber mais de 100 mil torcedores, mas por questões de segurança, sua capacidade atual é de 80 mil. Aberto à visitação de 2ª a 6ª, das 9h às 16h, e aos sábados,

domingos e feriados, das 12h às 16h30. A visita não funciona em dias de jogos. Veja também São Paulo.

O que há de fantástico? O Memorial do São Paulo Futebol Clube, que expõe troféus, camisas, documentos e fotografias que contam a história do estádio e do clube.

590. Morungava, Cascatinha – Gravataí, RS (M2). 26 km de Porto Alegre. Muito próximo da capital, o município oferece várias opções de turismo ecológico e de lazer, como a Cascatinha de Morungava, com duas piscinas naturais e área para *camping*. Veja também Porto Alegre.

O que há de fantástico? O banho nas piscinas naturais. Gravataí abriga também o Pampas Safári, uma reserva na qual se pode circular de carro entre mais de 40 espécies de animais.

591. Mosqueiro – ilha, PA (M6). 60 km de Belém (há ônibus da rodoviária de Belém e barcos que saem diariamente do Porto de Arapari). A ilha é ligada ao continente por uma ponte e possui 17 km de praias de água doce com movimento de maré. O clima é agradável e a cidade, típica de veraneio, abriga casarões históricos. Uma opção de passeio é a caminhada pela trilha Olhos-d'Água. Veja também Ilha de Marajó.

O que há de fantástico? Tomar um banho em uma praia de água doce com ondas.

592. Mossoró, RN (M5). 277 km de Natal e 40 km de Tibau do Sul. No Museu Municipal pode-se conhecer a história da cidade, marcada pelo movimento abolicionista, o primeiro voto feminino na América do Sul e a resistência de Mossoró a Lampião. A seção de arqueologia indígena é a maior do Estado, e destacam-se as peças de peixes fossilizados. A cidade, que também abriga o Museu do Petróleo, é o principal ponto

de exploração de petróleo em terra do país. Veja também Tibau do Sul.
O que há de fantástico? Conhecida como "Terra do Sol, do Sal e do Petróleo", apesar de localizar-se no sertão, possui fácil acesso às praias do Rio Grande do Norte.

593. **Mostardas, RS (M2).** 210 km de Porto Alegre. Localizada no extremo sul do Brasil, é ponto de partida para visitas aos faróis da Solidão, de 1929, e de Mostardas, de 1894. Na lagoa dos Patos é possível avistar aves e pequenos animais da fauna local. O Parque Nacional da Lagoa do Peixe, com mais de 34 mil ha, abriga diversas espécies de aves migratórias, que aproveitam o sossego do local para descansar antes de seguir viagem. Mostardas também é famosa pelos artigos de lã. Veja também Parque Nacional Lagoa do Peixe.
O que há de fantástico? As extensas praias de dunas e ventos fortes e as lagoas da região, que formam belíssimas paisagens.

594. **Mosteiro de São Bento – Rio de Janeiro, RJ (M3).**

Inaugurado em 1590 por monges vindos da Bahia, o Mosteiro de São Bento é hoje um oásis de tranqüilidade no coração da capital carioca. Abriga diversas atividades regulares, entre elas a do Colégio São Bento, da Escola Teológica e a Obra Social São Bento. Aberto de 2ª a 6ª, das 8h às 11h e das 14h às 18h, e aos sábados e domingos, a partir das 11h. Veja também Rio de Janeiro.
O que há de fantástico? O canto gregoriano, acompanhado de órgão na missa dominical das 10h, e as grades de jacarandá feitas no fim do século XVII.

595. **Mulher de Pedra – Teresópolis, RJ (M3).** 95 km do Rio de Janeiro e 53 km de Petrópolis. Localizado na Serra do Subaio, entre Teresópolis e Friburgo, o conjunto montanhoso de formação rochosa tem 2.040 m e assemelha-se à figura de uma mulher deitada. A cidade abriga também o Pico Dedo de Deus. Veja também Teresópolis.
O que há de fantástico? A rica vegetação da Serra dos Órgãos.

596. **Mundaú – praia – Trairi, CE (M5).** 138 km de Fortaleza (20 km do centro). Uma das praias mais belas da Costa do Sol Poente. Recifes protegem suas areias e formam piscinas naturais, procuradas para banho e pesca artesanal (abriga inúmeras espécies de peixes). Os ventos fortes são próprios para prática de windsurfe e kitesurfe. Há passeios de catamarã pelo Rio Mundaú e passeios de *buggy*.
O que há de fantástico? Verdadeiro paraíso, oferece piscinas naturais de águas azuis em meio às dunas.

597. **Municipal – teatro – Rio de Janeiro, RJ (M3).** Localizado no bairro da Cinelândia, na região central, o teatro é uma das mais belas construções da cidade e uma das mais importantes casas de espetáculos da América do Sul. Inaugurado em 1909, teve sua arquitetura inspirada na da Ópera de Paris. Todo o material usado na construção, como mármores, cristais, mosaicos, vitrais e maquinaria de palco, foi importado da Europa. Visitas guiadas, agendadas previamente, podem ser feitas de 2ª a 6ª, das 13h às 16h. Veja também Rio de Janeiro.

O que há de fantástico? O acervo, com mais de 50 mil peças, que documenta a trajetória do museu, da construção aos dias atuais.

598. **Municipal – teatro – São Paulo, SP (M3).** Um dos cartões-postais da capital paulista, o Municipal situa-se na região central. Inaugurado em 1911, possui linhas arquitetônicas muito semelhantes às da Ópera de Paris, projetadas por Cláudio e Domiziano Rossi, do escritório de Ramos de Azevedo. Com capacidade para 1.550 expectadores, possui um lustre com 6 mil peças de cristal. O museu do teatro pode ser visitado gratuitamente de 3ª a 6ª, das 9h às 17h. Visitas guiadas, agendadas previamente, podem ser feitas às 3ªs e 5ªs. Veja também São Paulo.
O que há de fantástico? O teatro foi palco da Semana de Arte Moderna de 22, evento liderado por Mário e Oswald de Andrade e que mudou os rumos da cultura no país.

599. **Muro Alto – praia – Ipojuca, PE (M5).** 60 km do Recife. É uma praia deslumbrante. Seu nome vem do paredão de areia com cerca de 3 m de altura que circunda a praia. Há vários *resorts* na região. Veja também Recife e Olinda.
O que há de fantástico? As águas no centro das dunas formam belíssimas piscinas naturais por toda a extensão de 2,5 km da praia.

600. **Museu de Arte da Bahia – Salvador, BA (M5).** Mais antigo museu do Estado (1918), e um dos primeiros do Brasil, tem seu acervo dedicado à arte baiana, proporcionando uma visão evolutiva do século XVIII à primeira metade do século XX. O acervo está exposto no Palacete da Vitória, uma construção de 1924, e conta com uma série de 200 desenhos de Carybé, além de gravuras, documentos e peças de mobiliário. Aberto à visitação de 3ª a 6ª, das 14h às 19h, e aos sábados e domingos, das 14h30 às 18h30. Há cobrança de ingresso. Veja também Salvador.
O que há de fantástico? A coleção única de obras de grandes pintores baianos, como Presciliano Silva, Alberto Valença e Mendonça Filho.

601. Museu de Arte do Rio Grande do Sul – Porto Alegre, RS (M2). Considerado o principal museu de arte do Estado, tem um acervo de cerca de 3 mil obras de artistas nacionais e internacionais. A ênfase, porém, está na arte gaúcha, com exemplares representativos de quase todos os movimentos artísticos do século XIX até os dias de hoje. Aberto à visitação de 3ª a domingo, das 10h às 19h. Veja também Porto Alegre.

O que há de fantástico? O imponente prédio de 5 mil m^2, construído em 1913 e tombado como patrimônio histórico em 1981.

602. N.S. da Assunção (Sé) – catedral – Mariana, MG (M3). 107 km de Belo Horizonte e 12 km de Ouro Preto. Com projeto arquitetônico singelo, começou a ser construída em 1709. Exibe uma tela do batismo de Jesus, de Athayde, o mais consagrado pintor barroco mineiro, 12 altares ornamentados e lustres de cristal da Boêmia. Aleijadinho deixou sua marca no lavabo da sacristia e no tapa-vento. Veja também Mariana.

O que há de fantástico? Nos fins de semana pode-se ouvir a música do órgão alemão Arp Schnitger, de 2,4 m, doado à cidade em 1751 por D. João V.

603. N.S. da Candelária – igreja – Rio de Janeiro, RJ (M3).

Localizada no centro financeiro da cidade, chama a atenção por sua imponência. Tem a planta em cruz latina, interior neoclássico todo revestido de mármore, fachada de cantaria e portas trabalhadas em bronze, do escultor português Antonio Teixeira Lopes. Sua história está pintada em murais em seu interior. Veja também Rio de Janeiro.

O que há de fantástico? Foi inaugurada em 1811, no local onde havia sido edificada a primeira igreja da cidade.

604. **N.S. da Conceição – igreja – Sabará, MG (M3).** 25 km de Belo Horizonte. Localizada na Praça Getúlio Vargas, esta obra contrasta a fachada simples, feita de taipa e madeira, à riqueza exibida em seu interior. Construída em 1701, abriga peças ricamente entalhadas e cobertas de ouro e motivos chineses nas portas da capela-mor. Veja também Sabará e Belo Horizonte.

O que há de fantástico? No teto, a figura de São João Nepomuceno segurando a língua em uma das mãos parece acompanhar os visitantes com os olhos por toda a sacristia.

605. **N.S. da Glória do Outeiro – igreja – Rio de Janeiro, RJ (M3).** Localizada no topo de uma pequena ermida, no bairro da Glória, seu formato octogonal sobressai à noite, quando está iluminada. Foi edificada no local em que, desde 1608, havia uma capelinha em posição de destaque para avisar aos navegantes a chegada à baía. Nos fundos, há um museu sacro, com peças em ouro. Um elevador panorâmico leva da base do Outeiro à entrada da igreja. Veja também Rio de Janeiro.

O que há de fantástico? Inaugurada em 1739, nela foram batizados D. Pedro I e outros integrantes da família real. Em algumas missas, o Coro Gregoriano do Rio de Janeiro se apresenta.

606. **N.S. da Penha – igreja – Rio de Janeiro, RJ (M3).** Localizada no bairro da Penha, situa-se em um grande penhasco de pedra, o que faz com que seja avistada a quilômetros de distância. Simples e rústica, foi construída em 1635 e recebe grandes romarias, sobretudo em outubro, mês dedicado à devoção da santa. Abriga a Casa dos Romeiros e ampla sala de promessas, com ex-votos e grande número de objetos. Veja também Rio de Janeiro.

O que há de fantástico? Devotos sobem de joelhos, em penitência, para pagar promessas, os 365 degraus da escadaria da Penha, aberta na rocha viva.

607. **N. S. de Lourdes – igreja – Canela, RS (M2).** 137 km de Porto Alegre e 8 km de Gramado. A catedral de pedra é o cartão-postal da cidade e situa-se na Praça da Matriz. Construída em estilo gótico inglês, tem torre de 65 metros de altura e um carrilhão italiano com 12 sinos de bronze. Em seu interior, destacam-se três painéis pintados pelo artista gaúcho Marciano Schmitz, retratando a Aparição de Nossa Senhora, a Alegoria dos Anjos e a Anunciação. Veja também Canela.
O que há de fantástico? É o segundo ponto turístico mais fotografado do Sul do país, pela sua beleza e grandiosidade.

608. **N. S. do Bonfim – igreja – Salvador, BA (M5).** Localizada no alto da Colina Sagrada, na Cidade Baixa, a mais popular igreja baiana foi concluída em 1772. A fachada é rococó e o interior, neoclássico. No altar-mor, está a imagem do Bonfim, que para os devotos cura doenças e salva vidas. No painel do teto, de Francisco Velasco, náufragos agradecem ao Senhor do Bonfim por terem sobrevivido. Veja também Salvador.
O que há de fantástico? A Lavagem das Escadarias do Bonfim é a segunda maior manifestação popular da Bahia, depois do Carnaval. Iniciada em 1754, acontece em janeiro.

609. **N.S. do Pilar – catedral – São João del Rey, MG (M3).** 198 km de Belo Horizonte e 15 km de Tiradentes. Construída em 1721, em substituição a uma antiga capela incendiada durante a Guerra dos Emboabas. Abriga pinturas barrocas e seus altares laterais possuem lâmpadas de prata, uma delas doada pelo inconfidente Inácio José de Alvarenga Peixoto. Veja também São João del Rey.
O que há de fantástico? É a única de São João del Rey que tem altares com talhas douradas.

610. N.S. do Rosário dos Pretos – igreja – Salvador, BA (M5). Localizada no Pelourinho, no centro histórico da capital baiana, foi iniciada em 1704 pela Irmandade de Nossa Senhora do Rosário dos Homens Pretos do Pelourinho, formada pelos negros africanos. Sua fachada, com frontão rococó, reúne trabalhos delicados e belíssimas torres. Nos fundos, localiza-se um antigo cemitério de escravos. Levou quase um século para ser concluída, em 1796. Veja também Salvador e Pelourinho.

O que há de fantástico? Os painéis de azulejos, altares neoclássicos e imagens do século XVIII abrigados em seu interior.

611. N. S. dos Prazeres – mirante da fortaleza – ilha do Mel, PR (M2). 95 km de Curitiba (mais meia hora de barco a partir de Pontal do Sul). Para chegar à Fortaleza é preciso encarar uma caminhada de cerca de 40 minutos ou meia hora de barco. Abriga canhões dos séculos XVIII e XIX. Veja também Ilha do Mel.

O que há de fantástico? Oferece bela visão das ilhas de Superagüi e das Peças.

612. Nacional de Belas Artes – museu – Rio de Janeiro, RJ (M3). Localizado no centro da capital carioca, o museu expõe quadros de artistas renomados, como Victor Meirelles, Rodolfo Amoedo, Eliseu Visconti e Portinari. De estrangeiros, há paisagens de Frans Post, obras do barroco italiano e quadros de Eugène Boudin. Os dois andares de exposição têm salas temáticas, e mostras temporárias trazem novidades aos visitantes. Aberto à visitação de 3ª a 6ª, das 10h às 18h, e aos sábados e domingos, das 14h às 18h. Veja também Rio de Janeiro.

O que há de fantástico? A maior coleção de arte brasileira do século XIX, com obras como *A Batalha do Avaí,* de Pedro Américo, que retrata a Guerra do Paraguai.

613. Nacional do Mar – museu – São Francisco do Sul, SC (M2). 190 km de Florianópolis e 25 km de Joinville. Único do gênero na América Latina, o museu é dedicado ao conhecimento sobre a navegação. O acervo conta com cerca de 350 miniaturas e 72 barcos dos mais variados tipos e tamanhos. Há jangadas, cúteres, saveiros, canoas, botes, entre outros. Está localizado nos antigos armazéns da empresa Hoepke, reformados entre 2003 e 2004. Aberto à visitação de 3ª a domingo, das 9h às 18h. Há cobrança de ingresso.

O que há de fantástico? O pequeno barco a remo com que o navegador Amyr Klink atravessou o Atlântico em cem dias.

614. Natal, RN (M5). Conhecida como "Cidade do Sol", a capital potiguar recebe anualmente cerca de 2 milhões de turistas, vindos de todas as regiões do país e do exterior. Possui mais de 400 km de costa atlântica, que abrigam lindas praias, dunas, falésias e lagoas. Veja também Genipabu, Praia da Pipa, Praia de Ponta Negra, Lagoa da Coca-Cola, Lagoa do Carcará, São Miguel do Gostoso, Maracajaú, Barra de Tabatinga, Barra do Cunhaú e Casa de Câmara Cascudo.

O que há de fantástico? Os passeios de buggy pelas dunas.

615. Neblina – pico – AM (M6). 900 km de Manaus e 160 km de São Gabriel da Cachoeira. O pico mais alto do Brasil, com 3.014 m, faz juz ao nome. Entre as nuvens é possível ver, de um lado, o exuberante verde da selva amazônica, e, de outro, a Venezuela. Vencê-lo exige muita força de vontade. Partindo de Manaus, deve-se pegar um barco ou avião até São Gabriel da Cachoeira, encarar alguns dias de barco pelo Rio Negro e mais alguns dias de caminhada no meio da selva, entre índios ianomâmis, onças e cobras. Para visitar o parque, é necessário autorização do Ibama.

O que há de fantástico? Chegar ao topo do Brasil e estar, literalmente, no meio das nuvens.

616. **Negro – lago – Gramado, RS (M2).** 131 km de Porto Alegre e 47 km de São Francisco de Paula. Suas águas são profundas e de um verde-escuro carregado, que refletem o alto dos pinheiros que se alternam com o colorido das azaléias no inverno e o azul das hortênsias no verão. Por toda sua margem existe um passeio florido e um local para caminhadas e passeios de bicicleta. Quem preferir pode alugar um pedalinho. Veja também Gramado.

O que há de fantástico? É rodeado por árvores importadas da Floresta Negra, na Alemanha, que conferiram o nome ao local.

617. **Neve em São Joaquim – SC (M2).** 231 km de Florianópolis e 75 km de Lages. Essa cidade da Serra Catarinense tem a fama de ser a mais fria do país – e para lá correm, a cada inverno, turistas ávidos por brincar na neve. Em julho e agosto as temperaturas chegam facilmente a zero grau. São Joaquim preserva tradições das culturas alemã e italiana e é ponto de partida para as visitas às belezas naturais da região, como o Parque Nacional de São Joaquim.

O que há de fantástico? Os telhados e árvores brancos de neve dão ao turista a sensação de estar bem longe de um país tropical.

618. **Niterói, RJ (M3).** 20 km do Rio de Janeiro. Separada do

Rio de Janeiro pela Baía da Guanabara (atravessada pela famosa ponte Rio–Niterói), a cidade é cada vez mais procurada pelos turistas. Não é para menos: possui belas praias, com destaque para as oceânicas Camboinhas, boa para a pesca, e Itacoatiara, apropriada à prática do surfe. Em Icaraí, há bons restaurantes e uma bela vista para a Fortaleza de Santa Cruz, de 1555, que vale a visita. A vida noturna é agitada na Praia de São Francisco. Veja

também Museu de Arte Contemporânea, Praia de Itacoatiara, Praia da Boa Viagem, Praia de Itaipu, Fortaleza de Santa Cruz e Forte do Imbuí.
O que há de fantástico? O Museu de Arte Contemporânea, projetado por Oscar Niemeyer e delicadamente integrado à belíssima paisagem do Mirante da Boa Viagem.

619. **Nobres, MT (M4).** 140 km de Cuiabá. Cidade rica em formações calcárias, tem se firmado como destino de ecoturismo. Possui rios de águas cristalinas, cachoeiras com piscinas naturais (destaque para a do Tombador, com queda de 45 m) e cavernas. Veja também Cachoeira do Tombador.
O que há de fantástico? O Poço Azul, uma lagoa de águas cristalinas e repleta de peixes, a cerca de 50 km de Nobres (por estrada de terra).

620. **Nova Almeida, ES (M3).** 40 km de Vitória. Conhecida por seu valor histórico, esta pequena cidade próxima da capital capixaba foi fundada pelos jesuítas em 1557. Oferece também boas praias, como a Praia Grande, cujos quiosques e bares atraem o público jovem. O mar é raso e calmo na maioria da orla, com exceção da Praia do Rio Forte, que tem ondas agitadas. Veja também Vitória.
O que há de fantástico? A Igreja e Residência dos Reis Magos, de 1580, um dos melhores exemplares de arquitetura jesuítica do Brasil, tombada pelo Instituto do Patrimônio Histórico e Artístico Nacional (IPHAN).

621. **Nova Esperança do Sul, RS (M2).** 445 km de Porto Alegre. Pequeno município criado por imigrantes italianos, possui opções de turismo ecológico, como cachoeiras, grutas e trilhas por matas preservadas.
O que há de fantástico? A Gruta de Fátima, a 8 km do centro. Situada a 10 m de profundidade, atrai muitos turistas e peregrinos.

622. Nova Friburgo, RJ (M3). 136 km do Rio de Janeiro e 70 km de Teresópolis. Cercada pela Mata Atlântica, a cidade é rica em atrações naturais, como a Reserva Florestal Macaé de Cima e o Parque São Clemente. Para quem gosta de aventura, é indicado o passeio dos Três Picos das Salinas, com 2.316 m, e o rafting no Rio Macaé. O Friburgo Festival, em maio, e o Festival de Inverno, em julho, com atrações musicais, agitam a cidade. Veja também Teresópolis.

O que há de fantástico? O teleférico do Morro da Cruz, de 1.320 m, e o Pico da Caledônia, de 2.219 m, de onde é possível avistar a Região dos Lagos e a Baía da Guanabara em dias claros.

623. Nova Petrópolis, RS (M2). 104 km de Porto Alegre e 33 km de Gramado. Cidade colonizada por imigrantes alemães, Nova Petrópolis é marcada pela arquitetura enxaimel, típica daquele país. A cidade também é referência em café colonial, farta refeição composta de pães, tortas, bolos, sucos e produtos alemães, como a geléia *schimier*. Outras atrações são o Pinheiro Multisecular, uma araucária de 750 anos, e os saltos duplos de asa-delta e paraglider que partem do Ninho das Águias. Em maio acontece o Festimalha. Veja também Gramado.
O que há de fantástico? O Parque Aldeia do Imigrante, que reconstitui uma colônia alemã do século XIX, incluindo museu, ferraria, escola, capela e salão de baile.

624. Novo Hamburgo, RS (M2). 43 km de Porto Alegre. Colonizada por imigrantes alemães, a cidade é conhecida por suas fábricas de calçados. A história e alguns exemplares dessa peça do vestuário são o destaque do Museu Nacional do Calçado. Quem gosta de natureza pode visitar a Reserva Ecológica da Família Lima/Scholles, que tem uma trilha na mata com acesso a cinco cachoeiras. Veja também Porto Alegre.

O que há de fantástico? A Fundação Ernesto Frederico Scheffel, casa de 1890 que expõe 385 obras do artista, entre pinturas e esculturas.

625. Núcleo Picinguaba – Ubatuba, SP (M3). 230 km de São Paulo e 30 km de Parati (a 40 km do centro). Situado no Parque Estadual da Serra do Mar, possui uma área de 47 mil ha com florestas nativas, cachoeiras e praias selvagens (como Almada e da Fazenda). Oferece trilhas monitoradas para grupos de no máximo 200 pessoas. Veja também Ubatuba.

O que há de fantástico? A charmosa vila de pescadores de Picinguaba, ponto de partida para as boas praias do Núcleo.

626. Oceanográfico – museu – Rio Grande, RS (M2). 320 km de Porto Alegre e 50 km de Pelotas. Fundado em 1953, o Museu Oceanográfico deu origem a um complexo de museus da Fundação Universidade do Rio Grande (Museu Antártico, Museu Náutico, Eco-Museu da Ilha da Pólvora, Centro de Recuperação de Animais Marinhos e Centro de Educação e Formação Ambiental Marinha). Possui aquários que reproduzem a vida marinha e tanques com pingüins e leões-marinhos. Funciona de 3ª a domingo, das 9h às 11h30 e das 14h às 18h.

O que há de fantástico? A coleção de moluscos do museu, com 45 mil lotes, considerada a mais importante da América do Sul.

627. Oktoberfest – Blumenau, SC (M2). 138 km de Florianópolis e 90 km de Joinville. A segunda maior festa da cerveja do mundo reúne, todo mês de outubro, cerca de 500 mil turistas do Brasil e do exterior em busca de diversão. Lembranças da Alemanha estão em toda a parte: desde a arquitetura da Vila Germânica, onde é realizada a festa, até comidas, roupas e danças típicas. Os jovens são a maioria dos participantes. Veja também Blumenau.

O que há de fantástico? A animação e a alegria dos freqüentadores, que crescem a cada caneca de chope.

628. Olímpia, SP (M3). 429 km de São Paulo e 49 km de Barretos. Palco do maior Festival de Folclore do Brasil. Durante uma semana, grupos folclóricos de norte a sul do país fazem as apresentações de danças, espetáculos teatrais e brincadeiras, levando lendas de sua região para 100 mil pessoas.

O que há de fantástico? O Museu de História e Folclore é considerado um dos mais completos do Brasil.

629. Olímpico – estádio – Porto Alegre, RS (M2). Casa de um dos grandes times de futebol da capital gaúcha, o Grêmio, o Estádio Olímpico Monumental foi inaugurado em 1954 e ampliado em 1980. Seu público recorde foi de 98 mil pessoas, em 1981, mas após reformas teve a capacidade reduzida para 51 mil. Nas suas instalações está localizado o museu do clube, aberto à visitação de 2ª a 6ª, das 9h às 12h e das 13h30 às 18h. Veja também Porto Alegre.

O que há de fantástico? A história do Grêmio e do estádio está retratada em imagens, troféus e uniformes antigos expostos no museu do Olímpico.

630. Olinda, PE (M5). 7 km de Recife e 120 km de João Pessoa. Patrimônio da Humanidade, possui um centro histórico formado por casarões coloniais e igrejas, dispostos em ladeiras e vielas. Destaque para a Basílica de São Bento, do século XVI, que tem um altar de 14 toneladas talhado em cedro e revestido em ouro. A Rua do Amparo abriga museus e exposições de obras dos artistas locais. Veja também Basílica de São Bento, Carnaval em Olinda, Convento de São Francisco, Igreja da Sé e Recife.

O que há de fantástico? O Carnaval, um dos mais concorridos do Brasil, é marcado pelo desfile dos bonecos gigantes, pelos maracatus (cortejos africanos) e pelo frevo.

631. **Ópera de Arame – teatro – Curitiba, PR (M2).** Um dos cartões-postais de Curitiba, o Teatro Ópera de Arame foi construído em uma área ocupada por uma antiga pedreira. Inaugurado em 1992, foi projetado pelo arquiteto Domingos Bongestabs e tem capacidade para cerca de 2 mil expectadores. O acesso é feito por uma passarela sobre um lago de 7.200 m^2. Aberto ao público de 3ª a domingo, das 8h às 22h. Veja também Curitiba.
O que há de fantástico? Um dos marcos da arquitetura moderna, possui estrutura de aço revestida com policarbonato transparente.

632. **Oratório – museu – Ouro Preto, MG (M3).** 90 km de Belo Horizonte. O acervo do museu é composto de peças dos séculos XVIII a XX, que refletem a evolução estética e de costumes da sociedade mineira. Funciona na antiga casa do Noviciado do Carmo e está aberto à visitação diariamente, das 9h30 às 17h30. Há cobrança de ingresso. Veja também Ouro Preto.
O que há de fantástico? A incrível variedade de oratórios populares, eruditos e de viagem.

633. **Ordem Terceira de São Francisco – igreja – Salvador, BA (M5).** Localizada no Terreiro de Jesus, no centro histórico, foi construída em 1702. O projeto é de Gabriel Ribeiro, considerado um dos introdutores do Barroco na Bahia. O teto é decorado com as pinturas criadas em 1831, por Franco Velasco, retratista baiano que pintou um quadro de D. Pedro I. Veja também Salvador.
O que há de fantástico? Sua esplêndida fachada em pedra lavrada, única no Brasil, que remete ao Barroco Espanhol.

634. Ouro Preto, MG (M3). 90 km de Belo Horizonte. Patrimônio Cultural da Humanidade, a cidade surgiu no século XVIII, no auge da exploração do ouro, e guarda verdadeiros tesouros da arquitetura barroca, como as igrejas de São Francisco de Assis, considerada a mais importante obra de Aleijadinho, de N.S. do Rosário dos Pretos e de N.S. do Pilar. Os 12 distritos que compõem o município também são ricos em atributos naturais, como cachoeiras, vales e rios, e abrigam o Parque Nacional do Itacolomi. Veja também Casa dos Contos, Igreja de São Francisco de Assis, Igreja Matriz de N.S.do Pilar, Museu da Inconfidência, Museu das Reduções, Museu de Arte Sacra, Museu Aleijadinho, Congonhas, Mariana e Belo Horizonte.

O que há de fantástico? O Museu da Inconfidência, na praça onde foi exposta a cabeça de Tiradentes e que guarda as sepulturas dos inconfidentes, e o Museu de Arte Sacra.

635. Pacaembu – estádio – São Paulo, SP (M3). Localizado no bairro de mesmo nome, o estádio foi inaugurado em 1940. Em 1961 passou a chamar Estádio Municipal Paulo Machado de Carvalho, em homenagem ao homem que em 1958 comandou a delegação brasileira na Suécia, onde o país conquistou o primeiro de seus cinco títulos mundiais de futebol. Atualmente é palco de jogos e grandes shows musi-

cais de artistas nacionais e internacionais. Veja também São Paulo.
O que há de fantástico? É o estádio preferido dos torcedores paulistanos, sobretudo dos corintianos (que o consideram sua casa), devido à proximidade entre as arquibancadas e o campo.

636. **Paço Imperial – Rio de Janeiro, RJ (M3).** Construído em 1743, o edifício se transformou em sede de governo do Reino Unido do Brasil, em 1808, quando D. João VI aportou no país. Até a proclamação da República, pertenceu à família imperial, passando depois a abrigar os Correios e Telégrafos. Hoje, o Paço recebe exposições temporárias e tem lojas, restaurante, biblioteca, livraria e cinema. Aberto de 3ª a domingo, das 12h às 18h. Veja também Rio de Janeiro.
O que há de fantástico? O Paço foi palco de acontecimentos que mudaram os rumos do Brasil, como o Dia do Fico e a assinatura da Abolição da Escravatura.

637. **Paixão de Cristo – Fazenda Nova, PE (M5).** 185 km de Recife e 47 km de Caruaru. Um dos maiores eventos religiosos do país, a Paixão de Cristo é encenada durante a Semana Santa desde 1968 em Nova Jerusalém, uma enorme cidade cenográfica que reproduz a região da Judéia do ano 33 d.C. As apresentações, que duram 2h30, acontecem nos oito dias que antecedem o Sábado de Aleluia e contam com a participação de figurantes e atores consagrados. Nove palcos reproduzem as passagens vividas por Jesus Cristo. É cobrado ingresso.
O que há de fantástico? O maior teatro ao ar livre do mundo tem números impressionantes: 70 mil m^2, 500 atores e figurantes e 8 mil expectadores por apresentação.

638. Pajuçara – praia – Maceió, AL (M5). Localizada a 2 km do centro, é a mais movimentada praia da capital. Possui águas límpidas, bancos de areia e piscinas naturais. Nos finais de semana Pajuçara ganha bares flutuantes. O local abriga uma feira de artesanato onde são vendidas roupas de filé e bilro, rendas típicas da região. Veja também Maceió.

O que há de fantástico? O passeio de jangada até as piscinas naturais, distantes 3 km da costa.

639. Palácio Boa Vista – Campos do Jordão, SP (M3). 194 km de São Paulo e 40 km de Taubaté. Sua construção, iniciada em 1939, foi interrompida durante 25 anos e o Palácio só foi inaugurado em 1965. É utilizado como residência de inverno do governador de São Paulo. Sua arquitetura foi inspirada nos castelos ingleses e seu nome decorre de sua localização privilegiada, no alto do Morro da Boa Vista. Veja também Campos do Jordão.

O que há de fantástico? O Palácio abriga respeitável acervo, que inclui obras de Di Cavalcanti e móveis dos séculos XVII e XVIII.

640. Palácio de Cristal – Petrópolis, RJ (M3). 66 km do Rio de Janeiro e 53 km de Teresópolis. Primeira construção pré-fabricada do Brasil, o palácio foi encomendado à França pelo casal princesa Isabel e conde D'Eu. Inaugurado em 1884, foi palco de diversos bailes e recepções ao longo dos anos, com destaque para o evento no qual a princesa entregou carta de alforria aos últimos 103 escravos de Petrópolis, em 1888. Abriga exposições e apresentações musicais e teatrais. Aberto à

visitação de 3ª a domingo, das 9h às 17h. Veja também Petrópolis.
O que há de fantástico? A estrutura de ferro da construção francesa, símbolo da Revolução Industrial.

641. Palácio Rio Negro – Manaus, AM (M6). Construído em 1903 por um rico exportador de borracha que pretendia utilizá-lo como residência, o Palácio Rio Negro foi adquirido pelo Governo do Estado em 1918 e passou a ser utilizado como sede do Poder Executivo.

Em 1995 foi transformado em centro cultural, com exposições de artistas nacionais e internacionais, shows e outras atividades culturais. Veja também Manaus.
O que há de fantástico? Sua arquitetura, que demonstra a riqueza gerada durante o Ciclo da Borracha. Os salões, em estilo neoclássico, abrigam telas de pintores importantes.

642. Palmas, TO (M6). Fundada em 1989, é a mais nova capital do país e situa-se entre as serras do Carmo e Lajeado e o Rio Tocantins. Cidade planejada, possui avenidas largas e abundância de áreas verdes. Em julho acontece o Palmas Folia, carnaval fora de época. Veja também Ilha Canela e Jalapão.
O que há de fantástico? As cachoeiras da Serra do Lajeado (entre 20 km e 35 km do centro), com poços para banho, que ajudam a enfrentar as altas temperaturas da cidade.

643. **Pampulha – lagoa – Belo Horizonte, MG (M3).** Parte de um conjunto de atrações turísticas, foi projetada por Oscar Niemeyer na década de 40 e contou com projeto paisagístico de Burle Marx. O complexo é composto pela Igreja São Francisco de Assis (com painéis de Candido Portinari), o Museu de Arte, a Casa do Baile, o Iate Tênis Clube, o Mineirão, o Mineirinho, o Zoológico e o Parque de Diversões. Veja também Belo Horizonte.

O que há de fantástico? As construções foram um marco na arquitetura moderna e projetaram Oscar Niemeyer nacionalmente.

644. **Pancada Grande – cachoeira – Ituberá, BA (M5).** 302 km de Salvador (a 10 km do centro). Integrante do maior "corredor ecológico" do país e da Costa do Dendê – formada por Morro de São Paulo e Camamu, entre outras –, a cachoeira tem uma queda de 40 m e piscinas naturais. Faz parte de uma APA (Área de Proteção Ambiental). De grande volume, já foi fonte de energia elétrica para três cidades antes da construção da hidrelétrica de Paulo Afonso. Veja também Morro de São Paulo e Ilha de Boipeba.

O que há de fantástico? A vista do mirante, que permite observar toda a costa, os seringais, manguezais e a Mata Atlântica.

645. **Pancas, ES (M3).** 134 km de Vitória e 24 km de Colatina. Na década de 70, o paisagista Burle Marx definiu Pancas como o lugar mais bonito do mundo: "A região é um vale fechado por montanhas de forma cônica, dispostas como um cenário de teatro, e sobre suas escarpas vegeta uma flora inteiramente *sui generis* de orquídeas, meriânias, etc.". O Parque Nacional dos Pontões Capixabas foi criado para as belezas da região.

O que há de fantástico? As peculiaridades da paisagem atraem os praticantes de asa-delta e paraglider.

646. Pantanal Mato-Grossense – MS/MT (M4). Santuário ecológico com 140 mil km^2, abrange 12 municípios do Mato Grosso e Mato Grosso do Sul e foi considerado pela Unesco com Reserva da Biosfera. Divide-se em duas partes: o Pantanal Norte, que abriga o Parque Nacional do Pantanal (2h de barco a partir de Porto Jofre), e o Pantanal Sul, cuja porta de entrada é Campo Grande. O ecoturismo e a pesca (entre março e outubro) atraem visitantes do Brasil e do Exterior. Há barcos-hotéis com toda a infra-estrutura para a pesca. Veja também Bonito, Campo Grande, Corumbá, Cuiabá e Transpantaneira.
O que há de fantástico? Os safáris fotográficos pela Transpantaneira ou pela Estrada Parque, nos quais é possível ver animais em extinção, como a onça-pintada e a ariranha.

647. Pão de Açúcar – Rio de Janeiro, RJ (M3). Programa obrigatório para quem visita a cidade maravilhosa, a subida de teleférico até o Pão de Açúcar acontece em duas etapas, com parada no Morro da Urca e distância total de 1.263 m. O morro também é procurado por alpinistas, que contam com cerca de 60 vias de acesso. O bondinho funciona das 8h10 às 22h, com saídas a cada meia hora ou quando completar a lotação (75 passageiros). É cobrado ingresso. Veja também Rio de Janeiro.
O que há de fantástico? É um dos cartões-postais brasileiros mais conhecidos no mundo, oferece vista panorâmica de 360 graus, que descortina a cidade, a serra e o mar.

648. Papagaio – pico – Ilha Grande, RJ (M3). 127 km do Rio de Janeiro. (1h30 de barco a partir de Mangaratiba). Para chegar ao topo do pico, com 982 m, é preciso encarar uma caminhada de 11 km que dura 7h. É recomendável contratar um guia. A recompensa é garantida quando se chega ao topo. Veja também Ilha Grande.
O que há de fantástico? Apesar de perder em altura para a Pedra d'Água, a vista do Pico do Papagaio é a melhor que existe na ilha.

649. Paquetá – ilha – Rio de Janeiro, RJ (M3). Localizada na Baía de Guanabara, a 15 km do centro, com acesso por barcas, catamarãs e aerobarcos, possui praias e 10 km de ruas revestidas de saibro, por onde circulam bicicletas e charretes. Veja também Rio de Janeiro.

O que há de fantástico? Paquetá abriga um dos 20 exemplares brasileiros do baobá – árvore originária da África.

650. Paracatu, MG (M3). 488 km de Belo Horizonte e 78 km de Guarda-Mor. Município que surgiu durante o Ciclo do Ouro, Paracatu possui diversos prédios históricos da época dos Jesuítas e uma infinidade de grutas, cascatas e cachoeiras, próprias para banhos e para a prática de esportes radicais, como canoagem, rafting e rapel. A cidade também é rica em manifestações culturais, como a Caretada, uma festa em homenagem à N.S. do Rosário na qual mascarados desfilam pelas ruas da cidade.

O que há de fantástico? A Gruta de Santa Fé, que tem o interior repleto de estalactites e estalagmites, pinturas rupestres e hieróglifos.

651. Paracuru – praia – Paracuru, CE (M5). 89 km de Fortaleza. Cercada por vasto coqueiral, oferece uma enseada com bicas, recifes e piscinas naturais. Os surfistas invadem o local o ano todo, aproveitando os ventos regulares. O banho é fácil com maré baixa e não recomendado na maré alta, devido à presença de rochas. Veja também Fortaleza.

O que há de fantástico? Seu belo visual, repleto de jangadas, já serviu de cenário para vários comerciais.

652. Paraíso – cachoeira – Peruíbe, SP (M3). 142 km de São Paulo e 85 km de Santos (a 20 km do centro). Uma das atrações da Estação Ecológica Juréia–Itatins, possui queda de 17 m, que forma um tobogã natural. Veja também Estação Ecológica Juréia-Itatins e Peruíbe.

O que há de fantástico? Uma cachoeira muito freqüentada e com boa infra-estrutura, mas que se mantém preservada pela Estação Ecológica.

653. Paraíso – lagoa – Jericoacoara, CE (M5). 302 km de Fortaleza (a 20 km do centro). Localizadas em Jijoca de Jericoacoara, a Lagoa Azul e a Lagoa Paraíso têm 12 km de extensão, águas transparentes e são cercadas por dunas. Há passeios de jangada, mergulho e infra-estrutura de restaurantes. Veja também Praia de Jericoacoara e Lagoa de Jijoca.

O que há de fantástico? As lagoas são muito procuradas para a prática de windsurfe, graças aos ventos alísios, principalmente entre julho e janeiro.

654. Paraíso Perdido – São João Batista do Glória, MG (M3). 330 km de Belo Horizonte, 165 km de Ribeirão Preto e 400 km de São Paulo (mais 27 km, sendo 4 km em estrada de terra). Localizado nas proximidades da Serra da Canastra, o Paraíso Perdido abriga um cânion de cerca de 8 km, repleto de cachoeiras e piscinas naturais. Há trilhas com pedras claras e douradas, percorridas apenas com o auxílio de guias. Veja também Parque Nacional da Serra da Canastra.

O que há de fantástico? Oferece uma infinidade de atrações para os amantes dos esportes de aventura.

655. **Paranaguá, PR (M2).** 96 km de Curitiba. Dona do maior porto do Estado, Paranaguá é também ponto de chegada do trem que sai de Curitiba e atravessa belas paisagens da Serra do Mar e ponto de partida para visitar as diversas ilhas da região. Abriga, ainda, construções históricas preservadas e o Museu de Arqueologia e Etnologia, instalado no antigo Colégio dos Jesuítas, do século XVIII.

O que há de fantástico? O passeio de barco pela Baía de Paranaguá, passando pelo Rio Itiberê, Porto e ilhas do Mel, Cotinga, das Cobras e das Peças. Com sorte é possível avistar botos cinzentos.

656. **Paranapiacaba, SP (M3).** 25 km de São Paulo. Localizada na Grande São Paulo, a antiga vila em estilo inglês guarda construções históricas, a maioria do século XIX, e interessantes museus. O Museu Funicular, dedicado aos trens, expõe um carro de D. Pedro II e a primeira locomotiva da Estrada de Ferro Santos–Jundiaí. Veja também São Paulo.

O que há de fantástico? Em julho, o Festival de Inverno de Paranapiacaba traz diversas atrações musicais à cidade.

657. Paranoá – lago – Brasília, DF (M4). Com 40 km^2, o Lago Paranoá ameniza o clima quente e seco da capital federal e se transformou em um dos principais pontos de lazer da cidade. Por sua orla espalham-se clubes, ancoradouros, hotéis, bares, restaurantes e quadras poliesportivas. O agito está no Pontão Sul e no Shopping Pier 21. Veja também Brasília.

O que há de fantástico? O passeio de barco pelo lago, que passa por ilhotas e pela bela Ponte JK.

658. Parati, RJ (M3). 235 km do Rio de Janeiro, 73 km de Ubatuba e 300 km de São Paulo. Combinação perfeita entre história e beleza natural, a cidade foi tombada pelo Patrimônio Histórico por possuir um dos mais importantes conjuntos arquitetônicos do

país. Seu centro histórico, calçado com pedras pé-de-moleque, é fechado aos automóveis e abriga casarões coloniais do século XVI, excelentes opções gastronômicas e rico artesanato. Em agosto acontece a Flip Livros, tradicional feira de literatura. Veja também Caminho do Ouro, Cunha, Festa Literária Internacional, Ilha dos Meros, Núcleo Picinguaba, Saco do Mamanguá, Trindade e Ubatuba.

O que há de fantástico? Os passeios de barco pelas ilhas e vilas de pescadores da região.

659. Paredão – parque ecológico – Guapé, MG (M3). 288 km de Belo Horizonte. Localizado no Sul de Minas, às margens da Represa de Furnas, é formado por serras, cânions, cachoeiras e riachos. Abriga também o Córrego do Paredão. Veja também Lago de Furnas.
O que há de fantástico? A travessia de balsa do Lago de Furnas até o Capitólio.

660. Parque da Cidade – Rio de Janeiro, RJ (M3). Cercado pela Floresta da Tijuca, o parque tem 470 mil m² e é um recanto de tranqüilidade na capital carioca. Situado no bairro da Gávea, possui trilhas e lagos em meio à mata nativa, incluindo córregos e pequenas cascatas. No local fica também o Museu Histórico da Cidade, aberto à visitação de 3ª a domingo, das 11h às 17h. Veja também Rio de Janeiro.
O que há de fantástico? A trilha que liga o parque ao Horto Florestal, com cascata e muito verde.

661. Passeio de barco pelo Delta do Parnaíba – PI (M5). 354 km de Teresina e 18 km de Luís Correia. Saindo do Porto dos Tatus, o passeio pelo delta do Rio Parnaíba tem duração de 8h e inclui a típica caranguejada. Há duas paradas durante o percurso: nas dunas do Morro Branco, que fazem parte da Ilha Grande de Santa Isabel, e na praia dos Poldros. Veja também Luís Correia.

O que há de fantástico? Os igarapés e manguezais do único delta em mar aberto das Américas.

662. Passeio de Maria Fumaça – Tiradentes a São João del Rey, MG (M3). 213 km de Belo Horizonte e 15 km de São João del Rey. A Maria-Fumaça, inaugurada por D. Pedro II em 1881, percorre os 12 km que separam as duas cidades e ajuda a resgatar a rica história da região, cercada por fazendas centenárias, montanhas e rios. O passeio dura cerca de 40 min e acontece de 6ª a domingo, com saídas às 13h e às 17h de Tiradentes e às 10h e às 14h de São João del Rey. Veja também São João del Rey e Tiradentes.

O que há de fantástico? A locomotiva a vapor é uma das poucas no mundo ainda em atividade para o transporte de passageiros.

663. Passeio de Trem de Campinas a Jaguariúna – Jaguariúna, SP (M3). 140 km de São Paulo e 21 km de Holambra. O trem percorre 30 km por uma ferrovia do século XIX, que remete aos tempos dos barões do café. Durante o trajeto, monitores contam a história da região. Na antiga estação de Jaguariúna funciona um espaço cultural com apresentações musicais, exposições, peças de teatro e de artesanato.

O que há de fantástico? A visita ao Bosque dos Jequitibás, de rara beleza.

664. Passeio de trem de Curitiba a Paranaguá – PR (M2). Saindo da capital paranaense, os 110 km de trilhos passam por uma das regiões mais preservadas de Mata Atlântica do país antes de chegar ao litoral. Há uma parada na estação do Marumbi, boa oportunidade para caminhadas ou escaladas. Nos fins de semana e feriados, o vagão Litorina oferece serviço diferenciado e mais conforto. Veja também Curitiba e Paranaguá.

O que há de fantástico? As belíssimas paisagens vistas da janela do trem, entre elas a da Represa do Ipiranga e da Cascata Véu da Noiva.

665. Passeio de Trem de Macapá a Serra do Navio – AP (M6). O trem da Estrada de Ferro Macapá parte de Santana, pára na capital do Amapá e percorre 200 km durante três dias. Um dos principais meios de transporte da população local, o trem cruza belas paisagens até chegar à cidade de Serra do Navio, situada no meio da Floresta Amazônica.

O que há de fantástico? Cruzar a magnífica Floresta Amazônica, com sua vegetação inigualável e rica fauna. Há várias paradas para fotos.

666. Passeio de trem de Pindamonhangaba a Campos do Jordão, SP (M3). 155 km e 194 km de São Paulo, respectivamente. A estrada de ferro foi construída em 1914 para facilitar o acesso a Campos do Jordão, que começava a se firmar como estação climática. O percurso de 47 km é feito em cerca de 3 horas e tem paradas no Reino das Águas Claras e no Mirante N. S. Auxiliadora. Um guia acompanha o passeio. Há três saídas diárias (7h25, 7h50 e 9h), mediante agendamento.

O que há de fantástico? A beleza das paisagens da Serra da Mantiqueira, que vai mudando de características à medida que se aproxima de Campos do Jordão.

667. Passeio pela Serra do Rio do Rastro – Bom Jardim da Serra, SC (M2). 245 km de Florianópolis e 48 km de São Joaquim. Um dos mais belos e frios cenários do Estado, a Serra do Rio do Rastro tem apenas 15 km e quase 1.500 m de altitude. Seu trajeto sinuoso abriga cachoeiras e rica vegetação totalmente preservada. Veja também São Joaquim e Urubici.

O que há de fantástico? Entre junho e agosto é possível encontrar neve na Serra, o que torna a paisagem ainda mais sedutora.

668. Patos, PB (M5). 300 km de João Pessoa. Situada no sertão da Paraíba a cidade, banhada pelo Rio Espinharas, possui diversas igrejas e festas populares, como a Festa de Setembro (em homenagem a N. S. da Guia, padroeira da cidade), o Sol Folia (carnaval fora de época) e os festejos juninos.

O que há de fantástico? O Parque Religioso Cruz da Menina, principal ponto turístico da cidade e que atrai milhares de romeiros.

669. **Patos – lagoa – RS (M2).** Maior lagoa do Brasil e segunda da América Latina, a Lagoa dos Patos tem 265 km de extensão e superfície de 10 mil km^2. Situa-se paralela ao Atlântico e comunica-se com o Lago Guaíba, que banha Porto Alegre. A Lagoa é cercada de exuberante vegetação nativa e oferece belas praias, como as localizadas nas imediações de Pelotas. Veja também Porto Alegre e Pelotas.

O que há de fantástico? O encontro da Lagoa dos Patos com o Lago Guaíba em Barra do Ribeiro, a 30 km da capital. O local é muito procurado por praticantes de esportes náuticos e pescadores.

670. **Patu, RN (M5).** 314 km de Natal. Localizada na Serra do Lima, na microrregião serrana do Estado, destaca-se pelas atrações destinadas ao turismo religioso e ao ecoturismo. A trilha que leva ao Cruzeiro de São Sebastião oferece piscinas naturais e áreas para acampar.

O que há de fantástico? A Casa de Pedra, que abrigava o cangaceiro Jesuíno Brilhante, e o Santuário do Lima, em estilo gótico, um dos principais núcleos religiosos do Nordeste.

671. Paulino – lagoa – Sete Lagoas, MG (M3). 76 km de Belo Horizonte. Faz parte de um arquipélago localizado no centro do Estado de Minas Gerais. A Lagoa Paulino reúne hotéis, bares e restaurantes às suas margens, em meio a diversas belezas naturais e um ecossistema rico em cursos d'água e áreas verdes. Veja também Belo Horizonte.

O que há de fantástico? A Gruta do Rei do Mato, com 220 m de extensão.

672. Paulista – museu – São Paulo, SP (M3). Mais conhecido como Museu do Ipiranga, foi inaugurado em 1890. Seu acervo é formado por 125 mil itens, entre objetos, iconografia e documentação arquivística, do seiscentismo até meados do século XX. Uma das obras mais apreciadas é Independência ou Morte, pintada por Pedro Américo em 1888. A capela imperial guarda os restos mortais de Dom Pedro I. Funciona de 3ª a domingo, das 9h às 16h45. É cobrado ingresso (grátis para menores de 7 e maiores de 60 anos e no terceiro domingo do mês). Veja também São Paulo.

O que há de fantástico? Os jardins do museu, com chafarizes, fonte e iluminação especial assemelham-se aos dos palácios europeus.

673. Paulo Afonso, BA (M5). 460 km de Salvador e 270 km de Aracaju. Situado na divisa com Sergipe, Pernambuco e Alagoas, é um município planejado que surgiu a partir da criação da usina hidrelétrica de mesmo nome. Rico em belezas naturais, abriga o Raso da Catarina, uma reserva biológica no meio da caatinga. Veja também Raso da Catarina.

O que há de fantástico? A visita às instalações da usina, que inclue um passeio sobre o Cânion do São Francisco, a 100 m de altura (programa com guia e cobrança de ingresso).

674. Pé da Serra – praia – Itacaré, BA (M5). 440 km de Salvador e 50 km de Ilhéus. Localizada na Área de Proteção Ambiental Serra Grande, ao sul do Rio Tijuípe, possui areias claras e finas e mar azul com água morna. Veja também Itacaré e Ilhéus.

O que há de fantástico? É um local privilegiado para observar a chegada das jangadas debaixo dos coqueiros.

675. Pedra Azul – parque estadual – Domingos Martins, ES (M3). 50 km de Vitória (a 40 km do centro). Localizado na principal cidade serrana do Estado, apresenta temperaturas médias de 12°C e clima agradável. Abriga formações exuberantes, como a Pedra do Lagarto (com 1.822 metros de altura e composta de granito e gnaisse), trilhas, cachoeiras e piscinas naturais. As visitas, monitoradas, devem ser agendadas com antecedência. Veja também Domingos Martins e Pedra do Lagarto.

O que há de fantástico? A Pedra Azul, que recebeu esse nome devido à sua coloração com a incidência da luz solar.

676. **Pedra da Boca – parque – Araruna, PB (M5).** 155 km de João Pessoa (a 20 km do centro). Com área de 175 ha, é formado por blocos rochosos com formatos exóticos, como o Caveira, o Coração, o Violão e o Boca, que deu nome ao parque. Muito procurado pelos praticantes de rapel e de outros esportes radicais, tem atraído turistas do Brasil e do Exterior.

O que há de fantástico? As impressionantes esculturas de pedra produzidas pela natureza.

677. **Pedra da Gávea – Rio de Janeiro, RJ (M3).** Localizada entre São Conrado e a Barra da Tijuca, a Pedra da Gávea tem 842 m de altura e integra o Parque Nacional da Tijuca. Cercada de lendas e mistérios, é uma das montanhas mais freqüentadas do Rio de Janeiro e atrai muitos alpinistas. Para chegar à carrasqueira (uma parede de aproximadamente 30 m de altura), é preciso enfrentar uma dura caminhada de 3h. Veja também Rio de Janeiro.

O que há de fantástico? É o maior bloco de pedra à beira-mar do mundo. Oferece vista da Floresta da Tijuca, do Corcovado, da Barra da Tijuca e das praias de Ipanema e do Leblon.

678. **Pedra do Baú – São Bento do Sapucaí, SP (M3).** 205 km de São Paulo e 44 km de Campos do Jordão (a 10 km do centro). Com 340 m de altura, 540 m de comprimento e abismos de até 180 m, é um dos principais atrativos da região. Formado pelas pedras do Baú, do Bauzinho e Ana Chata, o complexo oferece trilhas, vôos de asa-delta e é muito procurado por alpinistas. Veja também São Bento do Sapucaí.

O que há de fantástico? De seu topo avista-se cerca de 52 cidades do sul de Minas e do Vale do Paraíba.

679. Pedra do Lagarto – Domingos Martins, ES (M3). 50 km de Vitória (a 40 km do centro). Uma das principais atrações do Parque Estadual da Pedra Azul, tem 1.822 m de altura e é formada por granito e gnaisse. Possui fauna diversificada, com macacos-prego, tamanduás-de-colete, jaguatiricas, tucanos e animais ameaçados de extinção como a onça-pintada e o barbado. Veja também Domingos Martins.

O que há de fantástico? Sua bela vegetação, composta de orquídeas, bromélias, ingás, cedros, ipês e várias espécies de canela.

680. Pedra do Sal – praia – Parnaíba, PI (M5). 352 km de Teresina e 17 km de Luís Correia (a 17 km do centro). Possui larga faixa de areia branca, dunas e ótima infra-estrutura. Um farol orienta os marinheiros para o perigo dos recifes. Veja também Passeio de Barco pelo Delta do Parnaíba.

O que há de fantástico? Os enormes blocos rochosos que invadem o mar.

681. Pedra do Xaréu – praia – Cabo de Santo Agostinho, PE (M5). 40 km de Recife (a 45 km do centro – acesso por estrada de terra e balsa). Rodeada de coqueiros, tem águas mornas e cristalinas, com ondas médias, boas para banho e pesca. Na maré baixa há formação de piscinas naturais. A infra-estrutura é rústica. Leva esse nome devido à abundância de peixe xaréu. Veja também Cabo de Santo Agostinho e Recife.

O que há de fantástico? As rochas negras de origem vulcânica, que conferem à praia uma beleza bastante original.

682. Pedra Furada – ilha – Camamu, BA (M5). 342 km de Salvador e 148 km de Itaparica (mais 50 min de barco até Camamu e 1h de barco até a Ilha). Propriedade particular aberta ao público, a pequena ilha tem praias tranqüilas, com águas quentes e de um azul estonteante. O nome se deve à presença de pequenas pedras com furos produzidos por um tipo de molusco. Veja também Barra Grande e Península de Maraú.

O que há de fantástico? A região abriga algumas das mais belas praias do país, como Taipu de Fora.

683. Pedra Grande – Atibaia, SP (M3). 65 km de São Paulo e 25 km de Bragança Paulista (19 km do centro, sendo 10 km em estrada de terra). Localizado em estância climática muito procurada pelos paulistanos nos finais de semana e feriados, possui 1.450 m de altura. Para chegar ao topo é necessário caminhar cerca de 4 km.

O que há de fantástico? É um dos principais locais do país para a prática do vôo livre.

684. Pedras do Frade e da Freira – Cachoeiro de Itapemirim, ES (M3). 134 km de Vitória (a 7 km do centro por estrada de terra). Com 683 m de altura, as montanhas geminadas de granito têm formato semelhante ao de dois religiosos e são muito procuradas pelos praticantes de rapel e escalada. Segundo lenda local, um padre e uma freira teriam se transformado em pedra quando se apaixonaram.
O que há de fantástico? No topo da montanha, após cerca de 1h de caminhada, é possível apreciar o mar e as cordilheiras do Caparaó.

685. Pelotas, RS (M2). 271 km de Porto Alegre e 52 km de Rio Grande. As zonas urbana e rural da cidade contam com monumentos (como as catedrais do Redentor e de São Francisco de Paula), paisagens e vistas belíssimas. A minissérie *A Casa das Sete Mulheres* foi filmada na região, em uma charqueada – propriedade rural onde se produz a carne seca. No século XIX, a indústria do charque foi responsável pela riqueza local e atualmente várias charqueadas, com utensílios da época, estão abertas à visitação. Veja também Lagoa dos Patos.
O que há de fantástico? A cidade é conhecida pelos doces portugueses, como o pastel de Santa Clara e o bem-casado, e pelas praias da Lagoa dos Patos.

686. Pelourinho – Salvador, BA (M5). Um dos símbolos da Bahia, o Pelourinho é o centro histórico de Salvador e foi declarado Patrimônio Cultural Mundial. Suas ladeiras, calçadas com pedras pé-de-moleque, abrigam construções dos séculos XVII e XVIII, que após longo processo de deterioração têm sido restauradas ao longo dos últimos anos. Na maioria das ruas o trânsito de veículos é proibido, o que facilita os pas-

seios pelos museus, igrejas e lojas. Veja também Salvador.

O que há de fantástico? Abriga a Fundação Casa de Jorge Amado, a sede do grupo afoxé Filhos de Gandhy e a Igreja de São Francisco, revestida em ouro.

687. **Penedo, AL (M5).** 168 km de Maceió e 64 km de Arapiraca. Penedo foi o primeiro povoado de Alagoas (1565) e impressiona por seu patrimônio histórico. Localizada às margens do Rio São Francisco, a cidade tem diversas igrejas, conventos e teatros construídos quando a região era uma importante passagem de mercadorias e visitantes rumo ao interior. Uma opção de lazer muito procurada é o passeio de barco pelo "Velho Chico", que leva até as piscinas naturais e as dunas da foz do rio.

O que há de fantástico? O centro histórico da cidade, local de construções coloniais como o Convento de São Francisco (1660) e a Igreja N.S. das Correntes (1720).

688. **Penedo, RJ (M3).** 170 km do Rio de Janeiro e 28 km de Visconde de Mauá. Pequena cidade próxima à fronteira com São Paulo, foi adotada por um grupo de imigrantes finlandeses no início do século passado. Alguns traços da cultura daquele país presentes em Penedo são o hábito de fazer sauna, a tapeçaria típica e os bailes tradicionais, aos fins de semana. A cidade é cercada por mata nativa e é muito procurada por casais em busca de tranqüilidade. Veja também Visconde de Mauá.

O que há de fantástico? Os ótimos restaurantes alemães e de cozinha nórdica e as pequenas fábricas de chocolate caseiro.

689. **Penha, SC (M2).** 120 km de Florianópolis e 26 km de Itajaí. Município catarinense com o maior número de praias, Penha se destaca por suas belezas naturais. Entre as praias, destaque para a Vermelha, boa para pesca e pouco freqüentada, e a do Quilombo, indicada para o surfe. A cozinha açoriana, baseada em peixes e frutos do mar, é outro atrativo da cidade. Veja também Itajaí.

O que há de fantástico? A cidade abriga um parque temático considerado o maior da América Latina.

690. **Penhasco Dois Irmãos – parque – Rio de Janeiro, RJ (M3).** Localizado no Alto Leblon, Zona Sul, é muito visitado por esotéricos e apreciadores do pôr-do-sol. Possui trilhas de terra, um teatro de arena, quadra de futebol e playground. Os aventureiros costumam escalar o primeiro morro, o Irmão Menor. A proximidade da favela Chácara do Céu intimida um pouco os visitantes. Veja também Rio de Janeiro.

O que há de fantástico? A magnífica vista da Lagoa Rodrigo de Freitas e da Zona Sul da cidade.

691. Península de Maraú – Barra Grande, BA (M5). 390 km de Salvador (mais 1h30 de barco a partir de Camamu e 20 km em veículo 4x4). Localizada entre Morro de São Paulo e Itacaré, é uma das melhores atrações de Barra Grande. O difícil acesso ajuda a preservar este paraíso, que abriga lagoas de água doce, manguezais, coqueirais, piscinas naturais e praias com belos recifes. Oferece várias opções para a prática de mergulho e esportes náuticos. Veja também Barra Grande.
O que há de fantástico? As belezas naturais intocadas e algumas das mais belas praias do país.

692. Pepino – praia – Rio de Janeiro, RJ (M3). Localizada a 9 km do centro, no bairro de São Conrado, junto à Pedra da Gávea, a Praia do Pepino oferece mar azul, de ondas fortes e areias brancas, além de uma encosta de 842 m de altura, usada para esportes radicais. Veja também Rio de Janeiro.
O que há de fantástico? O espetáculo colorido da descida das asas-deltas, que partem da rampa da Pedra Bonita.

693. Peró e Conchas – praias – Cabo Frio, RJ (M3). 148 km do Rio de Janeiro e 23 km de Armação dos Búzios (a 7 km do centro). Cabo Frio possui praias com perfis variados, construções históricas e opções culturais. Peró tem ondas fortes e é procurada por surfistas (a cidade possui um museu dedicado ao surfe, com mais de 300 pranchas). Conchas é freqüentada pelos praticantes da pesca de arremesso, que capturam badejos, anchovas e tainhas. Veja também Cabo Frio.
O que há de fantástico? Separadas por um pequeno canal, possuem águas cristalinas de coloração azul-esverdeada e com temperatura agradável.

694. Perobas – praia – Touros, RN (M5). 78 km de Natal. Vila de pescadores onde a tranqüilidade predomina. O local tem água transparente e pontos para mergulho de snorkel. A 5 km da costa há piscinas naturais boas para a prática de mergulho livre. Destaque para os parrachos (corais) de Rio do Fogo, muito belos e ainda pouco explorados.

O que há de fantástico? Acompanhar os pescadores que vão de jangada pescar lagosta, polvo e lula nos parrachos. É preciso ter cuidado com as arraias.

695. Peruíbe, SP (M3). 128 km de São Paulo e 28 km de Itanhaém. Oferece 8 km de praias urbanizadas (com quiosques, banheiros, chuveiros, ciclovia, calçadão, estacionamento e jardim) e praias mais afastadas, com Mata Atlântica preservada, vegetação de restinga e águas límpidas. O Complexo Termal oferece tratamento com Lama Negra, que tem propriedades medicinais e estéticas. Veja também Cachoeira Paraíso e Estação Ecológica Juréia–Itatins.

O que há de fantástico? Parte do município situa-se na Estação Ecológica Juréia–Itatins, reconhecida pela Unesco como Patrimônio da Humanidade.

696. Pesca no Rio Paraná – Panorama, SP (M3). 700 km de São Paulo e 40 km de Presidente Epitácio. Localizado na divisa do Estado com Mato Grosso do Sul, o município de Panorama abriga uma ilha e várias ilhotas formadas pelo Rio Paraná, sendo um excelente local para a pesca. Veja também Presidente Epitácio.

O que há de fantástico? As amplas opções de pesca, que vão das tradicionais pescarias de piaus e piaparas até a pesca esportiva do tucunaré, do dourado e do pintado.

697. **Pesqueiro – praia – Ilha de Marajó, PA (M6).** 87 km de Belém (acesso de avião a partir de Belém ou de balsa a partir de Icoaraci, a 18 km da capital). Maior ilha fluvial do mundo, Marajó abriga florestas, lagos, igarapés, dunas e rica fauna (destaque para o búfalo, símbolo da região). Entre as belas praias de água doce, destacam-se as de Joanes e a do Pesqueiro, uma das mais visitadas. Veja também Ilha de Marajó.
O que há de fantástico? Com 3 km de extensão, possui areia amarelada, coqueiros e dunas.

698. **Petar – Parque Estadual Turístico do Alto Ribeira – Apiaí/ Iporanga, SP (M3).** 318 km de São Paulo, 70 km de Eldorado e 176 km de Curitiba (a 16 km do centro de Apiaí por estrada de terra). Com área aproximada de 36 mil ha, é uma das mais importantes unidades de conservação do Estado. Criado em 1958, possui importantes remanescentes de Mata Atlântica, sítios históricos, arqueológicos e paleontológicos, além de abrigar diversas cachoeiras e corredeiras utilizadas pelos praticantes de esportes radicais. Funciona das 8h às 17h. É cobrado ingresso.
O que há de fantástico? Abriga um dos mais importantes acervos espeleológicos do país, com mais de 250 cavernas cadastradas.

699. **Petrolina, PE (M5).** 767 km do Recife e 5 km de Juazeiro. Uma das maiores cidades de Pernambuco, Petrolina é separada da baiana Juazeiro pelo Rio São Francisco. Entre as principais atrações da cidade estão o passeio de barco pelo "Velho Chico", o parque aquático Ilha do Sol e o Museu do Sertão. Uma das marcas da cidade é a culinária do bode, que é servido guisado, assado e em forma de sarapatel.
O que há de fantástico? As famosas carrancas. Feitas para afugentar os maus espíritos, são vendidas na Oficina do Mestre Quincas e no Centro Cultural Ana das Carrancas.

700. **Petrópolis, RJ (M3).** 66 km do Rio de Janeiro e 53 km de Teresópolis. O centro histórico desta cidade é um dos principais do país, com diversos museus e construções do século XIX. O Museu Imperial reúne um vasto acervo sobre a presença da família imperial na cidade. Destaque ainda para o Palácio Quitandinha, antigo hotel-cassino, e a Catedral de São Pedro de Alcântara, que guarda os restos mortais do segundo imperador brasileiro. Em julho, a cidade promove o badalado Festival de Inverno. Veja também Casa de Santos Dumont, Museu Imperial e Palácio de Cristal.

O que há de fantástico? O Espetáculo Luz e Som Petrópolis, no Museu Imperial. A superprodução reproduz fatos do segundo reinado e é apresentada de 5ª a sábado às 20h.

701. **Piaçabuçu – praia – Penedo, AL (M5).** 165 km de Maceió e 162 km de Sergipe (a 40 km do centro). Localizado às margens do São Francisco, na divisa com Sergipe, Penedo foi o primeiro povoado do Estado e abriga diversas atrações culturais (como o Festival de Tradições Populares) e históricas (como a Igreja de Santa Maria dos Anjos, de 1759, e o Museu do Paço Imperial). Piaçabuçu apresenta boas praias, como a do Pontal do Peba.

O que há de fantástico? O passeio de *buggy* pelas dunas formadas na foz do Rio São Francisco, possível apenas com a maré baixa.

702. **Piedade – praia – Ilha Gipóia – Angra dos Reis, RJ (M3).** 168 km do Rio de Janeiro e 99 km de Parati (mais meia hora de barco). Esta praia, cujo nome oficial é Praia dos Tenórios, é ótima para banho. Tem águas verdes, transparentes, quentes e calmas, com bananeiras e coqueiros à sua volta. Sua extensão é de apenas 150 m e não há infra-estrutura turística. Veja também Ilha Gipóia.

O que há de fantástico? Em um de seus extremos há uma charmosa igrejinha, que serviu de inspiração a vários artistas plásticos.

703. Piedade – serra – Caeté, MG (M3). 50 km de Belo Horizonte e 26 km de Sabará. Um dos picos mais elevados da Cordilheira do Espinhaço, com altitude de 1.783 m, localiza-se na divisa com Sabará. Veja também Belo Horizonte e Sabará.

O que há de fantástico? No alto da Serra há um santuário católico que recebe romeiros há muitas décadas e um observatório da Universidade Federal de Minas Gerais.

704. Pinacoteca do Estado – São Paulo, SP (M3). A Pinacoteca começa a conquistar o visitante com a beleza da arquitetura do seu prédio. Do respeitável acervo fazem parte telas como o *Caipira Picando Fumo*, de Almeida Júnior, e esculturas, como *Homem que Anda sobre Coluna*, de Rodin. Em 2004 a Pinacoteca ganhou um anexo no antigo prédio do Dops, agora chamado de Anexo Estação. Aberto à visitação de 3ª a domingo, das 10h às 18h. Há cobrança de ingresso. Veja também São Paulo.

O que há de fantástico? O prédio em estilo neoclássico, reformado e adaptado para receber exposições, possui um vão central que dá ao local uma iluminação natural incrível.

705. **Pipa – praia – Tibau do Sul, RN (M5).** 79 km de Natal (8 km do centro). Central e com infra-estrutura de barracas, a Praia da Pipa é a mais familiar do povoado, embora ofereça farta agitação noturna. Localizada em uma região repleta de falésias, possui piscinas naturais de águas mornas durante a maré baixa. Vale a pena conhecer as praias mais distantes, como a do Amor e a de Afogados. Veja também Natal.

O que há de fantástico? O mar da região é freqüentado por golfinhos e tartarugas.

706. **Piraju, SP (M3).** 325 km de São Paulo e 40 km de Águas de Santa Bárbara. Estância Turística às margens do Rio Paranapanema, integra o chamado "Circuito das Águas Limpas", do qual fazem parte também os municípios de Itaí, Paranapanema, Fartura, Tejupá e Timburi. Possui muitos atrativos para o ecoturismo, como lagos, cachoeiras (como a do Castelo, na qual há a replica de um

castelo medieval), praias de água doce e parques. A cidade abriga também uma antiga estação de trem, projetada por Ramos de Azevedo.

O que há de fantástico? A Prainha do Rio Paranapanema, a 16 km do centro, que chega a receber 5 mil visitantes no final de semana, e o Parque do Dourado, destinado à pesca.

707.  **Piranhas, AL (M5).** 280 km de Maceió e 205 km de Aracaju. Localizada às margens do São Francisco, na divisa com Sergipe, na região em que foi criada a Hidrelétrica de Xingó. Suas principais atrações são as construções do século XIX e as visitas monitoradas à usina.

O que há de fantástico? Os passeios de barco pelos cânions do Rio São Francisco e a Grota do Angico, onde morreu o cangaceiro Lampião.

708. Pirenópolis, GO (M4). 107 km de Goiânia e 140 km de Brasília. Com atrativos culturais, históricos e naturais, a cidade costuma receber visitantes da capital e do Distrito Federal nos finais da semana. Suas ruas de pedra abrigam construções do século XVIII, igrejas e museus. Destaque para a Igreja da Matriz de N.S. do Rosário (construída em 1727, é o maior e mais antigo monumento histórico do Centro-Oeste) e o Museu das Cavalhadas, que retrata as tradições da região. Veja também Cachoeira do Abade e Cachoeira do Lázaro.

O que há de fantástico? A Cavalhada (Festa do Divino Espírito Santo), que acontece 45 dias depois do Domingo de Páscoa. Milhares de pessoas participam das procissões.

709. Pitimbu, PB (M5). 74 km de João Pessoa. Antiga morada dos índios tabajares e potiguares, Pitimbu é uma cidade com praias de mar calmo e casas de veraneio, próximo à divisa com Pernambuco. A partir da Praia do Pontal é possível conhecer diversas praias quase selvagens, como a Barra do Abiaí. Já a Praia de Acaú se destaca pela grande quantidade de turistas e pela agitada vida noturna. Outra boa opção de lazer é alugar um caiaque e remar pelo Rio Abiaí.

O que há de fantástico? As falésias da região, cujas areias avermelhadas são usadas pelos artesãos para criar desenhos coloridos dentro de garrafas de vidro.

710. **Pitinga** e **Taípe – praias – Arraial d'Ajuda, BA (M5).** 730 km de Salvador e 4 km de Porto Seguro (acesso é feito por balsa – 10 min pelo Rio Buranhém). Localizadas entre Arraial e Trancoso, a 4 km e 11 km do centro, respectivamente. Pitinga apresenta ondas fortes e é protegida por coqueiros. Taípe é cercada por falésias de até 20 m de altura. Veja também Arraial d'Ajuda.

O que há de fantástico? A caminhada entre Pitinga e Taípe. O trecho de pouco mais de 6 km abriga a Lagoa Azul, cuja argila contém propriedades medicinais.

711. **Piúma – ES (M3).** 85 km de Vitória, 40 km de Guarapari e 27 km de Marataízes. Cidade fundada em 1565 pelo padre Anchieta, possui praias repletas de conchas e coqueiros. A do Pau Grande tem ondas fortes e é muito procurada por surfistas. As águas tranqüilas de Maria Neném atraem os praticantes do windsurfe. Da praia de Acaiaca, quando a maré está baixa, é possível caminhar por 500 m até a Ilha do Meio. Veja também Marataízes e Guarapari.

O que há de fantástico? O tradicional artesanato com conchas, vendido à beira-mar.

712. Planetário – Rio de Janeiro, RJ (M3). Aparelhado com equipamentos de última geração, possui uma sala com 277 poltronas inclinadas e um potente projetor, que permite ao visitante observar 10 mil estrelas, a rotação dos planetas e a formação das galáxias, em uma cúpula de 23 m. Oferece ainda cinema, espaço com exposições didáticas, loja temática, lanchonete e restaurante. Funciona de 3ª a 6ª, das 10h às 17h. É cobrado ingresso. Veja também Rio de Janeiro.
O que há de fantástico? O Museu do Universo, com experimentos interativos sobre o sistema Terra-Lua, o Sistema Solar, a Cosmologia e a pesquisa espacial, entre outros.

713. Poção (Salto do Azeite II) – cachoeira – Cajati, SP (M3). 230 km de São Paulo e 44 km de Registro. Localizada no bairro de Azeite, que possui várias opções para a prática de esportes de aventura. Com 30 m de queda, a cachoeira forma uma grande piscina natural.
O que há de fantástico? Mergulhar na grande piscina natural, do tamanho de uma quadra de futebol de salão.

714. Poço Azul – Riachão, MA (M5). 897 km de São Luís, 220 km de Imperatriz e 130 km de Carolina (acesso em veículos 4x4 com guias). Uma das principais atrações do Parque Nacional da Chapada das Mesas (repleto de cachoeiras, cânions e formações rochosas), situa-se no Rio Cocal.Veja também Carolina e Chapada das Mesas.
O que há de fantástico? Suas águas cristalinas, que ganham uma impressionante tonalidade de azul com a incidência da luz do sol.

715. Poço da Esmeralda – Carrancas, MG (M3). 286 km de Belo Horizonte e 93 km de São João del Rey (a 11 km do centro – mais 1,5 km de caminhada em trilha com baixo grau de dificuldade). O local integra uma região que é considerada o novo pólo do ecoturismo em Minas Gerais. Veja também Carrancas e Cachoeira da Zilda.

O que há de fantástico? O Poço, que integra a cachoeira Vargem Grande, é ladeado por uma espessa vegetação que se reflete em suas águas tornando-as esverdeadas.

716. **Poço do Felipe – Acari, RN (M3).** 228 km de Natal e 60 km de Caicó. Local onde surgiu o importante município do Seridó, um dos mais antigos do Rio Grande do Norte (fundado em 1735). Abastecido pelo Rio Acauã, servia para que os tropeiros matassem a sede do gado. Veja também Acari.

O que há de fantástico? Junto ao poço foi construído o Museu Histórico, conhecido como Museu do Sertanejo. Ocupa um prédio neoclássico de 1887.

717. **Poço Encantado (Chapada Diamantina) – Itaité, BA (M5).** 428 km de Salvador e 44 km de Andaraí (a 17 km do centro). Uma das principais atrações do Parque Nacional da Chapada Diamantina, possui 65 m de profundidade, 70 m de largura e 110 m de comprimento. Suas águas cristalinas, que refletem as imagens do teto da gruta, abrigam um peixe raro, o bagre albino. É tombado pelo Ibama. É cobrado ingresso. Veja também Chapada Diamantina.

O que há de fantástico? O tom azulado das águas, gerado pela incidência da luz solar. A melhor época para visitar é entre abril e setembro, entre 9h30 e 14h.

718. **Poço – praia – Ilha bela, SP (M3).** 206 km de São Paulo e 6 km de São Sebastião (mais 15 min de balsa; situada a 17 km do centro – acesso por trilha a partir da Praia do Jabaquara). Deserta e primitiva, tem o mar cercado por rochedos e apenas 50 m de extensão. Uma de suas atrações é um sítio arqueológico. Veja também Ilhabela.
O que há de fantástico? Possui um poço de água doce formado por uma cachoeira, ótimo para mergulho.

719. **Poços da Ribeira – Aracaju, SE (M5).** A 50 km do centro (mais 12 km em trilha de pedra – que pode ser percorrida de carro). Cercados por paredões de pedra que chegam a 100 m de altura e densa vegetação nativa, os dois lagos têm água fria, mas são muito procurados para banho.
O que há de fantástico? Há 10 pontos para a prática do rapel, 2 para escalada e outros 2 para tiroleza.

720. **Poços de Caldas, MG (M3).** 460 km de Belo Horizonte, 37 km de São João da Boa Vista e 243 km de São Paulo. Conhecida pelas fontes de água mineral sulfurosas, usadas para banhos terapêuticos, oferece várias atrações, como a cachoeira Véu da Noiva, com 15 m de queda, e o Jardim Japonês, que abriga uma casa de chá.

O que há de fantástico? Os passeios de charrete, trenzinho e bonde e os cristais feitos à base de sopro, como em Murano, na Itália.

721. Pomerode, SC (M2). 179 km de Florianópolis e 31 km de

Blumenau. Chamada de "Alemanha Brasileira" (a maioria de seus colonizadores veio da Pomerânia, região norte da Alemanha), a cidade é conhecida por sua rica gastronomia e suas tradições. Pomerode abriga o terceiro maior zoológico do país, com mais de 900 animais. Veja também Blumenau.

O que há de fantástico? Abriga o maior acervo de arquitetura enxaimel do país. As casas são construídas de madeira de lei e barro, com o uso de uma técnica européia medieval.

722. Ponta da Joatinga – Parati, RJ (M3). 261 km do Rio de Janeiro e 75 km de Ubatuba (acesso de barco do porto de Parati até a Praia Grande da Cajaíba, onde começa uma difícil caminhada de 4h em meio a praias lindas e desertas). Nesta isolada península localizada entre Parati e Trindade, destacam-se Martins de Sá, uma vila de pescadores com praia própria para o surfe, e Ponta Negra. Veja também Parati.

O que há de fantástico? A Praia de Ponta Negra, com piscinas naturais formadas no encontro do rio com o mar.

723. Ponta das Canas – praia – Florianópolis, SC (M2). Localizada a 34 km do centro, possui areias finas e águas esverdeadas e calmas, próprias para a prática de esportes aquáticos. É a praia preferida dos argentinos que vêm passar as férias no Brasil. Oferece ótima infra-estrutura turística. Veja também Florianópolis.

O que há de fantástico? Suas águas quentes e tranqüilas são apreciadas pelas famílias e pelas crianças.

724. Ponta do Mutá – praia – Península de Maraú, BA (M5). 390 km de Salvador (mais 1h30 de barco a partir de Camamu e 20 km em veículo 4x4). O vilarejo de Barra Grande é o ponto de entrada para as praias da península, consideradas as mais belas do país. Uma curta caminhada a partir da Praia de Barra Grande leva até a Ponta do Mutá, coberta por coqueiros e vegetação de Mata Atlântica preservada. Veja também Barra Grande e Península de Maraú.

O que há de fantástico? Águas tranqüilas e transparentes, em meio a grandes rochas que afloram à superfície.

725. Ponta Grossa – praia – Icapuí, CE (M5). 200 km de Fortaleza. Com 700 m de extensão, é a praia mais colorida da região e fica próxima da famosa Canoa Quebrada. A claridade de suas dunas destaca o verde da vegetação, o azul do mar e as falésias avermelhadas, que abrigam grutas e fontes de água doce. Veja também Canoa Quebrada.

O que há de fantástico? As pequenas enseadas recebem a visita freqüente de tartarugas marinhas, golfinhos e peixes-boi.

726. Ponta Negra – praia – Natal, RN (M5). Localizada a 13 km do centro. No entorno desta praia acontece a vida noturna de Natal. Durante o dia, pode-se percorrer a pé seus 4 km de extensão. Ao sul há uma pequena baía de águas límpidas, povoadas por jangadas. Ao norte, onde ficam os hotéis de luxo, o mar oferece ondas boas para o surfe. Veja também Natal.

O que há de fantástico? O Morro do Careca, uma gigantesca duna com vegetação só nas extremidades, que se tornou o cartão-postal da cidade.

727. **Ponte da Cadeia – São João del Rey, MG (M3).** 198 km de Belo Horizonte e 15 km de Tiradentes. A ponte levava à Real Intendência, local onde o ouro era pesado e repartido. Tem esse nome porque conduz ao prédio da atual Prefeitura, que antigamente abrigava uma cadeia no andar inferior. Veja também São João del Rey.
O que há de fantástico? Sua arquitetura, em estilo romano. Foi construída em 1798, com pedras rejuntadas com óleo de baleia.

728. **Portinho – lagoa – Parnaíba, PI (M6).** 352 km de Teresina e 17 km de Luís Correia (a 15 km do centro). Cercada de dunas que se movimentam com a ação dos ventos, possui águas escuras que contrastam com suas areias brancas. É rodeada por coqueiros. Possui em suas margens bares e barcos para passeio. Veja também Passeio de Barco pelo Delta do Parnaíba.
O que há de fantástico? É um dos mais belos cenários do Piauí e suas águas calmas são ideais para a prática de esportes náuticos, como o windsurfe.

729. **Porto Alegre, RS (M2).** Fundada em 1755 como uma guarnição portuguesa ante as investidas espanholas, a capital gaúcha tem uma vida cultural rica, repleta de museus, construções históricas, shows, teatros e cinemas. Entre os museus, destaque para o de Ciências e Tecnologia, interativo, e para o Memorial do Rio Grande do Sul, que conta a história do Estado e seu povo. Também construído em estilo neoclássico, o Mercado Público, cons-

truído em 1869 e restaurado em 1997. A Linha Turismo é um ônibus de dois andares que passa por 17 pontos turísticos da cidade, num passeio que dura 1h30. Veja também Beira Rio, Casa de Cultura Mário Quintana, Museu de Ciência e Tecnologia, Lago Guaíba, Parque Estadual de Itapuã, Memorial do Rio Grande do Sul, Museu de Arte do Rio Grande do Sul, Estádio Olímpico e Teatro São Pedro.

O que há de fantástico? O inesquecível pôr-do-sol do Rio Guaíba e o Teatro São Pedro, de 1858, edifício de arquitetura neoclássica que recebe alguns dos espetáculos mais importantes da cidade.

730. Porto Belo, SC (M2). 55 km de Florianópolis e 5 km de Bombinhas. Município colonizado por açorianos, possui uma série de praias de grande beleza, como as do Araçá, do Estaleiro, Perequê e Costão das Vieiras. Veja também Praia do Araçá, Bombinhas e Florianópolis.

O que há de fantástico? Sua enseada de águas tranqüilas, com ventos de moderada intensidade, oferece condições ideais para a prática de esportes náuticos.

731. Porto da Barra – praia – Salvador, BA (M5). Localizada a 10 km do centro. Oferece ótimas condições para o banho de mar, mergulho, natação e pesca. Nas proximidades situam-se o Forte de Santa Maria e o Forte de São Diogo, do século XVII. Veja também Salvador.

O que há de fantástico? Em 1549 Tomé de Souza, fundador da cidade de Salvador, desembarcou nessa praia, a mais central da Baía de Todos os Santos.

732. **Porto das Pedras, AL (M5).** 100 km de Maceió e 30 km de Maragogi (acesso por estrada estreita). Localizado em uma região repleta de fazendas de coco, o vilarejo possui praias com águas calmas, entre elas Crôa do Tubarão, Lage, Tatuamunha – esta última com piscinas naturais. Veja também Maragogi e Praia do Carro Quebrado.

O que há de fantástico? Região de vilas rústicas, com mar azul e passeios de jangada na maré baixa.

733. **Porto de Galinhas, PE (M5).** 70 km do Recife. A famosa Porto de Galinhas tem diversas praias paradisíacas. A praia que dá nome à cidade é a mais badalada. Já as vizinhas Maracaípe, de ondas fortes, e Pontal de Maracaípe, que tem área de manguezal e passeio de jangada pelo rio de mesmo nome, também são pontos obrigatórios. Não deixe de ver, ainda, o paredão de areia da Praia Muro Alto e as piscinas naturais da Praia do Cupe. Outras atrações são o Trem do Forró e o Museu do Pescador. Veja também Maracaípe.

O que há de fantástico? O passeio de jangada às piscinas naturais e arrecifes, que na alta temporada também pode ser feito à noite.

734. Porto Seguro, BA (M5). 720 km de Salvador e 4 km de Arraial d´Ajuda. Esta cidade do sul da Bahia é um dos destinos turísticos mais procurados do Brasil, principalmente pelo público jovem. Tanto em Porto Seguro como em Arraial D'Ajuda, há belas praias, como a Ponta Grande, com piscinas naturais, e a badalada Mucugê. Há também muitas opções de passeios pela região, seja de quadriciclo, jipe ou escuna. A Estação Veracruz é uma reserva particular de Mata Atlântica a 18 km do centro e foi reconhecida pela Unesco como Patrimônio Mundial Natural. Lá é possível caminhar em trilhas e visitar habitações indígenas. Veja também Arraial d´Ajuda.

O que há de fantástico? A cidade histórica, que guarda construções cinqüentenárias e museus que narram a chegada dos portugueses ao Brasil.

735. Porto Velho, RO (M6). Em plena Amazônia, a capital de Rondônia desenvolveu-se às margens do grande Rio Madeira. É uma cidade rica em folclore, relembrado em festas como o Arraial Flor de Maracujá e o Índia Boi-Bumbá. Há muito artesanato para se comprar e apreciar, a maioria em palha e madeira. A influência da cultura indígena também é forte. Além de belos passeios pelo Rio Madeira, outra atração turística é o Museu Ferroviário, que conta a história da construção da Estrada de Ferro Madeira-Mamoré. Veja também Real Forte do Príncipe da Beira e Rio Madeira.

O que há de fantástico? O Real Forte Príncipe da Beira, mais antigo monumento histórico de Rondônia.

736. Posto 9 de Ipanema – Rio de Janeiro, RJ (M3). Considerado o supra-sumo da badalada Praia de Ipanema, o Posto 9 é o reduto dos "descolados" das mais variadas tribos: modelos, playboys, patricinhas e artistas em geral. A área mais concorrida situa-se em frente à Rua Joana Angélica. Os gays reúnem-se nas imediações da Farme de Almoedo. Veja também Rio de Janeiro e Ipanema.

O que há de fantástico? A beleza da orla, o charme dos freqüentadores e a possibilidade de cruzar com uma celebridade.

737. Pouso da Cajaíba – praia – Parati, RJ (M5). 250 km do Rio de Janeiro, 73 km de Ubatuba e 302 km de São Paulo (mais 40 min de barco a partir de Parati-Mirim). Vila de pescadores com pequena infra-estrutura turística. A praia possui areia amarelada de grãos grossos e águas claras, excelentes para a prática de snorkeling e mergulho. No canto esquerdo há um pequeno lago de água doce. Veja também Parati.

O que há de fantástico? Local rústico, com trilhas para mirantes, como o Farol da Joatinga, a 2h de caminhada, que oferece vista da Baía de Parati e de Ilha Grande.

738. Praça dos Três Poderes – Brasília, DF (M4). Projetada pelos arquitetos Oscar Niemeyer e Lúcio Costa, abriga vários monumentos, museus e órgãos federais. A praça central ostenta uma gigantesca Bandeira Nacional de 286 m^2, sustentada por um mastro de 100 m de altura. As visitas começam pelo Congresso Nacional e continuam pelo Palácio do Planalto, Palácio do Itamarati, Supremo Tribunal Federal, Palácio da Justiça, Panteão e Espaço Lúcio Costa. Veja também Brasília.

O que há de fantástico? A riqueza arquitetônica e a infinidade de obras de arte lá abrigadas.

739. Prado, BA (M5). 805 km de Salvador e 51 km de Caravelas. Localizada no sul da Bahia, a cidade tem diversas praias semidesertas e falésias. Destaque para as praias das Ostras e do Tororão, com falésias, e de Guaratiba, com acesso controlado. Duas boas opções de lazer são o mergulho no Recife das Guaratibas e o passeio de barco pelo Rio Jucuruçu, que atravessa manguezais. Veja também Caravelas.
O que há de fantástico? O passeio de barco para observar as baleias que fazem o acasalamento na região, entre julho e outubro.

740. Prainha – Itacaré, BA (M5). 436 km de Salvador e 70 km de Ilhéus (5 km do centro – o acesso requer cerca de 40 min de caminhada a partir da Praia do Ribeira). Um dos cartões-postais de Itacaré, a Prainha situa-se em uma propriedade particular e é necessário pagar uma taxa para visitá-la. Sua enseada é cercada por dois morros e é rodeada por coqueiros. Suas ondas fortes atraem os surfistas. Veja também Itacaré.
O que há de fantástico? A trilha para chegar a esse verdadeiro paraíso intocado, em meio à Mata Atlântica, oferece cachoeiras e ribeirões.

741. Prainha – Rio de Janeiro, RJ (M3). Ipanema, Leblon, Copacabana. As praias da Zona Sul são as mais lembradas quando o destino é a "Cidade Maravilhosa". Mas a Zona Oeste do Rio reserva atrações preciosas, como as praias de Grumari e Prainha. Situadas a 50 km do centro, essas praias apresentam areias brancas, água cristalina e são cercadas por morros com vegetação exuberante. Suas ondas são ótimas para o surfe. Veja também Rio de Janeiro.
O que há de fantástico? O conjunto formado pelas praias de Grumari e Prainha e pelas lagoas da Restinga de Marambaia.

742. Prainhas do Atalaia – Arraial do Cabo, RJ (M3). 140 km do Rio de Janeiro e 13 km de Cabo Frio (a 4 km do centro). Com paisagens paradisíacas, compostas por dunas, lagoas e restingas, além de rica fauna marinha, a cidade oferece belas praias e ótimas opções de mergulho. Localizadas em frente da Ilha do Farol (abaixo do Pontal do Atalaia), as praias são separadas por uma pedra e se unem quando a maré está baixa. Veja também Arraial do Cabo.
O que há de fantástico? O cenário deslumbrante, com águas calmas e cristalinas excelentes para banho, e a excepcional vista de Cabo Frio e da Ilha do Farol.

743. Prateleiras – Pico – Itatiaia, RJ. 172 km do Rio de Janeiro e 16 km de Resende (mais 2h de trilha com grau de dificuldade elevado). Este pico parece ter sido esculpido artesanalmente. Com 2.540 m de altitude, sua escalada requer prática em técnicas verticais básicas, pois há trechos de caminhada e outros de escalada. Ida e volta levam o dia todo (é possível fazer a descida de rapel). Veja também Parque Nacional de Itatiaia.
O que há de fantástico? Ao lado do Pico das Agulhas Negras, com 2.787 m, é uma das atrações do Parque Nacional de Itatiaia, que ocupa 30 mil ha da Serra da Mantiqueira.

744. Pratinha – lagoa – Lençóis, BA (M5). 423 km de Salvador (a 74 km do centro). Localizada na Chapada Diamantina, é uma lagoa de águas azuis e cristalinas, ideal para nadar e mergulhar. É rica em calcário e magnésio, responsável por sua cor azulada. A Gruta da Pratinha, anexa, pode ser visitada com guias e equipamentos especializados. Veja também Chapada Diamantina.
O que há de fantástico? A gruta apresenta uma infinidade de espeleotemas raríssimos, como as agulhas de gipsita e as flores de aragonita.

745. Presidente Epitácio, SP (M3). 654 km de São Paulo e 95 km de Presidente Prudente. Situada na divisa do Mato Grosso do Sul, às margens do Rio Paraná, a cidade tem na pesca sua principal atração. A orla fluvial, com cerca de 7 km, abriga inúmeros clubes e oferece boa infra-estrutura. O Rio Caiuazinho dispõe de ancoradouros e pesqueiros. Veja também Pesca no Rio Paraná.

O que há de fantástico? A Ponte Maurício Joppert. Com 13 km, liga os Estados de São Paulo e Mato Grosso do Sul e tornou-se um dos principais pontos turísticos da região.

746. Presidente Figueiredo, AM (M6). 117 km de Manaus. Circundado pela Floresta Amazônica, o município é rico em rios, cachoeiras, corredeiras, trilhas pela selva e cavernas, sendo muito procurado para a prática do turismo de aventura. É necessário tomar vacina contra febre amarela. Veja também Floresta Amazônica.

O que há de fantástico? O Lago de Balbina (criado para a construção da hidrelétrica de mesmo nome) e o Rio Uatamã, muito procurados para a pesca de tucunarés.

747. Pretos – cachoeira – Joanópolis, SP (M3). 119 km de São Paulo e 35 km de Bragança Paulista (18 km do centro). Cercada pela Serra do Lopo, com 1.725 m de altitude, Joanópolis possui várias atrações naturais favoráveis aos esportes de aventura. Destaque para as cachoeiras Iponina e das Bruxas e para o Pico do Selado, na divisa com Monte Verde.

O que há de fantástico? A Cachoeira dos Pretos é uma das maiores do Estado, com queda de 154 m. Oferece boa infra-estrutura e um parque para a prática de esportes radicais.

748. **Primavera, PE (M5).** 96 km de Recife. Município que cultiva grandes extensões de cana-de-açúcar, Primavera também tem se consolidado como núcleo de ecoturismo. Possui belas cachoeiras, corredeiras e piscinas naturais, além de abrigar casarões e antigos engenhos de cana, abertos à visitação. Veja também Recife.

O que há de fantástico? O Parque Ecoturístico da Cachoeira do Urubu, que abriga a cachoeira de mesmo nome. Tem boa infra-estrutura e área para *camping*.

749. **Princesa – praia – Ilha do Algodoal, PA (M6).** 163 km de Belém (mais 40 min de barco a partir do Porto de Marudá, ou 3h de barco de Maracanã). O espetáculo tem início no trajeto, quando os golfinhos fazem acrobacias ao redor do barco. A praia é repleta de dunas de areia clara e possui águas cristalinas. Uma caminhada de meia hora leva ao lago de mesmo nome, cercado por cajueiros.

O que há de fantástico? Com 14 km de extensão, foi classificada pela revista *Time* como uma das mais belas praias do Brasil.

750. **Procissão do Fogaréu – Goiás, GO (M4).** 141 km de Goiânia e 45 km de Itaberaí. É a manifestação religiosa mais importante da cidade. Realizada na quarta-feira da Semana Santa, parte da Igreja da Boa Morte, de 1779, única construção da antiga capital de Goiás que apresenta elementos característicos do Barroco. A cerimônia, que dura 2h, representa a busca e a prisão de Jesus Cristo. Veja também Goiás.

O que há de fantástico? No momento da prisão de Cristo, as luzes são apagadas e milhares de fiéis usam tochas para iluminar o caminho, ao som de música barroca.

751. Projeto da Redução – museu – Amarantina, MG (M3). 70 km de Belo Horizonte e 20 km de Ouro Preto. Inspirado nos museus de Haya e de Londres o espaço, também conhecido como Museu das Reduções, exibe o trabalho de quatro irmãos que, depois de aposentados, passaram a produzir réplicas em tamanho reduzido de diversos edifícios conhecidos do Brasil. As peças foram confeccionadas com o mesmo material dos prédios originais. Aberto à visitação de 4ª a 2ª, das 9h às 17h30. Há cobrança de ingresso. Veja também Ouro Preto.
O que há de fantástico? A fidelidade das réplicas de construções, como as do Palácio da Alvorada, da Casa dos Contos e do Farol da

752. Prudentópolis, PR (M2). 200 km de Curitiba e 100 km de Ponta Grossa. Fundada em 1894, a cidade foi assim nomeada em homenagem ao então presidente Prudente de Morais. Colonizada por ucranianos, conta com várias atrações naturais (cachoeiras e trilhas na Serra da Esperança) e ligadas à cultura ucraniana. Na Praça Ucrânia são vendidos bonecas e os ovos pintados típicos daquele país.
O que há de fantástico? A Cachoeira de São Francisco. Com 196 m de altura, é considerada o maior salto da Região Sul.

753. Quarta Praia – Morro de São Paulo – Cairu, BA (M5). 245 km de Salvador e 96 km de Camamu (2h de barco de Salvador, do cais localizado atrás do Mercado Modelo, ou 1h30 de Valença – a 2 km do centro). Um dos destinos mais badalados da Bahia, Morro de São Paulo oferece belas praias e intensa vida noturna, sendo que o agito é maior na Segunda Praia. Com cerca de 4 km de extensão, a Quarta Praia oferece águas calmas e rasas e concentra alguns dos principais *resorts* da região. Veja também Morro de São Paulo.
O que há de fantástico? Quarta Praia e Gamboa são um refúgio para quem quer fugir da agitação e descansar em meio a uma paisagem paradisíaca.

754. **Quinta da Boa Vista – parque – Rio de Janeiro, RJ (M3).** Localizado no bairro de São Cristóvão, na Zona Norte da cidade, o parque possui 155 mil m². Criado em 1869 pelo francês Auguste Glaziou, o projeto paisagístico conta com alamedas floridas, lagos e grutas. Aberto de 3ª a domingo, das 10h às 16h. Veja também Rio de Janeiro.

O que há de fantástico? O parque é parte do Solar da Boa Vista, que abrigou reis e imperadores de 1822 a 1889, quando foi proclamada a República.

755. **Quissamã, RJ (M3).** 234 km do Rio de Janeiro, 55 km de Campos dos Goitacazes e 310 km de Vitória. Localizada em uma região que no século XIX abrigou grandes engenhos de açúcar, Quissamã encerra casarões que pertenceram aos barões do açúcar, igrejas, lagoas e boas praias com fortes ondas, como Carapebus e Visgueiro.

O que há de fantástico? O Parque Nacional da Restinga de Jurubatiba. Ao longo de seus 44 km, possui 18 lagoas e rica fauna, com destaque para o jacaré-do-papo-amarelo.

756. Rabo de Cavalo – cachoeira – Conceição do Mato Dentro, MG (M3). 168 km de Belo Horizonte e 63 km de Santa do Riacho. Formada por um paredão, tem 120 m de altura e divide-se em duas quedas, uma de 40 m e outra de 80 m, que surgem da união de dois cursos d'água. A cachoeira forma um enorme poço com 6 m de profundidade. Veja também Cânion Bandeirinhas e Cachoeira do Tabuleiro.
O que há de fantástico? A diversidade da fauna e flora nativas que circundam a cachoeira.

757. Raso da Catarina – Paulo Afonso, BA (M5). 460 km de Salvador e 270 km de Aracaju (a 55 km do centro, em estrada que exige veículos 4x4; é necessário guia e agendamento prévio). Localizado em uma reserva ecológica, o Raso da Catarina tem 6.400 km^2, clima semelhante a um deserto (as temperaturas variam de 10°C a 40°C) e flora e fauna típicas da caatinga. Veja também Paulo Afonso.
O que há de fantástico? O Cânion da Baixa do Chico. Com 12 km de extensão, possui formações rochosas esculpidas pelo vento semelhantes a castelos.

758. Real Forte do Príncipe da Beira – Porto Velho, RO (M6). Localizado na região central de Porto Velho, à margem direita do Rio Guaporé, o forte situa-se no coração da Floresta Amazônica, na divisa com a Bolívia. Com 970 m de extensão e 10 m de altura, nunca foi usado como base militar, tendo servido apenas como presídio e asilo de desterrados portugueses. Veja também Porto Velho.
O que há de fantástico? Construído em 1776, é o mais antigo monumento histórico de Rondônia.

759. Recife, PE (M5). A capital pernambucana começou a surgir em 1537, em torno do Porto de Recife, de pequenas ilhas e camboas. Ocupada pelos holandeses entre 1637 e 1654, ganhou fortes para evitar ataques e foi urbanizada por Maurício de Nassau. Sua área central abriga casarões e igrejas barrocas de grande valor histórico. Seus atrativos naturais e culturais não são menos sedutores. Possui belas praias, rios, mangues e matas, além de ser considerada um dos maiores centros de produção artística e cultural do Nordeste. Destaque para o Carnaval e o movimento Mangue Beat, que difunde ritmos como o maracatu, o forró e o coco pelo país.Veja também Porto de Galinhas, Praia de Boa Viagem, Praia do Xaréu, Igarassu, Ilha de Itamaracá, Instituto Ricardo Brennand, Forte das Cinco Pontas e do Brum, Capela Dourada, Olinda e Carnaval em Olinda.

O que há de fantástico? O Bloco Galo da Madrugada, que no Carnaval chega a atrair mais de 1 milhão de foliões nos desfiles pelas ruas da cidade.

760. Redonda – praia – Icapuí, CE (M5). 200 km de Fortaleza e 38 km de Canoa Quebrada (a 16 km do centro). Localizada na divisa com o Rio Grande do Norte, possui 6 km de extensão e fica em uma pequena vila de pescadores de lagosta. Possui areias escuras e águas que abrigam verdadeiros desfiles de jangadas. Oferece boa infra-estrutura de pousadas e restaurantes e por isso é muito procurada pelos turistas. Veja também Canoa Quebrada.

O que há de fantástico? A região, repleta de grutas e falésias, conta com variada fauna marinha, formada por golfinhos, tartarugas e peixes-boi.

761. Rei do Mato – gruta – Sete Lagoas, MG (M3). 62 km de Belo Horizonte e 42 km de Cordisburgo (a 5 km do centro). Com 235 m de extensão, a gruta possui três salões com desnível de até 30 m. Conta com boa infra-estrutura para visitação, dispondo de boa iluminação e passarelas. O nome do local deve-se ao fato de ele ter sido habitado por um homem, provavelmente fugitivo da Revolução de 30. A gruta pode ser visitada diariamente, das 8h às 16h30.Veja também Gruta do Maquiné.

O que há de fantástico? Abriga pinturas rupestres de 6 mil anos e formações de estalagmite cilíndricas e de grande diâmetro, consideradas raras.

762. Reis Magos – fortaleza – Natal, RN (M5). Nascida com a cidade de Natal em 1598, a Fortaleza tem o formato de uma estrela de cinco pontas e situa-se a 5 km do centro. Tombada pelo Patrimônio Artístico e Histórico Nacional em 1949, é um dos principais pontos turísticos de Natal. Em 2005 foi restaurada, ganhando nova pintura e iluminação. Aberta diariamente das 8h às 17h. É cobrado ingresso. Veja também Natal.

O que há de fantástico? A fortaleza é considerada o mais importante monumento histórico e arquitetônico do Rio Grande do Norte.

763. República – museu – Rio de Janeiro, RJ (M3). Com três

andares dedicados à história do Brasil republicano, o Palácio do Catete, sede do museu, foi residência oficial do presidente da República durante 63 anos. Passando pelo Salão Nobre, onde ocorriam as grandes recepções, pelo Salão

Pompeano, com afrescos alusivos à cidade italiana de Pompéia, ou pela Sala dos Banquetes, o visitante vê pinturas, esculturas, tapetes e lustres de cristal, além de objetos pessoais de personagens históricos. Aberto à visitação de 3ª a 6ª, das 12h às 17h, sábado, domingo e feriado, das 14h às 18h. Há cobrança de ingresso. Veja também Rio de Janeiro.
O que há de fantástico? A reconstituição do quarto de Getúlio Vargas, onde o ex-presidente se suicidou em 1954.

764. Réveillon – Rio de Janeiro, RJ (M3). Realizada na Praia de Copacabana, a maior festa de réveillon do mundo recebe 2 milhões de pessoas todos os anos. Juntos, brasileiros e estrangeiros comemoram a entrada do ano-novo e prestam homenagens a Iemanjá – a Rainha das Águas. Shows com músicos conhecidos animam os turistas até o amanhecer, em vários pontos da orla. Veja também Rio de Janeiro.
O que há de fantástico? A queima de 150 toneladas de fogos de artifício, em balsas instaladas no mar, que permanecem colorindo o céu por 20 minutos.

765. Ribeirão do Meio (Chapada Diamantina) – Lençóis, BA (M3). 420 km de Salvador (mais 6 km de caminhada a partir do centro). Localizado na rota das cachoeiras da Chapada, que inclui Cachoeirinha, Cachoeira Primavera, Poço Halley, Salão das Areias Coloridas e Serrano. Veja também Chapada Diamantina.
O que há de fantástico? Oferece um grande tobogã natural.

766. Ribeirão Preto, SP (M3). 313 km de São Paulo e 81 km de Araraquara. Pólo produtor de açúcar e álcool, foi de extrema importância no Ciclo do Café. Sua história pode ser conhecida no Museu do Café, que guarda a mais importante coleção de peças do Estado sobre esse produto.
O que há de fantástico? Uma das cidades mais importantes do Estado, possui rica vida noturna e um dos chopes mais famosos do país.

767. Rio Aquidabã – cachoeira – Bonito, MS (M4). 300 km de Campo Grande e 255 km de Dourados (a 55 km do centro por estrada de terra). A cachoeira do Rio Aquidabã tem 120 m e é formada por nove quedas.

O que há de fantástico? Localizada em uma reserva indígena, possui trilha de 10 km até um mirante, de onde se avista o território dos índios cadiuéu e a Serra da Bodoquena.

768. Rio Araguaia – GO/ MT/PA/MA/TO (M5 e M6). O Rio Araguaia nasce no Parque Nacional das Emas, na divisa entre Goiás e Mato Grosso, e percorre mais de 2.100 km até desaguar no Rio Tocantins, entre os Estados do Maranhão, Pará e Tocantins. A pesca é uma das principais atividades das cidades que margeiam o rio e atrai praticantes sobretudo entre abril e junho, quando as águas baixam. Veja também Ilha do Bananal e Parque Nacional das Emas.

O que há de fantástico? Entre maio e outubro formam-se praias de areias brancas nas margens do rio, que atraem turistas do Brasil e do Exterior.

769. Rio Branco, AC (M6). Anexado ao Brasil em 1903, após vários anos de conflitos com a Bolívia pelo domínio da região rica em látex, o Acre tem sua história profundamente relacionada à produção da borracha. Mas sua capital possui importantes atrativos naturais, históricos e culturais. Destaque para a gameleira ao redor do Rio Acre – onde foi criada a cidade, o Palácio Rio Branco, de 1930, o Parque Chico Mendes, com memorial em homenagem ao seringueiro, e o Museu Cultura. Veja também Serra do Divisor e Xapuri.

O que há de fantástico? A Casa do Seringueiro e o Museu da Borracha, que registram a trajetória do cultivo dos seringais na região.

770. **Rio Cocal – cachoeira – Riachão, MA (M5).** 793 km de São Luís e 104 km de Carolina. No meio do sertão encontra-se um contraste: seca versus muita água. Riachão faz parte do Vale das Águas, que na época de seca armazena águas cristalinas. A Cachoeira do Rio Cocal termina num lago de cor azul estonteante.
O que há de fantástico? O espetacular cenário formado pela harmonia entre a cachoeira, o lago e a flora da região.

771. **Rio das Flores, RJ (M3).** 174 km do Rio de Janeiro e 17 km de Valença. Situada na região do Médio Paraíba, Rio das Flores é uma pequena cidade que abriga inúmeras fazendas de café do século XIX, como a União, de 1836, que se encontra totalmente preservada. Há cobrança de ingresso para as visitas às fazendas. Veja também Valença.
O que há de fantástico? Almoçar em uma das fazendas, provando a cachaça e o saboroso café local.

772. **Rio das Ostras, RJ (M3).** 170 km do Rio de Janeiro, 25 km de Macaé e 45 km de Búzios. Localizada na chamada Região dos Lagos, próxima a Búzios, Rio das Ostras oferece boas praias (como as das Tartarugas, do Bosque e do Cemitério) e atrações culturais.Veja também Praia da Joana, Búzios, Arraial do Cabo e Cabo Frio.
O que há de fantástico? A Praia de Costazul. Boa parte do 2,3 km de sua orla foi urbanizada e atrai surfistas e praticantes da pesca de caniço.

773. **Rio de Contas, BA (M5).** 662 km de Salvador e 225 km de Lençóis. Situada na região da Chapada Diamantina, Rio de Contas é uma cidade planejada que surgiu durante o Ciclo do Ouro. Possui construções coloniais restauradas, como o Teatro S. Carlos, de 1892, e rica documentação histórica, disponível no Arquivo Histórico Municipal.

A cidade também possui diversos atrativos naturais, como cachoeiras, picos e serras, muito procurados pelos praticantes dos esportes de aventura. Veja também Chapada Diamantina.

O que há de fantástico? A cidade alia boas atrações históricas e naturais. Possui mais de 400 construções tombadas e o Pico do Itobira, segundo maior do Nordeste, com 1.970 m.

774. Rio de Janeiro, RJ (M3). Capital da República até 1960, o Rio de Janeiro é a segunda maior cidade do país e a que mais recebe turistas, do Brasil e do Exterior. A Cidade Maravilhosa destaca-se por suas belas paisagens, conhecidas mundialmente, pelo rico patrimônio histórico e pela efervescência cultural. Berço do samba e da bossa nova, a capital fluminense abriga alguns dos principais museus do país, praias exuberantes, parques e igrejas, além de promover o maior Carnaval do mundo. Veja também Arcos da lapa, Arpoador, Barra da tijuca, Biblioteca Nacional, Carnaval, Catedral Metropolitana, Copacabana, Cristo Redentor, Escadaria da Lapa, Feira de São Cristóvão, Feiras

da Praça XV, Igreja N.S. da Candelária, Igreja de São Francisco da Penitência, Igreja N.S. da Penha, Igreja N.S. do Outeiro da Glória, Ilha de Paquetá, Ilha Fiscal, Ipanema, Jardim Botânico, Lagoa Rodrigo de Freitas, MAM, Maracanã, MIAN, Mirante do Leblon, Monumento aos Mortos da 2ª Guerra, Mosteiro de São Bento, Museu Casa do Pontal, Museu Chácara do Céu, Museu da República, Museu Histórico Nacional, Museu Nacional de Belas Artes, Paço Imperial, Pão de Açúcar, Parque da Cidade, Parque Lage, Parque Nacional da Tijuca, Parque Penhasco Dois Irmãos, Pedra da Gávea, Planetário, Praia do Pepino, Prainha, Praia de Grumari, Posto 9 de Ipanema, Quinta da Boa Vista, Restinga de Marambaia, Réveillon, Sambódromo, Santa Teresa, Sítio Roberto Burle Marx, Teatro Municipal e Zoológico.
O que há de fantástico? Poucas cidades no mundo reúnem tantos atrativos naturais como o Rio de Janeiro. A vista do alto do Pão de Açúcar revela que a cidade é, de fato, maravilhosa.

775. Rio Doce – parque estadual – Timóteo, MG (M3). 180 km de Belo Horizonte e 10 km de Coronel Fabriciano (a 40 km do centro, sendo 20 km por estrada de terra). Com 36 mil ha, abrange também os municípios de Marliéria e Dionísio. É o maior parque florestal de Minas Gerais e abriga ricas flora (destacam-se o jacarandá-da-baía e a canela de sassafrás) e fauna (destaque para o macuco e a onça-pintada). Funciona das 8h às 18h.
O que há de fantástico? Possui mais de 40 lagoas. A principal é a Dom Helvécio, com 6,7 km^2 e profundidade de 32 m.

776. Rio Grande, RS (M2). 310 km de Porto Alegre e 54 km de Pelotas. Município mais antigo do Estado, fundado em 1737, Rio Grande destaca-se por suas construções históricas e pela magnitude de suas atrações naturais: compõe a Costa Doce, maior complexo lacustre do mundo, formado pelas lagoas Mangueira,

Mirim e dos Patos, e abriga a maior praia do mundo, a Praia do Cassino, com 220 km. Veja também Museu Oceanográfico e Estação Ecológica do Taim.

O que há de fantástico? A Estação Ecológica do Taim, a 86 km do centro. Com 32 mil ha, é conhecida como "Pantanal Gaúcho" e reúne ricas flora e fauna.

777. Rio Negro – fazenda – Aquidauana, MS (M4). 240 km de Campo Grande (a 120 km do centro – acesso aéreo a partir de Aquidauana, 30 min, ou Campo Grande, 1 hora; acesso terrestre apenas no período de seca, entre julho e outubro, com veículos 4x4). Núcleo de ecoturismo e pesquisa para a preservação da biodiversidade, a fazenda, localizada no Pantanal Sul, foi fundada no final do século XIX pela família Rondon e em 1999 foi adquirida por uma ONG que luta pela preservação do Pantanal. Foi utilizada na gravação da novela *Pantanal*. Veja também Pantanal Mato-Grossense e Rio Verde.

O que há de fantástico? Seus 7.700 ha abrigam toda a biodiversidade do Pantanal. Oferece cavalgadas, passeios de barco, safári fotográfico e pesca esportiva.

778. Rio São Domingos – cachoeira – Piranhas, GO (M4). 326 km de Goiânia e 91 km de Barra do Garças (a 42 km do centro por estrada de terra). Ponto de partida para várias cachoeiras, a cidade de Piranhas tem como principal atração a cachoeira do Rio São Domingos, com queda de 96 m. O acesso é feito por uma trilha difícil que exige 1h30 de caminhada. Veja também Barra do Garças.

O que há de fantástico? Os paredões rochosos que circundam a cachoeira.

779. **Rio Verde de Mato Grosso, MS (M4).** 202 km de Campo Grande. Importante destino turístico do Estado, o município possui dois terços de sua área em região serrana e um terço no Baixo Pantanal. Possui diversas atrações naturais, como cavernas, formações rochosas, rios e cachoeiras. A Cidade das Pedras, formação rochosa que lembra uma cidade, oferece vista privilegiada do Pantanal. Veja também Salto do Cervo e Pantanal Mato-Grossense.

O que há de fantástico? O Balneário Sete Quedas. Localizado a 8 km do centro, possui quedas-d'água que formam piscinas naturais.

780. **Rio Verde – Passa Quatro, MG (M3).** 305 km de Belo Horizonte, 220 km do Rio de Janeiro e 240 km de São Paulo. Estância hidromineral localizada na Serra da Mantiqueira, oferece muitas atrações para os ecoturistas. Destaque para a Floresta Nacional, com 348 ha e localizada a 5 km do centro, que possui trilhas, cachoeira e lago para pesca de trutas, e o Pico do Itaguaré, um dos mais altos do país, com 2.300 m.

O que há de fantástico? O Rio Verde, que nasce e passa quatro vezes pela cidade (daí surgiu o nome). A caminhada até a nascente do rio é um dos principais programas.

781. **Rodeadouro – ilha – BA (M5).** 520 km de Salvador e 12 km de Juazeiro (há ônibus a partir de Juazeiro e barcos das margens do Rio São Francisco ou do cais de Juazeiro). Ilha de águas tranqüilas e frias em meio à areia clara. Possui trechos de praias desertas, ótimas para *camping*, e resquícios da vegetação de caatinga.

O que há de fantástico? Degustar um surubim à beira do rio ou até mesmo nas cadeiras e mesas armadas dentro d'água.

782. **Rodrigo de Freitas – lagoa – Rio de Janeiro, RJ (M3).** Com 2,4 milhões de m^2 de superfície e 7,5 km de extensão, a Lagoa Rodrigo de Freitas é formada por água salgada e provavelmente surgiu a partir de um braço de mar. Um dos cartões-postais da cidade, é cercada por alguns dos bairros mais valorizados da Zona Sul da cidade, como Lagoa, Ipanema, Leblon, Gávea e Jardim Botânico. Suas margens abrigam parques, quadras esportivas, rinque de patinação, pista para caminhadas, ciclovia, um centro gastronômico e a sede do Clube de Regatas Flamengo. Veja também Rio de Janeiro.

O que há de fantástico? Desde 1995, uma enorme árvore de Natal iluminada montada próxima à Lagoa encanta moradores e turistas.

783. **Roncador – cachoeira – Taquaruçu, TO (M4).** 32 km de Palmas. A Cachoeira do Roncador tem águas que caem como um véu de noiva de uma altura de 50 m. Ao final forma uma piscina de águas geladas e cristalinas, rodeada por grandes blocos de pedras. Veja também Palmas.

O que há de fantástico? A beleza do local é preservada graças a um planejamento sustentável, que evita a degradação ambiental da região.

784. Rosa – praia – Imbituba, SC (M3). 94 km de Florianópolis e 31 km de Garopaba (a 23 km do centro por estrada de terra). Uma das mais belas e badaladas praias do litoral catarinense, tem como maior atrativo a natureza preservada. De dia reúne surfistas e gente jovem, à noite oferece bares e casas noturnas. De junho a novembro, a praia torna-se berçário das baleias-francas.

O que há de fantástico? Seus 7 km de areias brancas abrigam duas lagoas e são cercados por montanhas cobertas de Mata Atlântica.

785. Sabará, MG (M3). 25 km de Belo Horizonte. Primeira parada de quem deixa a capital mineira em busca das cidades históricas, Sabará possui construções e igrejas preservadas, como a Matriz N.S. da Conceição, de 1710, e o Solar do Padre Correia, de 1773, que hoje abriga a prefeitura de Sabará. Veja também Belo Horizonte.

O que há de fantástico? O Museu do Ouro, que ocupa um casarão de 1730. Exposições mostram como o ouro era fundido e cunhado.

786. Saco – praia – Estância, SE (M5). 70 km de Aracaju e 35 km de Mangue Seco, BA. Um dos balneários mais procurados de Sergipe, situa-se na divisa com a Bahia e também é conhecida como Praia da Boa Viagem. Com 5 km de extensão, possui estreita faixa de areia com dunas móveis e é protegida por coqueiros. Apresenta boa infra-estrutura. Veja também Praia de Mangue Seco.

O que há de fantástico? O litoral sul de Sergipe, conhecido como Costa das Dunas, oferece cenários deslumbrantes, complementados por Mangue Seco, já na Bahia.

787. Saco da Ribeira – Ubatuba, SP (M3). 230 km de São Paulo e 73 km de Parati (a 14 km do centro, na enseada do Flamengo). O píer do Saco da Ribeira é o centro náutico de Ubatuba. Nas imediações ficam as praias das Sete Fontes, da Ribeira e do Flamengo. Veja também Ubatuba.

O que há de fantástico? É o ponto de partida para passeios de escuna para as belas praias e ilhas da região.

788. Saco do Mamanguá – Parati, RJ (M3). 250 km do Rio de Janeiro, 73 km de Ubatuba e 302 km de São Paulo (mais 10 minutos de barco a partir de Parati-Mirim). Pequena vila de pescadores cercada por íngremes morros cobertos pela Floresta Tropical Atlântica, o Saco do Mamanguá é um reduto de tranqüilidade, onde não há sequer energia elétrica. Vila a dentro, há uma grande área de mangue, criadouro natural de peixes, caranguejos e moluscos. Veja também Parati.
O que há de fantástico? O Saco do Mamanguá é considerado o único fiorde tropical brasileiro, por se tratar de um braço de mar de 8 km rodeado por montanhas.

789. Sala São Paulo – São Paulo, SP (M3). Localizada no bairro da Luz (região central), a Sala São Paulo faz parte do Complexo Júlio Prestes, que ocupa o prédio da antiga estação de trens da Estrada de Ferro Sorocabana. Projetado em 1925 em estilo Luiz XVI, o edifício foi concluído em 1938. O projeto de restauração e adequação teve início em 1990 e a casa foi inaugurada no dia 9 de julho de 1999. Veja também São Paulo.

O que há de fantástico? É a maior e mais moderna sala de concertos da América Latina e está apta a receber as melhores orquestras do mundo. É sede da Osesp.

790. **Salinópolis, PA (M6).** 220 km de Belém e 70 km de Capanema. Carinhosamente chamado de Salinas, o município é um dos mais badalados balneários do Pará. Possui belas praias repletas de dunas e com água cristalina, como a do Maçarico e a da Marieta. Quando a maré baixa, surgem lagos ótimos para o banho. Veja também Praia do Atalaia.
O que há de fantástico? A Praia do Atalaia. Localizada a 13 km do centro, possui belas dunas e abriga campeonatos de surfe.

791. **Salitre – gruta – Diamantina, MG (M3).** 292 km de Belo Horizonte e 125 km de Curvelo (a 8 km do centro por estrada de terra). Uma das principais atrações naturais da cidade, rica em construções históricas do Ciclo do Ouro, a Gruta do Salitre possui quatro salões, tendo o maior deles 64 m de largura. A visita deve ser feita com guias. Veja também Diamantina.
O que há de fantástico? As formações rochosas de sua entrada, que lembram catedrais góticas, serviram de cenário para a novela *Chica da Silva*.

792. **Salto Corumbá – Corumbá de Goiás, GO (M4).** 120 km de Goiânia e 140 km de Brasília (a 11 km do centro). Antiga aldeia dos índios caiapós, a cidade de Corumbá de Goiás possui construções do período colonial, ruas calçadas de pedras e igrejas, além das diversas atrações naturais. Veja também Corumbá de Goiás.
O que há de fantástico? Com 50 m de altura, divididos em seis quedas, o Salto Corumbá forma belas piscinas naturais.

793. **Salto das Nuvens – cachoeira – Tangará da Serra, MT (M4).** 270 km de Cuiabá (mais 3 km em estrada cascalhada). Ícone do turismo ecológico da região, a cachoeira livrou-se do destino de se tornar uma usina hidrelétrica e desde 1996 faz parte de uma reserva ambiental.

O que há de fantástico? A combinação de preservação ambiental e infra-estrutura. A cachoeira possui estacionamentos, restaurantes e chalés.

794. Salto do Cervo – Rio Verde de Mato Grosso, MS (M4). 202 km de Campo Grande (a 63 km do centro). Localizado em um município repleto de atrações naturais, como cavernas, formações rochosas, rios e cachoeiras, o Salto do Cervo situa-se na Fazenda Carandá, e para chegar até ele é preciso encarar 2h de caminhada. Visite o Salto da Neblina. Veja também Rio Verde de Mato Grosso e Pantanal Mato-Grossense.

O que há de fantástico? A queda de 102 m, que termina em uma piscina natural de 100 m^2.

795. Salto do Rio dos Pardos – União da Vitória, PR (M2). 232 km de Curitiba (a 28 km do centro em estrada de terra). Localizado na divisa com a cidade catarinense de Porto União, o Salto do Rio dos Pardos possui queda de 72 m. Para chegar é preciso encarar uma dura trilha.

O que há de fantástico? A região possui dezenas de cachoeiras, ricas fauna e flora.

796. Saltos do Rio Jacaré-Pepira – Brotas, SP (M3). 235 km de São Paulo e 54 km de Jaú. Considerada um dos templos do turismo de aventura, Brotas oferece variadas opções para os praticantes de rafting, rapel, trekking, arborismo, canoagem e bóia-cross, entre outras. A cidade descobriu sua vocação quando alguns turistas começaram a descer o Rio Jacaré-Pepira a bordo de câmaras de ar de caminhão. Veja também Brotas.

O que há de fantástico? Um dos cartões-postais da cidade, o rio é formado por várias quedas e corredeiras, onde são realizadas competições.

797. **Salto do Yucumã – Derrubadas, RS (M2).** 520 km de Porto Alegre (a 19 km do centro). Localizado na fronteira com a Argentina, no Parque Nacional do Turvo, é um dos cartões-postais do Estado. O salto é formado pelas águas do Rio Uruguai e sua altura varia conforme o nível do rio, chegando a 15 m. Apesar de estar em solo argentino, suas quedas são melhor apreciadas no lado brasileiro. Para visitar o parque, que possui boa infra-estrutura, é preciso pagar ingresso. Veja também Parque Estadual do Turvo.
O que há de fantástico? É considerado o maior salto longitudinal do mundo, com 1.800 m de comprimento.

798. **Salto do Zinco – cachoeira – Benedito Novo, SC (M2).** 178 km de Florianópolis e 14 km de Timbó. Com relevo acidentado, repleto de cachoeiras e grutas, Benedito Novo atrai os ecoturistas. O Salto do Zinco tem queda-d'água de 72 m. A trilha que leva à cachoeira oferece uma vista excepcional. Veja também Benedito Novo e Timbó.
O que há de fantástico? É considerado um dos melhores de Santa Catarina para a prática do rapel.

799. **Salvador, BA (M5).** Fundada em 1549, Salvador foi a

primeira capital do Brasil e seu centro histórico foi declarado Patrimônio Cultural Mundial. Capital baiana, divide-se em duas partes: cidade alta, que abriga o Pelourinho e boa parte das atrações históricas e culturais, e cidade baixa, onde ficam as belas praias e o famoso Mercado Modelo. A principal ligação entre as duas partes é o Elevador Lacerda, um dos cartões-postais da Bahia. Marcada pelo sincretismo religioso, a cidade abriga algumas das principais igrejas barrocas do país e uma infinidade de terreiros de Candomblé. Veja também Farol da Barra, Ilha dos Frades, Forte de Monte Serrat, Lagoa do Abaeté, Pelourinho, Elevador Lacerda, Mercado Modelo, Porto da Barra, Catedral Basílica de Salvador, Convento de São Francisco, Forte de Santo Antônio da Barra, Igreja da Ordem Terceira de São Francisco, Igreja de N.S. do Rosário dos Pretos, Igreja do Senhor do Bonfim, Lavagem do Bonfim, Museu Abelardo Rodrigues, Museu de Arte da Bahia, Museu de Arte Sacra, Praia de Itapuã e Solar do Unhão.

O que há de fantástico? As festas religiosas, como a Lavagem do Bonfim, a Procissão de Bom Jesus dos Navegantes e o Carnaval, o segundo mais concorrido do país.

800. Sambódromo – Rio de Janeiro, RJ (M3). Construída em 1984, na região central da cidade, a Passarela do Samba Professor Darcy Ribeiro, mais conhecida como Sambódromo, foi projetada por Oscar Niemeyer. Com 700 m de extensão e 85 mil m², tem capacidade para receber 60 mil pessoas. O arco da praça da Apoteose foi encomendado por Darcy Ribeiro ao arquiteto para figurar como marca registrada da construção, tombada pelo Estado. Veja também Rio de Janeiro e Carnaval no Rio de Janeiro.

O que há de fantástico? Palco dos mais famosos desfiles de Carnaval do mundo, o Sambódromo foi construído em apenas 120 dias.

801. Sana, RJ (M3). 165 km do Rio de Janeiro e 25 km de Casimiro de Abreu (acesso por estrada de terra). Com belas matas, florestas, rios e cachoeiras, a cidade tornou-se um importante destino para o turismo de aventura. Oferece boas opções para trekking, rafting, canoagem e mountain bike. Veja também Nova Friburgo.

O que há de fantástico? A Cachoeira do Escorrega, com toboágua e piscina para banho.

802. Sant'Anna – arquipélago – Macaé, RJ (M3). 189 km do Rio de Janeiro e 87 km de Cabo Frio. O arquipélago possui três ilhas paradisíacas e é pouco explorado, preservando belas praias, locais para mergulho, pesca e esportes aquáticos. No morro de Sant'Anna podem ser visitados o mirante e a igreja, construída no século XVII. Veja também Macaé.

O que há de fantástico? O sítio científico do arquipélago, que guarda riquezas arqueológicas.

803. Santa – lagoa – Campo Grande, MS (M4). Localizada a 58 km do centro. Segundo a crença popular, a água da lagoa curou várias doenças de pessoas desenganadas pelos médicos. Há muitas cruzes em volta dela, cada uma representando um milagre alcançado, além de uma igreja com imagens de N.S. da Aparecida. Veja também Campo Grande.

O que há de fantástico? Local muito procurado por fiéis em busca de milagres.

804. Santa Bárbara, MG (M3). 105 km de Belo Horizonte, 60 km de Mariana e 75 km de Ouro Preto. Fundada há mais de 300 anos, a cidade, terra natal do ex-presidente Affonso Penna, possui rico acervo histórico, igrejas e capelas barrocas e grandes atrações naturais que atraem os ecoturistas. Veja também Mariana e Ouro Preto.

O que há de fantástico? O Parque Natural do Caraça. Além dos atrativos naturais espalhados em seus 10.187 ha, abriga importante acervo histórico.

805. Santa Bárbara – cachoeira – Cavalcante, GO (M4). 516 km de Goiânia e 309 km de Brasília. Para chegar à cachoeira é preciso percorrer uma trilha de 5 km, com grau de dificuldade moderado, passando pela comunidade quilombola de Kalunga do Engenho. A trilha oferece vários poços para banho. Veja também Cavalcante.
O que há de fantástico? Cavalcante abriga 70% da área da Chapada dos Veadeiros e conta com mais de 100 cachoeiras, cânions e outras atrações.

806. Santa Cruz – fortaleza – Niterói, RJ (M3). 20 km do Rio de Janeiro. Localizada no bairro Jurujuba, a imponente fortaleza abriga 41 casamatas, distribuídas em 2 andares, onde estão canhões seculares. Destacam-se ainda o Relógio de Sol e a Capela de Santa Bárbara, construída no século XVII. Veja também Niterói.
O que há de fantástico? Foi a primeira fortaleza erguida em volta da Baía de Guanabara, em 1555.

807. Santa Cruz Cabrália, BA (M5). 745 km de Salvador e 23 km de Porto Seguro. Nesta cidade, em 1500, foi celebrada a primeira missa no Brasil. A missa aconteceu na Praia de Coroa Vermelha – muito freqüentada na atualidade –, onde os índios pataxós vendem artesanato. As praias têm areia grossa, recifes e água esverdeada. Veja também Praia de Coroa Vermelha.

O que há de fantástico? Cidade histórica que remete ao Descobrimento e abriga construções do século XVIII.

808. Santa Cruz de Anhatomirim – fortaleza – Florianópolis, SC (M2). Acesso de escuna a partir de vários pontos da região central de Florianópolis. Principal forte do antigo sistema de defesa de Santa Catarina, a fortaleza foi construída em 1739 e tombada pelo Patrimônio Histórico em 1938. Entre as décadas de 70 e 80 foi restaurada e passou a ser administrada pela Universidade Federal de Santa Catarina. É cobrada taxa de visitação, destinada à manutenção. Veja também Florianópolis.
O que há de fantástico? As fortalezas catarinenses estão entre os maiores e mais bem conservados conjuntos de arquitetura militar do Brasil.

809. Santa Luzia, MG (M3). 27 km de Belo Horizonte. Fundado em 1697, o ex-distrito de Sabará tem no turismo religioso sua principal vocação. Destaque para a Matriz Santuário de Santa Luzia, de 1778, cuja pintura do teto é atribuída ao Mestre Athayde. Veja também Belo Horizonte e Sabará.
O que há de fantástico? As festas religiosas como a Folia de Reis, a de N.S. do Rosário e a de Santa Luzia, padroeira da cidade.

810. Santa Márcia – cachoeira – Piranhas, GO (M4). 312 km de Goiânia e 91 km de Barra do Garças. De fácil acesso, é cercada por belas paisagens, cânions, rios cristalinos, trilhas e cavernas. Visite também as cachoeiras São Domingos, que possui queda de 90 m, e Três Tombos. Veja também Piranhas e Cachoeira São Domingos.
O que há de fantástico? O rico bioma do Cerrado presente na região.

811. **Santa Maria, RS (M2).** 290 km de Porto Alegre e 130 km de Cruz Alta. Localizada na região central do Estado, a cidade é cercada pela Serra Geral e possui atrações naturais, históricas e culturais. Destaque para o Morro Cechella, procurado pelos praticantes de rapel, o Teatro Treze de Maio, de 1890, e a Igreja Evangélica de Confissão Luterana, de 1873, cujos sinos foram os primeiros não-católicos do país.

O que há de fantástico? O Museu Vicenti Pallotti, considerado um dos mais completos museus do Estado. Com acervo variado, inclui de arqueologia a zoologia.

812. **Santa Maria Madalena, RJ (M3).** 219 km do Rio de Janeiro. Localizada entre as montanhas, preserva o verde e o ar puro. O Pico do Desengano, logo na entrada da cidade, fica na maior reserva de Mata Atlântica do Estado. Abriga o Museu e o Mausoléu Dercy Gonçalves, em forma de uma pirâmide de 3 m de altura, onde a atriz, que lá nasceu, pretende ser sepultada.

O que há de fantástico? A cidade tem o terceiro melhor clima do Brasil.

813. **Santa Marta – farol – Laguna, SC (M2).** 120 km de Florianópolis e 34 km de Tubarão (mais travessia de 1 km de balsa e estrada de terra de 17 km). Construído por franceses em 1891, é considerado um dos maiores faróis do mundo, com alcance de 92 km e 29 m de altura. Não é permitido visitar o seu interior. Nas proximidades encontram-se os sambaquis, sítios arqueológicos de 4.500 anos. Veja também Laguna.

O que há de fantástico? Em 1839 Laguna foi palco da proclamação da República Juliana. Durante quatro meses, Santa Catarina tornou-se independente do regime monárquico.

814. Santa Quitéria – mirante do morro – Caconde, SP (M3). 290 km de São Paulo e 45 km de Poços de Caldas. Destino ainda pouco explorado pelos ecoturistas, Caconde ocupa lugar privilegiado da Serra da Mantiqueira. Localizado a 860 m de altitude, oferece várias opções para os praticantes de esportes de aventura, como rafting, rapel, tirolesa e canoagem. Veja também Caconde.

O que há de fantástico? Além de oferecer bela vista panorâmica, o mirante é um local esotérico e destinado à prática do paraglider. Possui ótima infra-estrutura.

815. Santa Rita do Araguaia, GO (M4). 510 km de Goiânia. Localizada na margem direita do Rio Araguaia, oferece uma infinidade de cachoeiras. Faz parte da Biosfera do Pantanal, um dos maiores complexos de pântanos do mundo, conhecido internacionalmente pela diversidade zoológica: aves, mamíferos, répteis, anfíbios, insetos e peixes.

O que há de fantástico? O campeonato de bóia-cross, modalidade de esporte radical, onde os participantes descem um trecho do Rio Araguaia sobre uma câmara de pneu.

816. Santa Rita do Passa Quatro, SP (M3). 253 km de São Paulo e 83 km de Ribeirão Preto. Estância climática repleta de atrações naturais, como morros, cachoeiras e rios. Destaque para o Deserto do Alemão, área formada a partir de uma grande erosão e que é repleta de dunas. O local oferece trilhas para jipes e motos.

O que há de fantástico? Terra natal do pianista e compositor Zequinha de Abreu (1880-1935), a cidade possui um museu e um festival de música (em setembro) dedicados ao artista.

817. Santa Teresa, ES (M3). 85 km de Vitória e 50 km de Colatina. Conhecida como "Beija-Flor do Espírito Santo", por abrigar muitas aves dessa espécie, o município situa-se na região serrana e possui rica biodiversidade (40% de seu território é formado por Mata Atlântica). Fundada no final do século XIX por italianos, alemães, poloneses e suíços, oferece boas opções gastronômicas e é muito procurada no inverno.

O que há de fantástico? A Estação Biológica de Santa Lúcia, que possui 476 espécies de árvores em cada hectare, de 178 gêneros e 66 famílias, uma das maiores diversidades do mundo.

818. Santa Teresa – Rio de Janeiro, RJ (M3). Um dos mais charmosos bairros do Rio, Santa Teresa abriga uma série de ateliês, casa-

rões preservados, centros culturais, parques e o Museu da Chácara do Céu, onde estão importantes obras de Arte Moderna assinadas por Portinari, Di Cavalcanti, Guignard, Picasso, Matisse e Dalí. Oferece uma vista privilegiada de toda a cidade, devido à sua altitude. Suas ruas estreitas e curvas abrigam casarões e sobrados antigos. Veja também Rio de Janeiro.

O que há de fantástico? Os velhos bondes que circulam pelas ruas do bairro, partindo do Largo da Carioca e cruzando os Arcos da Lapa.

819. Santana de Parnaíba, SP (M3). 40 km de São Paulo. Antigo povoado criado às margens do Rio Tietê em 1580, Santana de Parnaíba possui um dos mais importantes conjuntos arquitetônicos do Estado, com 209 construções tombadas pelo Condephaat. Destaque para o Museu Histórico e Pedagógico Casa do Anhangüera, que ocupa um casarão do século XVII, e para a Casa da Cultura, em uma construção do século XVIII. Veja também São Paulo e Embu.

O que há de fantástico? No segundo sábado de cada mês, músicos realizam serenatas e serestas nas ruas do centro histórico.

820. Santarém, PA (M6). 1.522 km de Belém e 30 km de Alter do Chão (entre maio e dezembro, época das chuvas, o acesso a Santarém só é possível de avião ou barco, 50 h da capital). Localizada no coração da Amazônia, na confluência dos rios Tapajós e Amazonas, a cidade foi fundada em 1661 e é a segunda maior do Pará. O Tapajós oferece praias de águas cristalinas e areias brancas. O encontro com as águas barrentas do Amazonas pode ser apreciado na cidade. Veja também Alter do Chão e Festival Folclórico de Parintins.
O que há de fantástico? Os passeios pelas florestas e rios da região, que desvendam toda a biodiversidade amazônica, composta de floresta tropical, florestas inundadas e cerrado, além de ricas fauna e flora.

821. Santinho – praia – Florianópolis, SC (M2). Praia extensa, situada na região norte da ilha, a 40 km do centro, é considerada a melhor praia para o surfe e, como as praias dos Ingleses e Canasvieiras, é muito freqüentada por turistas argentinos. Veja também Florianópolis.

O que há de fantástico? As inscrições rupestres de cerca de 5 mil anos, feitas em um paredão de diabásio preto localizado junto à praia.

822. **Santo Aleixo – ilha – PE (M5).** 75 km do Recife. Pode ser alcançada em passeios de barco, que duram de 3h a 4h, saindo das praias de Muro Alto e Porto de Galinhas. Paradisíaca, a pequena ilha tem duas praias desertas e piscinas naturais com água azul, límpida e quente, como é comum na região. Própria para mergulho. Veja também Recife.

O que há de fantástico? As belas praias desertas, com piscinas de água quente e cercadas por manguezais.

823. **Santo Amaro, MA (M5).** 243 km de São Luís. Localizado no Parque Nacional dos Lençóis Maranhenses, é procurado para ecoturismo. Oferece lindas praias, dunas, campos, rios, praias de lagoas, em meio à mata de restinga e manguezal. No período das chuvas, de janeiro a julho, os passeios são feitos de barco, e no período da seca de carro 4x4. Veja também Lençóis Maranhenses.

O que há de fantástico? Tomar um banho em uma praia fluvial repleta de dunas.

824. **Santo André – praia – Santa Cruz Cabrália, BA (M5).** 727 km de Salvador e 23 km de Porto Seguro (10 min de balsa a partir de Santa Cruz Cabrália). Sem infra-estrutura turística, situa-se em um pequeno vilarejo com pouco mais de 200 habitantes. Possui mar de águas claras e bastante calmas, propícias para banho. As areias são margeadas por coqueiros. O local é considerado muito bom para pesca. Veja também Santa Cruz Cabrália.

O que há de fantástico? Considerada uma das mais belas praias do país, faz parte de uma área de proteção ambiental, o Ecossistema Manguezal.

825. **Santo Ângelo, RS (M2).** 450 km de Porto Alegre e 58 km de São Miguel das Missões. Localizado nas proximidades da fronteira com a Argentina e o Paraguai, Santo Ângelo é um dos municípios ligados ao Caminho das Missões, roteiro místico, cultural e histórico que percorre 180 km. O município, cortado por pequenos riachos e lajeados, oferece artesanato relacionado aos Sete Povos das Missões. Veja também Caminho das Missões.

O que há de fantástico? Em 1924, revolucionários liderados por Luís Carlos Prestes deixaram a cidade e percorreram 25 mil km. Hoje Santo Ângelo abriga o Memorial Coluna Prestes.

826. **Santo Antônio – cachoeira – Almeirim, PA (M6).** 280 km de Belém. O acesso pode ser por barco (30h a partir de Belém). Na divisa do Pará e do Amapá, no vale do Rio Jari, a Cachoeira de Santo Antônio possui queda de 30 m e é cercada pela vegetação da Floresta Amazônica.

O que há de fantástico? O passeio de barco até a cachoeira, no qual é possível apreciar a bela vegetação amazônica.

827. Santo Antônio – praia – Ilha Grande, RJ (M3). 125 km do Rio de Janeiro (mais 1h30 de barco ou 1h30 de barco de Angra dos Reis). Pequena e semideserta, tem as areias cobertas pela vegetação e ondas fortes, ideais para o surfe. Veja também Ilha Grande.
O que há de fantástico? Localizada em mar aberto, tem águas muito azuis e ondas que quebram em grandes rochas.

828. Santo Antônio da Barra – forte e farol – Salvador, BA (M5). Localizado na Barra, abriga o Museu Náutico da Bahia. O Farol da Barra, na parte mais alta do monumento, é um dos principais símbolos da capital baiana. Primeira fortaleza construída na cidade, o forte tinha a função de dificultar a entrada de inimigos pela Baía de Todos os Santos. Situada no encontro do oceano Atlântico com a Baía, a Barra é o ponto geográfico mais avançado da cidade sobre o mar. Veja também Salvador.
O que há de fantástico? O forte foi construído no local em que o navegador Américo Vespúcio colocou o marco de posse portuguesa, em 1501.

829. Santo Antônio de Lisboa – praia – Florianópolis, SC (M2). Localizada a 13 km do centro, junto a uma das primeiras comunidades fundadas por imigrantes açorianos que chegaram à ilha na metade do século XVIII. Oferece mar tranqüilo e vista panorâmica da Baía Norte e do continente. A pesca artesanal atrai muitos turistas. Veja também Florianópolis.
O que há de fantástico? As tradições dos açorianos são preservadas, como na Festa do Divino Espírito Santo, no Terno de Reis e no Cacumbi.

830. Santo Antônio do Pinhal, SP (M3). 172 km de São Paulo e 20 km de Campos do Jordão. Vizinha da badalada Campos do Jordão, a pequena cidade localizada na Serra da Mantiqueira é cercada por araucárias. Possui boa infra-estrutura e atrativos naturais que agradam os praticantes dos esportes de aventura. Veja também Campos do Jordão.

O que há de fantástico? O Pico Agudo, com vista da Pedra do Baú e dos municípios da região. Localizado a 7 km do centro, dispõe de rampa para vôo livre.

831. Santo Izidro – cachoeira – Serra da Bocaina – RJ (M3). 177 km do Rio de Janeiro, 296 km de São Paulo e 27 km de São José do Barreiro (por estrada de terra). Localizada a menos de 1,5 km da entrada do Parque Nacional da Serra da Bocaina. Veja também Parque Nacional da Serra da Bocaina.

O que há de fantástico? Com queda-d'água com 80 m, é uma boa opção para se refrescar durante as caminhadas.

832. Santos, SP (M3). 70 km de São Paulo e 13 km do Guarujá (mais 5 min de balsa). Conserva densa vegetação de Mata Atlântica. Muito arborizada, exibe o maior jardim de orla do mundo, com 5,3 km, e uma ciclovia que acompanha toda a sua extensão. Tem ótima infra-estrutura turística, com roteiros diferenciados, que podem levar o turista à época da cultura cafeeira ou ao Aquário Municipal, com 120 espécies de peixes. Veja também Jardim da Orla de Santos e São Paulo.

O que há de fantástico? Maior cidade do litoral paulista, conta com boa infra-estrutura e boas áreas para mergulho.

833. Santuário de Santa Paulina – Nova Trento, SC (M2). 80 km de Florianópolis. Segunda maior estância turístico-religiosa do país, Nova Trento abriga dois santuários, o de N.S. do Bom Socorro e o de Santa Paulina. Desde 2002, quando a religiosa – que chegou da Itália aos 9 anos e passou sua vida na cidade – foi canonizada, mais de 30 mil turistas visitam o município todos os meses. O santuário está aberto à visitação das 8h às 19h.

O que há de fantástico? O santuário também é um espaço de interação com a natureza. Além da igreja e do monumento em homenagem à santa, oferece trilhas, cascatas e lagoas.

834. São Bento – igreja e mosteiro – São Paulo, SP (M3).

Parte importante da história da cidade, o conjunto foi erguido em 1598, na região central. Passou por cinco reformas, a última entre 1910 e 1922, quando foi construído um novo mosteiro, em estilo eclético. Atualmente, a comunidade beneditina de São Paulo é formada por 40 monges, que seguem o lema "ore, trabalhe e leia". Veja também São Paulo.

O que há de fantástico? Abriga lindos vitrais e um carrilhão composto de seis sinos, fundidos na Alemanha.

835. São Bento – mosteiro – Olinda, PE (M5). 7 km do Recife e 23 km de Igarassu. Segundo mosteiro construído em terras brasileiras, data do século XVI e possui uma característica peculiar: tem o mesmo padroeiro na Abadia e no Mosteiro. Não possui um estilo arquitetônico definitivo, porque foi destruído pelos holandeses no século XVII. O altar-mor tem arquivoltas do barroco brasileiro e a imagem do patriarca é

feita em madeira revestida em ouro. Veja também Recife e Olinda.
O que há de fantástico? A sacristia é a mais rica das igrejas de Olinda, com elaboradas talhas douradas, espelhos de cristais e painéis, mostrando a vida penitente de São Bento.

836. São Bento do Sapucaí, SP (M3). 205 km de São Paulo e 45 km de Campos do Jordão. Estância climática com belas paisagens montanhosas, possui cachoeiras, trilhas e picos que atraem os praticantes do turismo de aventura. O bairro do Quilombo, onde viviam escravos, é o núcleo de artesanato local. Destaque para as esculturas de madeira de Ditinho Joana. Veja também Campos do Jordão.
O que há de fantástico? A Pedra do Baú. Com 1.950 m, é muito procurada para caminhadas e vôos de asa-delta. O conjunto é formado pelas pedras do Baú, Bauzinho e Ana Chata.

837. São Cristóvão, SE (M5). 23 km de Aracaju e 34 km de Laranjeiras. Primeira capital do Estado e quarta cidade brasileira, foi fundada em 1590. O museu instalado na Igreja e Convento de São Francisco é considerado o terceiro mais importante do Brasil em número e qualidade de peças. Merecem destaque a Santa Casa de Misericórdia, construção barroca do século XVII e os sobrados. Veja também Aracaju e Laranjeiras.
O que há de fantástico? Preserva um rico patrimônio de arte sacra tombado pelo Patrimônio Histórico e Cultural.

838. São Desidério, BA (M5). 860 km de Salvador e 27 km de Barreiras. Localizado na divisa entre os Estados de Goiás e Tocantins, São Desidério possui cachoeiras, ilhas, lagos, rios, paredões de pedra (utilizados para a prática do rapel) e cavernas que atraem os praticantes do ecoturismo. Maior afluente do Rio São Francisco, o Rio Grande alterna águas tranqüilas e trechos com velozes corredeiras, apreciadas pelos praticantes de canoagem e rafting.

O que há de fantástico? A caverna do Buraco do Inferno, que abriga o maior lago subterrâneo do país e situa-se a 5 km do centro.

839. São Francisco – cânion – Paulo Afonso – BA/AL/SE (M5). 272 km de Aracaju e 463 km de Salvador. Com 65 km de extensão e profundidades que variam de 30 m a 170 m, o cânion é formado por rochas de granito vermelho e cinza. A região do Alto do Vale oferece uma das melhores vistas, sobretudo na ponte que liga os Estados da Bahia e Alagoas, a BR-110. Veja também Paulo Afonso.

O que há de fantástico? O passeio de catamarã, no trecho entre a Usina de Xingó e o Riacho do Talhado.

840. São Francisco – igreja – São Cristóvão, SE (M5). 23 km de Aracaju. A Igreja e o Convento de São Francisco, construídos em 1693, abrigam o Museu de Arte Sacra. Veja também São Cristóvão.

O que há de fantástico? O Museu de Arte Sacra é o terceiro museu mais importante do Brasil.

841. São Francisco – rio – MG/BA/PE/AL/SE (M3 e M5). Conhecido como "Rio da Integração Nacional" ou simplesmente como "Velho Chico", o São Francisco possui números impressionantes. Com volume de água superior ao do Rio Nilo, tem

2.700 km de extensão, bacia de 640 mil km^2 e recebe água de 168 afluentes. Nasce na Serra da Canastra, em Minas Gerais, e cruza mais quatro Estados (Bahia, Pernambuco, Alagoas e Sergipe) até alcançar sua foz no Atlântico. Divide-se em quatro trechos. Na foz, é repleto de dunas e piscinas naturais.
O que há de fantástico? A foz do São Francisco, entre Alagoas e Sergipe, uma das mais belas paisagens do país. Há passeios de barco a partir de Penedo, AL.

842. **São Francisco da Penitência – igreja – Rio de Janeiro, RJ (M3).** Localizada no Largo da Carioca, no centro, foi construída em terreno doado pelos frades franciscanos ao lado da igreja do Convento de Santo Antônio. Em 1738 foi concluída a capela-mor, com toda a ornamentação interna revestida de talha dourada, um dos mais expressivos trabalhos do Barroco. Veja também Rio de Janeiro.
O que há de fantástico? A pintura da glorificação de São Francisco de Assis, em óleo sobre madeira e perspectiva arquitetônica, que ocupa o teto da nave central.

843. **São Francisco de Assis – igreja – Belo Horizonte, MG (M3).** Faz parte do Conjunto Arquitetônico da Pampulha, de 1943, considerado um marco na arquitetura moderna brasileira. Localizada à beira do enorme lago artificial, foi criada por três expoentes da arte brasileira: o arquiteto Oscar Niemeyer, o pintor Cândido Portinari e o paisagista Burle Marx. Veja também Belo Horizonte.
O que há de fantástico? Reúne imensa tela de São Francisco, uma coleção de 14 quadros da Via Sacra e painéis de azulejo, todos de autoria de Portinari.

844. São Francisco de Assis – igreja – Ouro Preto, MG

(M3). 98 km de Belo Horizonte. Localizada no Largo de Coimbra, é a mais famosa da cidade e um dos exemplares mais magníficos do barroco mineiro. Sua construção durou de 1766 a 1812. Nela Antônio Francisco Lisboa, o Aleijadinho, expressou sua arte de todas as formas. Foi responsável pelo risco geral do prédio, portada, tribuna do altar-mor, altares laterais e capela-mor. Fez as esculturas da portada e dos púlpitos. Veja também Ouro Preto.

O que há de fantástico? É considerada a obra-prima do mestre Aleijadinho. Outro famoso artista barroco, Mestre Athayde, pintou o centro da nave.

845. São Francisco de Assis – igreja – São João del Rey, MG

MG (M3). 183 km de Belo Horizonte e 15 km de Tiradentes. Construída entre 1774 e 1804, possui altar em estilo rococó e portada esculpida em pedra-sabão. Aos domingos há missas com música barroca. O cemitério nos fundos da igreja abriga os restos mortais de Tancredo Neves. A cidade, que faz parte do Circuito dos Inconfidentes, possui um centro histórico preservado, com outras igrejas e museus, passeios ecológicos e cachoeiras. Veja também São João del Rey.

O que há de fantástico? É uma das mais belas igrejas coloniais de Minas Gerais. Seu projeto original é atribuído a Antonio Francisco Lisboa, o Aleijadinho.

846. **São Francisco de Itabapoana, RJ (M3).** 330 km do Rio de Janeiro e 41 km de Campos dos Goitacazes. Situado na divisa com o Espírito Santo, o município possui cerca de 50 km de boas praias. As mais urbanizadas e com boa infra-estrutura situam-se na região sul. Destaque para as de Santa Clara, Guaxindiba e dos Sonhos, que oferecem atividades culturais e de lazer.

O que há de fantástico? As ilhas de Lima, do Peçanha e da Convivência. Situadas na foz do Rio Paraíba, abrigam manguezais e bela vegetação nativa.

847. **São Francisco de Paula, RS (M2).** 112 km de Porto Alegre e 32 km de Canela. O Parque das 8 Cachoeiras, os rios, lagos e barragens do município oferecem inúmeras opções de banho. O Lago São Bernardo, de 1.900 m de extensão, fica em um parque belíssimo localizado na região central. As paredes de sua gruta abrigam esculturas que representam o nascimento de Jesus e a fuga de Maria para o Egito. Veja também Canela.

O que há de fantástico? O clima frio e seco da região favorece a precipitação de neve no inverno.

848. **São Francisco do Sul, SC (M2).** 191 km de Florianópolis e 41 km de Joinville. É a terceira cidade mais antiga do Brasil. Além de belas praias de águas calmas, exibe um casario em estilo colonial português, que emoldura as estreitas ruelas do centro histórico, tombado pelo Patrimônio Histórico e Artístico Nacional. Também merecem destaque as tradições do boi-de-mamão e das pastorinhas. A cidade é conhecida pela beleza do cenário formado pela Baía da Babitonga e pela Vila da Glória. Veja também Joinville.
O que há de fantástico? Abriga o Museu Nacional do Mar, com uma grande coleção de réplicas de embarcações brasileiras.

849. **São Francisco e Convento de Santo Antônio – igreja – João Pessoa, PB (M5).** Localizado na praça São Francisco, o belo conjunto arquitetônico em estilo barroco tem construções do século XVIII, altar de talha coberta de ouro e azulejos portugueses com motivos orientais. Abriga uma coleção de arte sacra com peças do século XVII e XVIII. Veja também João Pessoa.
O que há de fantástico? Foi transformada em centro cultural, onde são feitas exposições de arte popular, com peças de folclore.

850. **São Francisco Xavier, SP (M3).** 138 km de São Paulo e 58 km de São José dos Campos. Área de Proteção Ambiental Federal na divisa de São Paulo e Minas Gerais. Tem paisagem natural privilegiada, com fortes declives e grandes altitudes, culminando no Pico de Selado, com 2.082 m, de onde se pode observar as cidades vizinhas em meio a montanhas e vales.
O que há de fantástico? Oferece boa infra-estrutura para hospedagem, várias trilhas para caminhada e mountain bike, rampa de vôo livre e córregos apropriados para canoagem.

851. São Gabriel da Cachoeira, AM (M6). 852 km de Manaus (só há acesso de barco ou avião). Situada na divisa com a Colômbia e Venezuela, é emoldurada pela Floresta Amazônica, com suas serras imponentes e as grandes corredeiras do Rio Negro. Tem belas praias fluviais de areias brancas, cachoeiras, corredeiras e morros. A cultura e as construções antigas são outro atrativo deste que é o mais indígena dos municípios brasileiros – 90% de sua população é descendente de 23 povos indígenas. Veja também Pico da Neblina.

O que há de fantástico? É o principal local de acesso ao Pico da Neblina, o ponto mais alto do país, com 3.014 m.

852. São João Batista do Glória, MG (M3). 362 km de Belo Horizonte e 166 km de Ribeirão Preto. Situada nas proximidades da Serra da Canastra, a cidade é cercada por morros, vales e 130 cachoeiras (em propriedades particulares), com os mais diferentes perfis, procuradas para banho ou para a prática de esportes radicais. Veja também Paraíso Perdido.

O que há de fantástico? O Chapadão da Babilônia, de onde é possível admirar a vizinha Serra da Canastra.

853. São João del Rey, MG (M3). 198 km de Belo Horizonte e 15 km de Tiradentes. Fundada no século XVII e conhecida pela sua participação no Ciclo do Ouro, a cidade tem seu ponto forte nos prédios históricos do colonialismo mineiro, preservados no centro histórico. Muito arborizada, oferece trilhas para caminhada, cachoeiras, grutas, rapel, trilhas para veículos 4x4. O Carnaval de rua é considerado um dos mais animados do Estado. Com desfile de blocos. Veja

também Igreja de São Francisco de Assis, Ponte da Cadeia, Passeio de Maria-Fumaça de Tiradentes a São João del Rey e Tiradentes.

O que há de fantástico? A Igreja de São Francisco de Assis, de 1774, que fica entre palmeiras-imperiais, na praça Frei Orlando.

854. São João d'Oeste, SC (M2). 727 km de Florianópolis. Com fortes raízes germânicas, a cidade mantém as tradições através de grupos folclóricos, de patinação e de corais. As festas típicas resgatam os costumes e a gastronomia dos imigrantes, nesta cidade em que o alemão é o segundo idioma.

O que há de fantástico? O cultivo do bicho-da-seda é o destaque do município, que produz 25 toneladas de casulos por ano.

855. São João Nepomuceno, MG (M3). 322 km de Belo Horizonte e 65 km de Juiz de Fora. Pequena cidade da Zona da Mata, oferece trilhas e cachoeiras. As mais visitadas são a Cachoeira do Distrito de Ituí e a Cachoeira da Fumaça.

O que há de fantástico? O animado Carnaval, marcado por desfiles de blocos.

856. São José – fortaleza – Macapá, AP (M6). Construída pelos portugueses em 1782, a fortaleza deu origem à cidade e é hoje um de seus cartões-postais. Seu formato (um quadrado com quatro baluartes nos vértices que abrigam os canhões) dificultava a defesa do inimigo. Veja também Marco Zero do Equador e Passeio de Trem na Serra do Navio.

O que há de fantástico? Recentemente foi restaurada. Ganhou um parque e trilhas para caminhada, tornando-se o grande ponto de encontro de Macapá.

857. São José – praia – Itacaré, BA (M5). 440 km de Salvador e 50 km de Ilhéus. Localizada no complexo ecológico Villas de São José, um condomínio residencial-hoteleiro, possui mar de ondas fortes, areias brancas e muitos coqueiros. Quem não está hospedado no local pode ter acesso ao complexo mediante o pagamento de uma taxa, que inclui a diária, almoço e passeios para conhecer a fauna e a flora. Veja também Itacaré.

O que há de fantástico? Fica em uma área de proteção ambiental, que une turismo e à preservação.

858. São José – serra – Prados, MG (M3). 200 km de Belo Horizonte. É elemento inseparável da cidade histórica de Tiradentes e está ligada ao surgimento deste antigo centro cultural e econômico. A cidade de Prados tem tanta importância histórica como Tiradentes, mas pela situação precária das estradas ficou menos conhecida. Veja também Tiradentes e Igreja Matriz de Santo Antônio.

O que há de fantástico? Foi graças ao ouro minerado na serra que o povoado de São José del Rey (atual Tiradentes) surgiu e prosperou desde meados do século XVII.

859. São José do Barreiro, SP (M3). 262 km de São Paulo, 40 km de Bananal e 177 km do Rio de Janeiro. Localizada aos pés da Serra da Bocaina, o município é servido por uma infinidade de rios e cachoeiras, que atraem os praticantes dos esportes de aventura. Fundado em 1859, possui várias construções históricas. Veja também Parque Nacional da Serra da Bocaina e Bananal.

O que há de fantástico? O Parque Nacional da Serra da Bocaina. Com mais de 100 mil ha, possui trilhas, cachoeiras e rica fauna. Acesso apenas em veículos 4x4 (a 25 km do centro).

860. **São José dos Ausentes, RS (M2).** 250 km de Porto Alegre e 98 km de Criciúma (acesso por estrada de terra precária a partir de Cambará do Sul, a 50 km). Oferece uma infinidade de trilhas, cânions, pesca esportiva no Rio Silveira e "mula trekking". É a cidade mais fria do Estado. Mesmo no verão as temperaturas podem cair repentinamente.
O que há de fantástico? A Trilha das Cachoeiras, que inclui a cachoeira do Juvenal – de águas geladas –, que foi cenário da minissérie *A Casa das Sete Mulheres.*

861. **São Lourenço, MG (M3).** 340 km de Belo Horizonte, 30 km de Caxambu, 250 km do Rio de Janeiro e 315 km de São Paulo. Estância hidromineral muito procurada por famílias, possui atrativos naturais e deliciosos doces. Destaque para o passeio a bordo de uma locomotiva a vapor até a cidade de Soledade de Minas, com cerca de 2h de duração, e para o passeio de teleférico até o mirante da cidade. Veja também Caxambu.

O que há de fantástico? O Parque das Águas. Com 430 mil m^2, possui um grande lago e seis fontes de água mineral com diferentes propriedades terapêuticas.

862. São Luís, MA (M5). A capital maranhense foi fundada pelos franceses em 1615 e possui cerca de 3.500 construções dos séculos XVIII e XIX e 1.100 prédios históricos declarados Patrimônio Mundial pela Unesco. Além da rica oferta de atrações culturais, como museus, teatros, igrejas e palácios, a cidade possui belos atrativos naturais. Destaque para as praias de Araçagi e do Calhau, repleta de dunas. Veja também Bumba-Meu-Boi, Igreja Matriz da Sé, Teatro Arthur Azevedo e Alcântara.

O que há de fantástico? Também conhecida como a "Capital do Reggae", São Luís é rica em manifestações culturais, com destaque para o Bumba-Meu-Boi, que acontece em junho.

863. São Luís do Paraitinga, SP (M3). 170 km de São Paulo e 45 km de Taubaté. Antigo entreposto de tropeiros que se deslocavam pelo Vale do Paraíba, São Luís do Paraitinga é uma das principais estâncias turísticas do Estado e abriga importante conjunto arquitetônico dos séculos XVIII e XIX. O município oferece também boas atrações naturais, como o Parque Estadual da Serra do Mar, e gastronômicas. Destaque para o afogado, um tradicional cozido com carne de boi. Veja também Taubaté.

O que há de fantástico? As ricas manifestações folclóricas, festas religiosas e profanas, como a Festa do Divino Espírito Santo, o Carnaval e o Dia do Saci.

864. São Miguel da Barra – praia – Ilhéus, BA (M5). 458 km de Salvador e 36 km de Itabuna (a 5 km do centro). Localizada na Costa do Cacau, possui areias brancas e águas calmas, é rodeada por coqueiros e é onde deságua o Rio Almada. Possui boa infra-estrutura na vila dos pescadores. Veja também Ilhéus.

O que há de fantástico? Maior cidade do sul da Bahia, Ilhéus possui belas praias, cachoeiras e uma das maiores biodiversidades do mundo.

865. São Miguel do Gostoso, RN (M5). 112 km de Natal. A enseada, que começa na Ponta do Santo Cristo, tem um denso coqueiral que contorna as praias da Xepa e Maceió. No final há um conjunto de falésias conhecido como Tourinhos, que completa a paisagem. As praias são vazias e despovoadas.

O que há de fantástico? A Ponta do Santo Cristo, que se tornou uma espécie de raia de windsurfe, kitesurfe e outros esportes a vela.

866. São Miguel dos Milagres – praia – São Miguel dos Milagres, AL (M5). 106 km de Maceió e 40 km de Maragogi. Verdadeiro paraíso, ainda é pouco conhecida. Situada em uma região repleta de fazendas de coco, rios e mangues, possui águas límpidas com piscinas formadas por recifes boas para banho. Veja também Maragogi.

O que há de fantástico? Os passeios ecológicos aos manguezais preservados existentes na região.

867. São Paulo, SP (M3). Fundada em 1554, São Paulo é a maior cidade da América do Sul. Possui ótima infra-estrutura de hotéis, restaurantes, shoppings, bares, casas noturnas, cinemas e teatros, além de prédios históricos, monumentos e grandes parques. Sua população é formada por imigrantes de todas as partes do país e do mundo (é a cidade que mais abriga japoneses e libaneses fora de seus países de origem), o que se traduz na diversidade de suas expressões culturais e em sua rica gastronomia. Veja também Acervo do Palácio dos Bandeirantes, Basílica de São Bento, Catedral da Sé, Edifício Copan, Esquina das Avenidas Ipiranga e São João, Ibirapuera, MAC, Memorial da América Latina, Memorial do Imigrante, Mesquita Brasil, Museu da Casa Brasileira, Museu da Língua Portuguesa, Museu de Arte Sacra, Museu Lazar Segal, Museu Paulista, Catedral Ortodoxa, Sala São Paulo e Solo Sagrado.

O que há de fantástico? Uma das cidades mais populosas do mundo, com mais de 10 milhões de habitantes, São Paulo abriga alguns dos mais representativos museus do país, como o Masp.

868. **São Pedro – igreja – Gramado, RS (M2).** 131 km de Porto Alegre e 68 km de Caxias do Sul. Inaugurada em 1942, é uma das maiores demonstrações de religiosidade da comunidade. A estrutura, montada em pedra basáltica, exibe uma torre imponente de 46 m com perfeita harmonia arquitetônica. Veja também Gramado.
O que há de fantástico? Seus lindos vitrais coloridos, que retratam passagens da vida de Cristo.

869. **São Pedro da Aldeia, RJ (M3).** 166 km do Rio de Janeiro e 14 km de Cabo Frio. Localizado na Região dos Lagos, o balneário possui belas praias e construções históricas, como a Matriz São Pedro da Aldeia, de 1783, e a Casa dos Azulejos, que em 1868 hospedou a princesa Isabel. Veja também Cabo Frio.
O que há de fantástico? A lagoa de Araruama. Um dos cartões-postais da Região dos Lagos, a lagoa estende-se por seis municípios e é ideal para esportes náuticos.

870. **São Pedro – teatro – Porto Alegre, RS (M2).** O teatro teve sua construção, iniciada em 1833, interrompida pela Revolução Farroupilha e só foi inaugurado 25 anos depois. Localizado no centro da capital, possui estilo neoclássico e é marcado pela sofisticação. Tem capacidade para 700 expectadores e a platéia é iluminada por um lustre com 35 mil peças de cristal. Visitas, agendadas previamente, podem ser feitas de 3ª a 6ª, a partir das 13h. Veja também Porto Alegre.
O que há de fantástico? Uma das mais belas casas de espetáculos do país, é decorado em veludo e ouro.

871. **São Sebastião, SP (M3).** 209 km de São Paulo, 80 km de Ubatuba e 110 km de São José dos Campos. A cidade abriga construções históricas tombadas, como a Casa Esperança, sede da Secretaria de Cultura e Turismo. Possui orla de mais de 100 km, com

belas praias, e é ponto de partida para ilhas da região, como a Montão de Trigo e a das Couves, procuradas pelos mergulhadores. Veja também Praia de Maresias e Barra do Sahy.
O que há de fantástico? O município possui praias de perfil variado, como as badaladas Maresias e Camburi, e as tranqüilas Barra do Una e Paúba.

872. **São Sebastião – cachoeira – São Sebastião do Patrimônio, SP (M3).** 280 km de São Paulo e 24 km de Brotas (500 m em estrada de terra). Faz parte de um conjunto de seis cachoeiras do Mata'dentro Eco-Parque. Para visitar o parque é preciso comprar um pacote, que inclui trilhas, visitas a cachoeiras e a uma antiga usina hidrelétrica. Veja também Brotas.
O que há de fantástico? 500 mil m² de mata fechada e muitas opções para os amantes dos esportes de aventura.

873. **São Tomé das Letras, MG (M3).** 331 km de Belo Horizonte, 40 km de Três Corações e 342 km de São Paulo. À primeira vista tem-se a impressão de que a cidade deveria se chamar São Tomé das Pedras, pois suas ruas, casas e artesanato são feitos com pedras de quartzito (na verdade seu nome decorre de inscrições rupestres encontradas na região no século XVIII). Rica em atrações naturais, como belas cachoeiras (como Shangrilá e Sobradinho), cavernas e grutas (como a do Carimbado), tornou-se ponto de encontro de místicos e ufólogos. Veja também Luminárias.
O que há de fantástico? Apreciar o pôr-do-sol ou até mesmo passar a noite na Casa da Pirâmide. Localizada em um dos pontos mais altos da cidade, oferece vista de 360°.

874. **Saquarema, RJ (M3).** 116 km do Rio de Janeiro e 24 km de Araruama. Situado em uma restinga, entre o Oceano Atlântico e a Lagoa de Saquarema, o município foi ocupado pelos portugueses em 1531 e possui grande beleza natural. Dentre suas praias, destacam-se as de Barra Nova, Massambaba e Itaúna, que oferece grandes ondas e recebe campeonatos de surfe.

O que há de fantástico? A Lagoa de Saquarema, onde são praticados esportes náuticos, e a gruta de N.S. de Lourdes e a Igreja de N.S. de Nazareth, núcleos de turismo religioso.

875. Sara Kubitschek – parque – Brasília, DF (M4). O principal recanto de lazer de Brasília, também conhecido como Parque da Cidade, possui 42 ha de área verde, com ciclovia, pista de *cooper*, kartódromo, área de lazer com churrasqueiras, parque de diversão, quadras poliesportivas, campos de futebol e uma escola de equitação. Nos lagos artificiais, pode-se remar em caiaques. O parque conta ainda com um pavilhão de exposições e um memorial em homenagem a Chico Mendes. Aberto diariamente, das 7h às 19h. Veja também Brasília.

O que há de fantástico? A praça com projeto paisagístico de Burle Marx e a diversidade de opções de lazer.

876. Saraiva – lagoa – Guaíra, PR (M2). 676 km de Curitiba e 124 km de Umuarama. Com 20 km de extensão, faz parte do Parque Nacional de Ilha Grande, conjunto de 266 ilhas e lagoas do Rio Paraná e afluentes.

O que há de fantástico? É rica em peixes, abrigando mais de 170 variedades.

877. Sé – catedral – São Luís, MA (M5). Localizada na praça D. Pedro II, é conhecida também como Catedral Metropolitana. Foi construída pelos jesuítas em 1626, para homenagear a padroeira da cidade, Nossa Senhora da Vitória. O estilo original é colonial primitivo, mas passou por várias reformas. A fachada atual, inaugurada em 1922, foi feita em estilo neoclássico. Veja também São Luís.

O que há de fantástico? Talhado em ouro, o altar-mor conservou o estilo barroco e foi tombado pelo Patrimônio Histórico.

878. Sé – catedral – São Paulo, SP (M3). Localizada no centro, é um dos cinco maiores templos góticos do mundo. Foi inaugurada em 25 de janeiro de 1954, na comemoração do 4º Centenário da cidade de São Paulo, ainda sem as duas torres principais.

A obra foi projetada pelo alemão Maximilian Emil Hehl, professor de Arquitetura da Escola Politécnica. Veja também São Paulo.

O que há de fantástico? O órgão italiano e os vitrais pertenceram à primeira igreja construída no local, em 1591, que foi demolida em 1913.

879. Sé – igreja – Olinda, PE (M5). 7 km de Recife. Localizada no Alto da Sé, é conhecida também como Igreja de Nosso Senhor Salvador do Mundo. Fundada em 1540, tinha sua estrutura inicial em madeira e taipa. Passou por

duas reformas. Em 1676, foi elevada à categoria de bispado de Olinda, sendo reaberta somente em 1714. Possui altares com madeira folheada a ouro e azulejos portugueses. Veja também Olinda e Recife.

O que há de fantástico? Lá está enterrado D. Hélder Câmara, arcebispo de Olinda e Recife por 20 anos.

880. Sengés, PR (M2). 274 km de Curitiba. Com potencial turístico ainda pouco explorado, Sengés possui belas quedas-d'água e florestas virgens, ideais para o ecoturismo e para a prática de esportes radicais.
O que há de fantástico? Pinturas rupestres localizadas na Toca Mocambo.

881. Serafina Corrêa, RS (M2). 219 km de Porto Alegre. As réplicas de locais famosos da Itália conferem um charme especial a esta cidade. O Santuário N.S. do Rosário é ponto de romarias desde o início do século. Construído em estilo românico, possui uma torre, réplica da Torre de Fonzaso, localizada em Belluno, na Itália; e uma praça, a Piazzetta San Marco, inspirada na famosa Praça de Veneza, na Itália.

O que há de fantástico? A Via Gênova, um conjunto de réplicas de seis prédios italianos, onde funcionam bares e cafés.

882. Serra da Bocaina – parque nacional – RJ/SP (M3). 177 km do Rio de Janeiro, 296 km de São Paulo e 27 km de São José do Barreiro. Uma das maiores extensões contínuas de Mata Atlântica preservada do país, o parque é dividido ao meio pela fronteira dos Estados do Rio de Janeiro e São Paulo. Há ótimas atrações para quem aprecia natureza, história e esportes de aventura. Oferece inúmeras trilhas, rios e quedas-d'água. A maior delas, a Cachoeira do Veado, tem mais de 100 metros. Aberto diariamente à visitação, das 7h às 18h.

O que há de fantástico? O trekking da Trilha do Ouro, caminho aberto por escravos que liga o parque à Vila de Mambucaba, perto de Angra do Reis, em três dias de caminhada.

883. **Serra da Canastra – parque nacional – São Roque de Minas, MG (M3).** 328 km de Belo Horizonte e 68 km de São Roque de Minas. O parque tem como principal riqueza as nascentes do Rio São Francisco, que formam através da região inúmeros córregos e quedas d'água. É muito procurado por amantes da natureza e dos esportes de aventura, como trekking, rapel e canyoning. É possível avistar diversos animais típicos do cerrado, como tucanos e tamanduás. Aberto à visitação diariamente, das 8h às 18h.

O que há de fantástico? A belíssima Casca d'Anta, cachoeira com 186 m de queda.

884. **Serra da Capivara – parque nacional – PI (M5).** 509 km de Teresina e 30 km de São Raimundo Nonato. Localizado nos municípios de São Raimundo Nonato (principal acesso), João Costa, Coronel José Dias e Brejo do Piauí, o parque, de 130 mil ha, abriga centenas de sítios arqueológicos e mais de 30 mil pinturas rupestres. Diversas trilhas revelam o modo de vida das pessoas que habitaram a região há mais de 6 mil anos. Aberto diariamente. Há cobrança de ingresso.

O que há de fantástico? Patrimônio Cultural Mundial, abriga os principais sítios arqueológicos do país e formações rochosas únicas, como a famosa Pedra Furada.

885. **Serra de Ricardo Franco – parque estadual – Vila Bela da Santíssima Trindade, MT (M4).** 521 km de Cuiabá (a 10 km do centro). Localizado na divisa com a Bolívia, foi criado em 1997 e tem área de 158.620 ha. Possui ricas vegetação e fauna. Não conta com infra-estrutura gerencial e grande parte de sua área é formada por propriedades particulares, nas quais há criação de gado e exploração clandestina de madeira.

O que há de fantástico? Três professores ingleses sugeriram que, há mais de 90 anos, o local levou o escritor Arthur Conan Doyle a escrever o best-seller *Mundo Perdido*.

886. **Serra do Cipó – parque nacional – MG (M3).** 100 km de Belo Horizonte. O Travessão, de onde é possível apreciar a vista de dois cânions, é um bom exemplo da beleza natural que há na região. São montanhas, cânions e inúmeros rios, ideais para a prática de esportes de aventura, como rapel, canyoning e trekking. Oferece também bons pontos para escaladas, como o Morro da Pedreira. Aberto à visitação diariamente, das 8h às 17h. Há cobrança de ingresso.

O que há de fantástico? Com mais de 33 mil ha, abriga enorme quantidade de quedas-d'água e piscinas naturais, com destaque para a Véu da Noiva, de 70 m, e a da Farofa, com sete quedas.

887. **Serra do Tabuleiro – parque estadual – Palhoça, SC (M2).** 40 km de Florianópolis. Com 87,4 mil ha, é aberto à visitação. A sede abriga um centro de atendimento aos turistas com estacionamento e trilha interpretativa com o acompanhamento de guias. Localizada na Baixada do Maciambu, uma área de restinga, a trilha permite caminhar por partes antes inacessíveis, observando a fauna e a vegetação local. Veja também Florianópolis.

O que há de fantástico? É a maior unidade de conservação no Estado e ocupa 1% do território de Santa Catarina.

888. Serra dos Órgãos – parque nacional – Teresópolis, RJ (M3). 95 km do Rio de Janeiro e 53 km de Petrópolis (acesso a 5 km do centro). Com uma área de 11 mil ha, estende-se também pelos municípios de Petrópolis e Guapimirim. Seus picos assemelham-se a tubos de órgãos. Funciona das 8h às 17h e é cobrado ingresso. Veja também Teresópolis e Pico Dedo de Deus.
O que há de fantástico? O Pico Dedo de Deus, com 1.680 m e a Pedra do Sino, a mais alta da Serra do Mar, com 2.263 m.

889. Serra Geral – parque nacional – RS/SC (M2). 185 km de Porto Alegre e 115 km de Gramado (a 24 km do centro de Cambará do Sul por estrada de terra). Localizado nos municípios de Cambará do Sul, no Rio Grande do Sul, Praia Grande e Jacinto Machado, em Santa Catarina, o Parque Nacional da Serra Geral tem uma área de mais de 17 mil ha. Abriga uma infinidade de cânions, cachoeiras e trilhas, e é muito procurado pelos praticantes de esportes radicais. O parque, que não tem infra-estrutura para os visitantes, funciona das 8h às 18h.
O que há de fantástico? O Cânion Fortaleza, com 7 km de extensão. Uma trilha de cerca de 30 min. (passando por cachoeiras) leva até um mirante com vista magnífica.

890. Serra Grande, BA (M5). 442 km de Salvador e 50 km de Ilhéus. Distrito de Itacaré, no sul da Bahia, Serra Grande possui várias praias em seus 20 km de extensão, sendo a maioria delas em Área de Proteção Ambiental (APA). A culinária local, rica em mariscos e peixes, é outro atrativo. Veja também Itacaré e Ilhéus.
O que há de fantástico? Localizada a 300 m do nível do mar, Serra Grande possui vista privilegiada da grande faixa do litoral até a cidade de Ilhéus, que fica a 50 km.

891. **Serra Negra – Bezerros, PE (M5).** 101 km de Recife e 28 km de Caruaru. Distrito de Bezerros, a cidade é conhecida pela xilogravura, pelos cordéis e pelo carnaval de pagangu (com máscaras). A 10 km situa-se uma reserva ecológica, com grutas, cavernas, ricas flora e fauna, além de um apiário. Veja também Caruaru.

O que há de fantástico? Além da beleza natural e da diversidade cultural, a cidade é um pólo gastronômico.

892. **Serra Negra, SP (M3).** 145 km de São Paulo e 20 km de Águas de Lindóia. Uma das mais conhecidas estâncias hidrominerais e climáticas do Estado, Serra Negra foi chamada pelo ex-presidente Washington Luís de "Cidade da Saúde". As principais atrações turísticas da cidade podem ser conhecidas em passeios de charrete, trenzinho e teleférico. Veja também Águas de Lindóia.

O que há de fantástico? O complexo hidroterápico, onde podem ser feitos banhos de imersão com sais e essências, saunas, duchas e massagens.

893. **Serras Gaúchas – RS (M2).** Clima frio, paisagens exuberantes repletas de hortênsias, bons vinhos, hospedagem aconchegante e excelente gastronomia. A combinação de atrativos tem levado milhares de turistas todos os anos às cidades serranas do Rio Grande do Sul, colonizadas por italianos e alemães. Veja também Antônio Prado, Bento Gonçalves, Canela, Caxias do Sul, Flores da Cunha, Garibaldi, Gramado e Nova Petrópolis.

O que há de fantástico? Roteiro sob medida para casais apaixonados, deve ser feito sem pressa. As vinícolas oferecem programas completos, da produção à degustação.

894. **Serro, MG (M3).** 321 km de Belo Horizonte e 84 km de Diamantina. Conhecida como "A Terra do Queijo", Serro mantém construções históricas bem conservadas, como o sobrado da prefeitura (séc. XIX) e a Igreja de Santa Rita (séc. XVIII). Há várias opções de caminhadas e trilhas, com banhos em cachoeiras e rios.

O que há de fantástico? A Igreja N.S. do Carmo, de 1768, com altares banhados a ouro e piso removível.

895. **Sete Cidades – parque nacional – Piripiri/Piracuruca, PI (M5).** 185 km de Teresina (26 km do centro de Piripiri). Devido à sua formação geológica de areias de quartzo, o parque tem verdadeiros monumentos esculpidos pela natureza, com formatos que lembram animais, pessoas e objetos, como elefante, tartaruga, camelo, cabeça de D. Pedro I, biblioteca e polegar de Deus, que formam o conjunto que inspirou seu nome. Em seus 6.221 ha existem também pinturas rupestres com idade presumida de 6 mil anos, olhos-d'água, um mirante e a Cachoeira Riachão, com queda de 17 m. Nem todo o parque é aberto ao público.

O que há de fantástico? A vista das proximidades da segunda pedra, de onde é possível apreciar todo o conjunto do parque.

896. Siderópolis, SC (M2). 215 km de Florianópolis e 19 km de Criciúma. Cidade que valoriza as tradições. Um dos atrativos é a Festa do Colono, em julho, quando a cultura e a culinária italiana são os destaques. O balneário Ghelere garante o lazer às margens do Rio São Bento, com cachoeiras e *camping*.

O que há de fantástico? As várias cachoeiras, como a do Rio Manim, a Bianchini e a do Rio Fiorita.

897. Siri – lagoa – Marataízes, ES (M3). 124 km de Vitória

(a 10 km do centro por estrada de terra ruim no período de chuvas). Com 9 km de águas limpas e manguezais, é utilizada para banhos, pesca e passeios de jet ski. Na praia do Siri, que é separada da lagoa apenas por uma faixa de areia, há caiaques e jet skis para locação. Veja também Marataízes.

O que há de fantástico? Os garçons dos bares atendem aos clientes em mesas e cadeiras dentro da lagoa.

898. Siribinha – Conde, BA (M5). 221 km de Salvador e 54 km de Indiaroba. O vilarejo de pescadores situa-se numa Área de Proteção Ambiental (APA). O encontro do manguezal com o mar é local de trabalho das marisqueiras, mulheres que retiram crustáceos e moluscos e criam uma atração à parte.
O que há de fantástico? Os mergulhos nos rios Cajueirinho e Cavalo Russo.

899. Sítio do Conde – Conde, BA (M5). 210 km de Salvador e 43 km de Indiaroba (a 11 km do centro). O Sítio do Conde oferece a tranqüilidade e o clima de uma vila de pescadores e as paisagens naturais da costa norte da Bahia. O acesso às praias é feito por estradas de terra, o que contribui para preservar a região. Possui boa infra-estrutura turística.
O que há de fantástico? O passeio pelas dunas rodeadas pela Mata Atlântica.

900. Sítio do Pica-Pau Amarelo – Taubaté, SP (M3). 142 km de São Paulo, 40 km de Campos do Jordão e 95 km de Ubatuba. O Museu Histórico e Pedagógico Monteiro Lobato é mais conhecido pelo nome da obra-prima do escritor: Sítio do Pica-Pau Amarelo. Ocupa um casarão do século XIX, onde Lobato nasceu e foi criado. Estão expostos seus objetos pessoais, sua biblioteca e as primeiras edições de seus livros. Há oficinas de arte e apresentações de teatro. O museu funciona de 3ª a domingo, das 9h às 17h. Veja também Taubaté.
O que há de fantástico? As visitas são monitoradas por Dona Benta, Tia Anastácia, Emília, Visconde de Sabugosa e outros personagens do Sítio.

901. Sítio Roberto Burle Marx – Rio de Janeiro, RJ (M3). Um dos principais paisagistas do país, Roberto Burle Marx adquiriu o sítio, localizado em Barra de Guaratiba (45 km do centro), em 1949 e passou a levar para o local sua coleção de plantas tropicais, obtidas desde os 6 anos de idade em várias partes do mundo. Viveu no local de 1973 até a sua morte, em 1984. Em seus belos jardins foram espalhadas as cinzas do compositor Renato Russo. As visitas ao sítio, que foi tombado pelo Patrimônio Histórico, ocorrem das 9h30 às 13h30 e devem ser agendadas previamente. É cobrado ingresso. Veja também Rio de Janeiro e Museu Casa do Pontal.

O que há de fantástico? Reúne mais de 3.500 espécies de plantas, uma capela de 1681, um fabuloso acervo de obras de arte e uma biblioteca com mais de 2.500 volumes.

902. Solar do Unhão – Salvador, BA (M5). Localizado na Cidade Baixa, o conjunto foi construído no século XVII para servir de residência ao desembargador Pedro de Unhão Castelo Branco. É formado por um casarão, uma capela e um grande galpão, utilizado anteriormente como depósito comercial de açúcar, rapé, aguardente e outros produtos. Atualmente é um dos espaços culturais e artísticos mais importantes da cidade. Veja também Salvador.

O que há de fantástico? Abriga o Museu de Arte Moderna da Bahia, com obras de Portinari e Tarsila do Amaral, entre outros, e o Parque das Esculturas.

903. Soldado – cachoeira – São Benedito do Sul, PE (M5). 179 km de Recife e 70 km de Garanhuns. Mais popular das quedas da região, a Cachoeira (ou Poço) do Soldado tem queda de 5 m de altura.

O que há de fantástico? A cidade é ponto de referência no Estado para os amantes do ecoturismo e do turismo de aventura.

904. Solo Sagrado – São Paulo, SP (M3). Localizado a 45 km do centro, às margens da Represa Guarapiranga, o Solo Sagrado é a sede do Movimento Mundial Mokiti Okada no Brasil. Em uma área de 327 mil m^2 foi criado o protótipo do que seria um mundo ideal. Há 10 ha de floresta nativa, mais de 20 mil árvores, flores e inúmeros pássaros e animais como preguiça, tatu e quati. Tudo dentro do Solo Sagrado é ecologicamente correto, do reaproveitamento das águas pluviais aos jardins com adubos orgânicos. Há um programa de educação ambiental voltado às escolas. Veja também São Paulo.

O que há de fantástico? O templo em formato de anel, sustentado por 16 pilares e rodeado por flores.

905. Sonho Verde – praia – Maceió, AL (M5). Localizada a 37 km do centro. Com areia fofa e dourada, possui inúmeras piscinas naturais formadas pelos recifes. É uma área de preservação do peixe-boi, espécie em extinção, e abriga condomínios residenciais. Veja também Maceió.

O que há de fantástico? Os coqueiros esverdeados inclinam-se sobre o mar azul, garantindo a sombra e um lindo visual.

906. Sono – praia – Parati, RJ (M3). 250 km do Rio de Janeiro, 73 km de Ubatuba e 302 km de São Paulo (mais 1h de caminhada a partir da Vila Oratório ou 15 min de barco a partir de Trindade). Com águas calmas e extensas faixas de areia fina, situa-se na Área de Proteção Ambiental do Cairuçu. A proteção da montanha faz o sol incidir mais tarde, o que gerou o nome do vilarejo. O belo cenário é completado pela Cachoeira do Cocal, que deságua junto à praia. Veja também Parati.

O que há de fantástico? É um refúgio para quem busca sossego. Na praia não há sequer luz elétrica.

907. **Tabuleiro – cachoeira – Conceição do Mato Dentro, MG (M3).** 166 km de Belo Horizonte e 61 km de Serro (a 19 km do centro). Na parte alta da cachoeira estão pequenas quedas e lagos. Na parte de baixo, um grande poço, com 18 m de profundidade, ladeado por imensos blocos de pedras. Desde 1998 faz parte do Parque Natural Municipal do Ribeirão do Campo. Veja também Conceição do Mato Dentro.
O que há de fantástico? Com 273 m de queda, é a mais alta do Estado e a terceira maior do Brasil.

908. **Tabuleiro – pico – Santo Amaro da Imperatriz/ Águas Mornas, SC (M2).** 36 km de Florianópolis. Localizado em um município repleto de atrações para os amantes dos esportes de aventura, como rafting, canoagem, ciclismo e escalada, o pico do Tabuleiro possui 1.220 metros de altura e para chegar ao seu cume é necessária uma caminhada de cerca de 4h (há estrutura para pernoite). É uma das atrações do Parque Estadual da Serra do Tabuleiro, maior unidade de preservação do Estado. Veja também Florianópolis.
O que há de fantástico? A vista panorâmica de Florianópolis e das encostas da Serra Catarinense.

909. **Taiba – praia – São Gonçalo, CE (M5).** 70 km de Fortaleza. Localizada em uma vila de pescadores que desponta sobre um rochedo e se projeta sobre o mar. Os 14 km de areia, cobertos por coqueiros, bananeiras e cajueiros, oferecem trechos de mar calmo, próprio para banho, e outro com ondas fortes próprias para o surfe. Há muitas casas de veraneio e boa infra-estrutura de hospedagem e restaurantes. Veja também Fortaleza.
O que há de fantástico? A chegada das jangadas de pescadores é um espetáculo à parte.

910. **Taim – estação ecológica – Rio Grande, RS (M2).** 310 km de Porto Alegre e 50 km de Pelotas (a 88 km do centro). Seus 100,5 mil ha abrangem também terras do município de Santa Vitória do Palmar. Conhecida como "Pantanal Gaúcho", a Estação foi criada para proteger as últimas áreas de banhados do Estado, alguns exemplares da fauna ameaçada de extinção, como o cisne-de-pescoço-preto, e preservar o local de passagem das aves migratórias, que vêm da Patagônia. Não há infra-estrutura para lazer, mas as visitas educativas são autorizadas pelo escritório do Ibama. Veja também Pelotas.

O que há de fantástico? Abriga 230 espécies de aves, entre elas o gavião-carcará e a andorinha-do-mar; e o jacaré-de-papo-amarelo, que está em extinção.

911. **Tainha – praia – Bombinhas, SC (M2).** 70 km de Florianópolis e 5 km de Porto Belo (10 km do centro, sendo 4 km em estrada de terra). Com apenas 200 m de extensão, é uma praia de tombo ideal para banho e mergulho. Veja também Bombinhas e Porto Belo.

O que há de fantástico? Cercada por costões, é a mais agreste do município.

912. Taipu de Fora – praia – BA (M5). 471 km de Salvador e 100 km de Camamu (acesso por barco a partir de Camamu, 1h30, ou com veículos 4x4 por estradas precárias). Localizada em uma região de difícil acesso que abriga 8 mil m^2 de coqueiros, a praia de Taipu de Fora possui águas esverdeadas com fortes ondas e barreiras de recifes. É muito procurada por mergulhadores. Veja também Barra Grande, Ponta do Mutá, Lagoa do Cassange, Ilha da Pedra Furada e Península de Maraú.

O que há de fantástico? Considerada uma das mais belas praias do Brasil, possui uma piscina natural com 1 km de extensão e 500 m de largura, que fica repleta de peixes.

913. Tamandaré, PE (M5). 115 km de Recife e 25 km de Barreiros. Localizada em uma região de praias calmas e quase desertas no sul de Pernambuco, Tamandaré oferece opções de passeios náuticos, como as piscinas naturais em frente da igreja de São Pedro (duração de 1h); a Ilha do Coqueiro Solitário na Praia do Porto (2h); a Praia dos Carneiros e Rio Ariquindá (2h) e a Ilha de Santo Aleixo (3h). É possível realizar trilhas ecológicas por restingas, praias e manguezais. Visite também as praias de Campas, Tamandaré, Pontal do Lira e Boca da Barra, além de conhecer o Forte de Santo Inácio (de 1691).

O que há de fantástico? O mergulho autônomo nas Carapitangas, onde há um paredão de corais em alto mar (40 min), e no naufrágio Aiuia.

914. Tambaba – praia – Conde, PB (M5). 48 km de João Pessoa e 128 km de Recife. O mar em tom verde-azulado, cercado por rochas e falésias, possui piscinas naturais de águas mornas. Na faixa da praia destinada à prática do naturismo só é permitida a entrada de famílias. Veja também João Pessoa.

O que há de fantástico? É a primeira praia de naturismo do Nordeste.

915. Tanguá – parque – Curitiba, PR (M2). Situado no bairro Pilarzinho, entre a capital e o município de Almirante Tamandaré, ocupa uma área de 235 mil m^2 entre duas antigas pedreiras. Possui ricas flora e fauna e boa infra-estrutura. Oferece passeio de barco por dois lagos ligados por um túnel de 45 m. Funciona diariamente das 8h às 18h. Veja também Curitiba.

O que há de fantástico? O Jardim Poty, em estilo francês, que possui um mirante de 65 m, espelhos d'água e uma cascata.

916. Taperapuã – praia – Porto Seguro, BA (M5). 720 km de Salvador e 40 km de Trancoso (a 7 km do centro). Maior e mais badalada praia de Porto Seguro, Taperapuã possui mar límpido, com partes muito rasas e outras de tombo, e é cercada por coqueiros. Conta com ótima infra-estrutura de barracas, hotéis, pousadas e restaurantes. Veja também Porto Seguro.

O que há de fantástico? Sobrevoar a praia de helicóptero ou se entregar ao axé tocado nas barracas de toda a orla.

917. Taquaruçu, TO (M4). 32 km de Palmas. O município possui mais de 80 atrações naturais num raio de 23 km, como cachoeiras, morros, pinturas rupestres e antigas trilhas. Na praça principal há grande comércio de artesanato com produtos feitos à base de palmeiras de buriti e babaçu. Veja também Palmas.

O que há de fantástico? As cachoeiras de Taquaruçu e a do Roncador, que formam lagos de águas geladas.

918. Tarituba, RJ (M3). 219 km do Rio de Janeiro e 33 km de Parati. Pequeno vilarejo de pescadores localizado entre Parati e Angra dos Reis. É de lá que saem as embarcações para a Ilha do Breu. A praia de mesmo nome, que em tupi-guarani significa "praia de muitas conchas", tem uma extensa faixa de areia fina e branca, banhada por águas rasas e límpidas. A orla é contornada pela Mata Atlântica. Veja também Parati.

O que há de fantástico? Tarituba era uma fazenda de café no século XIX e ainda preserva costumes antigos, como as danças folclóricas na Festa de Santa Cruz, em abril.

919. Tartaruga – praia – Angra dos Reis, RJ (M3). 155 km do Rio de Janeiro e 96 km de Parati (21 km do centro). Praia de pouco movimento, pois para chegar até ela é preciso atravessar um condomínio de casas. Veja também Angra dos Reis.

O que há de fantástico? Com areias claras e água cristalina, é boa opção para quem procura tranqüilidade.

920. Taubaté, SP (M3). 142 km de São Paulo, 40 km de Campos do Jordão e 95 km de Ubatuba. Importante cidade do Vale do Paraíba, Taubaté encontra-se a menos de 100 km do litoral Norte do Estado e é a terra natal do escritor Monteiro Lobato e do ator e cineasta Mazzaropi. Os espaços dedicados aos dois filhos ilustres são as principais atrações da cidade, que também abriga um museu de história natural com mais de 7 mil peças e o único museu de arte sacra do Vale do Paraíba. Veja também Sítio do Pica-Pau Amarelo e Campos do Jordão.

O que há de fantástico? O Museu Mazzaropi abriga os filmes do artista. No museu dedicado a Lobato, os visitantes são recebidos pelos personagens do Sítio do Pica-Pau Amarelo.

921. Teleférico de Balneário Camboriú – SC (M2). 85 km de Florianópolis e 67 km de Blumenau. O teleférico percorre 1.600 m de extensão e faz quatro paradas. Sai de Barra do Sul em direção à Estação Mata Atlântica, onde há mirantes. Em seguida segue até o Parque de Aventuras, com dois percursos de arvorismo. A última parada é a Estação Laranjeiras, com praia de mesmo nome e um mirante. O passeio é pago e o turista tem o direito de descer quantas vezes quiser nas estações. Veja também Balneário Camboriú.

O que há de fantástico? A bela vista do balneário e a oportunidade de tirar boas fotos.

922. Teles Pires – rio – Sinop, MT (M4). 502 km de Cuiabá. Com 790 km de extensão (290 km navegáveis), o Teles Pires faz parte da Bacia Amazônica e chega ao Pará, onde se encontra com o Rio Tapajós. Cruza a cidade planejada de Sinop, que possui boas atrações naturais, como o Parque Florestal.

O que há de fantástico? As corredeiras do rio, onde são praticados esportes radicais, e a Ilha do Cortado, que possui uma praia.

923. Templo Budista Chagdud Gonpa Khadro Ling – Três Coroas, RS (M2). 131 km de Porto Alegre e 30 km de Gramado. Réplica do templo Padmasambava, do Tibete, o Chagdud Gonpa Khadro Ling é um centro de budismo tibetano que abriga uma pequena comunidade de lamas. Oferece cerimônias, cursos e eventos espirituais. Visitas podem ser feitas de 3ª a 6ª das 9h às 12h e das 13h30 às 17h30, sábado e domingo das 9h às 17h. Veja também Gramado.

O que há de fantástico? É o primeiro templo tibetano tradicional da América Latina. Sua bela arquitetura inclui estátuas do Buda Akshobia e imagens vindas do Nepal.

924. Templo Budista Zu Lai – Cotia, SP (M3). 32 km de São Paulo. Inaugurado em 2003, o Zu Lai é um dos muitos templos do Monastério Fo Guang Shan espalhados pelo mundo. Com bela arquitetura, possui jardins com esculturas de Budas, salões de cerimônias e orações, livraria e biblioteca. O

templo é aberto à visitação de 3ª a 6ª, das 12h às 17h, e aos sábados, domingos e feriados, das 9h30 às 17h. Veja também São Paulo.

O que há de fantástico? Maior templo budista e sede da única universidade budista da América Latina, o Zu Lai ocupa uma área de mais de 10 mil m^2.

925.  **Teresina, PI (M5).** O nome da capital do Piauí, fundada em 1832, foi uma homenagem de D. Pedro II a sua esposa, Teresa Cristina. Localizada na divisa com o Maranhão, entre os rios Parnaíba e Poti, Teresina é chamada de "Mesopotâmia do Nordeste". Dentre as construções históricas, uma das mais visitadas é o Palácio de Karnak, sede do governo do Estado, cujo paisagismo foi projetado por Burle Marx. A cidade oferece rico artesanato, com destaque para os santos esculpidos em madeira.

O que há de fantástico? O encontro das águas dos rios Parnaíba e Poti, apreciado de um mirante localizado na região norte da cidade.

926. **Teresópolis, RJ (M3).** 95 km do Rio de Janeiro e 53 km de Petrópolis. Situada no topo da Serra dos Órgãos, a cidade recebeu seu nome em homenagem à esposa de D. Pedro II, Teresa Cristina. As lindas paisagens da cidade, formadas por rios, cachoeiras e montanhas, e o clima da região serrana, agradavam à família imperial, que fazia constantes visitas ao local. Veja também Parque Nacional da Serra dos Órgãos, Lago Comary, Pico Dedo de Deus, Mulher de Pedra e Petrópolis.

O que há de fantástico? O Parque Nacional da Serra dos Órgãos, que abriga formações rochosas como o Pico Dedo de Deus, um dos cartões-postais da cidade.

927. **Terra Rica, PR (M2).** 550 km de Curitiba e 130 km de Maringá. Com grande potencial turístico devido à riqueza e diversidade de suas atrações naturais, Terra Rica ainda se estrutura para receber os turistas. A cidade promove campeonatos de parapente e asa-delta, realizados no Morro Três Irmãos.

O que há de fantástico? A praia do Rio Paranapanema e o Cânion de Itapuã, uma fenda de 500 m de largura por 80 m de profundidade.

928. **Terra Ronca – parque estadual – São Domingos, GO (M4).** 650 km de Goiânia e 400 km de Brasília (a 50 km do centro). Localizado na divisa com a Bahia e Minas Gerais, atrai espeleólogos e turistas de todas as regiões do país e do Exterior. Servida por cinco rios da Bacia do Paraná, a região possui rica biodiversidade, contando com mais de 150 espécies de aves e 50 de mamíferos. O nome do parque decorre dos ruídos resultantes da acomodação de placas tectônicas. Veja também Chapada dos Veadeiros e Cachoeira Couros.

O que há de fantástico? Abriga em seus 50 mil ha um dos maiores sítios de cavernas e grutas da América Latina.

929. Theatro da Paz – Belém, PA (M6). Considerado um dos teatros-monumentos do país, o Teatro da Paz foi inaugurado em 1878, no auge da exploração da borracha. A construção, em estilo neoclássico, foi inspirada no Teatro Scala, de Milão. A decoração interna foi feita pelo pintor italiano Domênico de Angelis, responsável também pelas obras no Teatro Amazonas. O pano de boca do teatro, "Alegoria a República Federativa", foi pintado em Paris pelo cenógrafo Carpezat. Veja também Belém.

O que há de fantástico? Tombado pelo IPHAN em 1963, o museu possui um maravilhoso afresco que ocupa todo o teto.

930. Tibagi, PR (M2). 211 km de Curitiba e 62 km de Castro. Rica em belezas naturais, Tibagi também oferece atrações históricas, culturais e religiosas. Destaque para o Rio Tibagi, procurado pelos praticantes de rafting; o Salto Santa Rosa, com uma grande piscina natural, e o rapel no Salto Puxa Nervos. Todos os anos, no mês de julho, mais de 10 mil turistas participam da Festa de Santa Pastorina. Veja também Parque Estadual do Guartelá e Castro.

O que há de fantástico? O Parque Estadual do Guartelá. Com 799 ha, abriga o sexto maior cânion do mundo, com 32 km de extensão.

931. **Tibau do Sul, RN (M5).** 80 km de Natal. Localizado a 8 km da famosa Praia da Pipa, Tibau do Sul é uma pacata vila de pescadores. Oferece praias repletas de dunas e protegidas por grandes falésias. Destaque para as praias do Madeiro e Guaraíras. Veja também Praia da Pipa.

O que há de fantástico? O passeio de barco na Lagoa Guaraíras, onde é possível observar o balé dos golfinhos na maré alta.

932. **Tietê – rio – Borborema, SP (M3).** 380 km de São Paulo e 25 km de Ibitinga. Com 1.100 km de extensão, o Rio Tietê corta o Estado de São Paulo de leste a oeste. Ao contrário da maioria dos rios, que correm para o mar, seu curso segue para o interior. Nasce em Salesópolis e deságua no Rio Paraná, na divisa com o Mato Grosso do Sul. Praticamente morto no trecho que cruza a capital, volta a ficar limpo na cidade de Barra Bonita. Banha 62 municípios, oferecendo opções de lazer e fazendo parte da mais importante hidrovia brasileira, a Tietê-Paraná. Veja também Barra Bonita.

O que há de fantástico? Como muitos dos municípios banhados pelo rio, Borborema possui uma área para atividades esportivas e de lazer, a Prainha do Juqueta.

933. **Tigres – lago – Britânia, GO (M4).** 314 km de Goiânia. Com 37 km de extensão, é formado pelas águas do Rio Água Limpa, que seguem para o Rio Vermelho. A fauna local é exuberante e possui representativas espécies da fauna brasileira, como capivaras e onças.

O que há de fantástico? É o maior lago natural da América do Sul.

934. Tijuca – parque nacional – Rio de Janeiro, RJ (M3). De Botafogo ao Alto da Boa Vista, da Tijuca à Gávea, este parque tem atrações para todos os gostos. O parque é dividido em três núcleos. Na Floresta da Tijuca há trilhas na mata, pequenas cascatas e o Museu do Açude. As melhores vistas da cidade estão no núcleo Serra da Carioca, com os mirantes Dona Marta e Vista Chinesa, além do Morro do Corcovado, guardado pelo famoso Cristo Redentor. A Pedra Bonita, por sua vez, fica entre São Conrado e Barra da Tijuca e de lá saem vôos duplos de asa-delta. O parque está aberto diariamente à visitação, das 8h às 18h. Veja também Rio de Janeiro.

O que há de fantástico? A maior reserva natural em área urbana do país foi reflorestada após ser devastada por plantações de café.

935. Timbó, SC (M2). 170 km de Florianópolis e 35 km de Blumenau. Fundada por imigrantes alemães, Timbó situa-se no Vale do Itajaí, região rica em rios e cachoeiras. Cercada por montanhas, a cidade abriga em sua área central a represa do Rio Benedito, construída em 1880. Entre as atrações culturais, destaca-se o Museu da

Música, onde estão expostos instrumentos musicais de cinco séculos. Veja também Blumenau.

O que há de fantástico? O Morro Azul. Localizado a 18 km do centro, é o ponto mais alto da cidade, com 758 m e possui rampa para a prática de vôo livre.

936. Tiradentes, MG (M3). 213 km de Belo Horizonte e 15 km de São João del Rey. Fundada no início do século XVIII, durante o Ciclo do Ouro, a cidade recebeu em 1889 o nome pelo qual ficou conhecido seu personagem mais ilustre, o líder da Inconfidência Mineira, Joaquim José da Silva Xavier. Suas ruas calçadas com pedras pé-de-moleque abrigam verdadeiros tesouros, como a Igreja Matriz de Santo Antônio, de 1732. No mês de agosto, Tiradentes promove um badalado festival de cultura e gastronomia. Veja também Igreja Matriz de Santo Antônio, Passeio de Maria-Fumaça de Tiradentes a São João del Rey e São João del Rey.

O que há de fantástico? O rico artesanato, com destaque para as esculturas de madeira. As obras podem ser compradas nos ateliês dos artistas, localizados nas cercanias da cidade.

937. Tocos do Moji, MG (M3). 453 km de Belo Horizonte e 21 km de Estiva. A cidade integra o Caminho da Fé, que percorre 487 km passando por 17 municípios de dois Estados (Minas Gerais e São Paulo). O início é em Tambaú (SP) e o término da peregrinação é em Aparecida (SP). Reconhecido pela Igreja Católica, o roteiro foi inspirado no Caminho de Santiago. Veja também Basílica de N.S. Aparecida.

O que há de fantástico? Apesar do cunho religioso, muitos aventureiros fazem o percurso por causa das belas paisagens compostas por trilhas, pastos, riachos e Serra da Mantiqueira.

938. Tombador – cachoeira – Nobres, MT (M4). 146 km de Cuiabá (14 km do centro, 2 km por estrada de terra). Com queda de quase 50 m, a cachoeira é uma das muitas atrações ecológicas de Nobres. Visite também a Gruta da Lagoa Azul e os sítios arqueológicos da região. Veja também Nobres.

O que há de fantástico? As trilhas criadas pelos bandeirantes que desbravaram a região em busca de ouro e diamante.

939. Tombos, MG (M3). 370 km de Belo Horizonte e 52 km de Itaperuna (RJ). A cidade é ideal para o turismo ecológico, mas também oferece atrações religiosas. A Cachoeira de Tombos é o principal atrativo da cidade, com seus 96 m divididos em três quedas. Veja também Pico da Bandeira.

O que há de fantástico? Tombos é ponto inicial do Caminho da Luz, com 190 km de extensão, que termina no Pico da Bandeira (a 2.890 m).

940. **Tororão – praia – Prado, BA (M5).** 787 km de Salvador e 34 km de Cumuruxatiba (a 16 km do centro). Um mirante e uma escada dão acesso a uma praia belíssima, com uma pequena cascata de água doce que cai de uma altura de 3 m na areia fina e dourada. O mar é tranqüilo, por causa dos recifes. Veja também Cumuruxatiba.

O que há de fantástico? É possível tomar banho de água doce em frente ao mar.

941. **Tororó – cachoeira – Santa Maria, DF (M4).** 49 km de Brasília (2 km a pé em estrada de terra). Com queda-d'água de 25 m e paisagem exuberante, é muito procurada por praticantes de rapel. Veja também Brasília.

O que há de fantástico? As trilhas de acesso são cobertas por rochas de quartzitos, que em contato com o sol produzem um colorido especial.

942. **Torres, RS (M2).** 178 km de Porto Alegre e 100 km de Criciúma. Detentora de grande variedade de belezas naturais, Torres reúne praias com fortes ondas (e morros ao redor da orla, que deram nome ao município), dunas, rochedos, ilha, cachoeira, lagos e rica diversidade de fauna e flora. No mês de abril a cidade promove um tradicional festival de balonismo.

O que há de fantástico? O passeio de barco até a Ilha dos Lobos, que sai do Parque da Guarita (50 min), onde é possível ver lobos e leões-marinhos.

943. **Torres – morro – Urupema, SC (M2).** 198 km de Florianópolis e 52 km de Lages. Com 1.750 m, é muito procurado por aqueles que apreciam as baixas temperaturas (no inverno costuma nevar com freqüência). Os rios de Urupema possuem trutas em abundância. Veja também Urubici.
O que há de fantástico? No final do morro há uma cachoeira que congela no inverno.

944. **Tracunhaém, PE (M5).** 72 km de Recife. Cidade da Zona da Mata de Pernambuco, destaca-se pelo artesanato de barro, tradição da região. No Centro de Produção Artesanal é possível encontrar peças decorativas e utilitárias, bem como tapeçaria. Outra atração da cidade é o Museu da Cachaça, maior do gênero no país, com cerca de 7 mil garrafas de aguardente.
O que há de fantástico? Os ateliês dos artesãos do barro, que recebem os turistas em suas próprias casas, como os de Nuca, de bonecas; de Domingos, de vasos e floreiras; e de Zé Felix, de panelas.

945. **Trairi, CE (M5).** 130 km de Fortaleza. Município formado por pacatas vilas de pescadores, Trairi possui belas praias repletas de dunas e coqueiros, como Fleixeiras, Mundaú e Guajiru, com piscinas naturais e águas calmas, que costumam ficar repletas de jangadas. Veja também Praia de Mundaú e Praia de Fleixeiras.
O que há de fantástico? O passeio de catamarã pelo Rio Mundaú, cercado por manguezais. A foz do rio fica na praia de mesmo nome.

946. **Tramandaí, RS (M2).** 121 km de Porto Alegre e 22 km de Osório. Balneário apreciado pelos gaúchos, tem nas lagoas interligadas que a cercam sua principal atração. Há barcos que fazem passeios pela lagoa Tramandaí, ótima para a pesca. Os turistas dividem-se nas várias plataformas a fim de pescar sardinhas.

O que há de fantástico? Observar os golfinhos perseguindo os peixes.

947. **Trancoso, BA (M5).** 743 km de Salvador e 24 km de Porto Seguro. Apesar de ser agitado, o vilarejo é mais tranqüilo que as vizinhas Porto Seguro e Arraial d´Ajuda. É conhecido por suas praias paradisíacas, como Rio da Barra, Curuípe, Espelho, Nativos, Coqueiros, Patimirim, Ponta do Corumbau, Rio Verde, Ponta de Itapororoca, Ponta de Itaquena, Taípe e Barra do Rio dos Frades. Veja também Arraial d´Ajuda e Porto Seguro.

O que há de fantástico? O conjunto de praias calmas, que forma piscinas naturais quando a maré está baixa, a Igreja São João, de 1656, e o artesanato local.

948. **Transpantaneira – rodovia – Poconé, MT (M4).** 76 km de Cuiabá e 46 km de Porto Cercado. Estrada não pavimentada, com 145 km de extensão e 126 pontes de madeira, corta o Pantanal Norte, de Poconé a Porto Jofre. Em sua extensão há uma infinidade de hotéis. Entre os animais que habitam a região encontram-se jacarés, capivaras, e os pássaros tuiuiús, cabeças-secas, garças e frangos-d'água. Veja também Pantanal Mato-Grossense.

O que há de fantástico? Os safáris fotográficos e passeios de barco pelos rios.

949. **Treze Tílias, SC (M2).** 445 km de Florianópolis e 185 km de Chapecó. Região colonizada por austríacos do Tirol, a cidade é como um pedaço daquele país. Da arquitetura à culinária, Treze Tílias preserva a história dos imigrantes. Uma boa oportunidade para conhecer a gastronomia austríaca e as esculturas de madeira. Visite as Termas Vale das Tílias.

O que há de fantástico? O Tirolerfest, evento com danças e comidas tirolesas realizado em outubro.

950. **Trindade – ilha – ES (M3).** 1.167 km de Vitória (acesso apenas por barco, 60h de viagem e é necessária autorização especial da Marinha). Com apenas 9,2 km^2, o que equivale a menos da metade do Arquipélago de Fernando de Noronha, a Ilha da Trindade é uma área de proteção ambiental, com fauna e flora preservadas. Faz parte de uma cadeia de montes submarinos e vulcões extintos, numa linha reta entre o Estado do Espírito Santo e a África. Possui 12 praias e enseadas com características variadas.

O que há de fantástico? Em abril torna-se o maior santuário do mundo de tartarugas da espécie Aruanã.

951. **Trindade, RJ (M3).** 282 km do Rio de Janeiro e 30 km de Parati. Vilarejo muito procurado por surfistas, foi reduto de hippies na década de 1970. Em Ponta Negra, cujo acesso é por barco, uma comunidade caiçara mantém as tradições locais. Tem bela praia, trilhas e cachoeiras. Visite também as praias do Sono, Antigos e Antiguinhos, apesar do difícil acesso, vale a pena. Veja também Parati e Praia de Cachadaço.

O que há de fantástico? A piscina natural na Praia de Cachadaço, repleta de peixes.

952. **Triunfo, PE (M5).** 439 km de Recife e 31 km de Serra Talhada. Embora localizada no sertão, a cidade esbanja água, que brota de fontes, cachoeiras, lagos e açudes. Abriga a Casa Grande das Almas, na divisa com a Paraíba, que tem metade de seus 14 cômodos em cada Estado e serviu de esconderijo para Lampião. Destaque para o Museu do Cangaço, que funciona de 2ª a sábado, das 8h às 12h e das 13h às 17h, e aos domingos, das 8h às 11h.

O que há de fantástico? O Pico do Papagaio, ponto mais alto de Pernambuco, com 1.200 m.

953. **Tucunaré – praia – Marabá, PA (M6).** 475 km de Belém. Principal atração da cidade, a badalada praia é formada pelas águas do Rio Tocantins entre os meses de abril e novembro e tem 5 km de extensão. Há áreas para *camping* e prática de esportes náuticos. Quem prefere menos agitação tem à disposição os balneários do Geladinho, do Espírito Santo e do Meio, também na cidade.

O que há de fantástico? Ao longo da praia são armadas barracas, onde a principal pedida é o tucunaré frito.

954. Tucuruí – represa – Tucuruí, PA (M6). 386 km de Belém e 280 km de Marabá (os principais acessos à represa situam-se nos dois municípios). Sua construção, para abastecer a hidrelétrica de mesmo nome (2ª maior do país), exigiu o deslocamento de mais de 40 mil pessoas. É muito procurada pelos pescadores em busca de tucunarés, barbados, jacundás, entre outros. Oferece boa infra-estrutura, com hotéis flutuantes e áreas para *camping*. Veja também Hidrelétrica de Tucuruí.

O que há de fantástico? Primeira represa construída em uma floresta equatorial, possui 2.875 km² (área 10 vezes superior à da Baía de Guanabara e profundidade média de 73 m).

955. Turvo – parque estadual – Derrubadas, RS (M2). 520 km de Porto Alegre. Localizado às margens do Rio Uruguai, na fronteira com a Argentina, foi o primeiro parque criado no Rio Grande do Sul, em 1947. Reduto de animais em extinção, como o puma, a anta e o cateto, abriga mais de 200 espécies de aves, como o pica-pau-rei. Funciona de 4ª a domingo. É cobrado ingresso. Veja também Salto do Yucumã.

O que há de fantástico? O salto do Yucumã, maior queda longitudinal do mundo, com 1.800 m. Está em solo argentino, mas suas quedas são melhor apreciadas no Brasil.

956. **Tutóia – MA (M5).** 465 km de São Luís e 62 km de Parnaíba. Cidade de apoio para os turistas que vão ao Parque Nacional dos Lençóis Maranhenses, Tutóia possui belas praias como Arpoador, do Amor e a que leva o nome da cidade. De Tutóia para o Parque são 3h em veículo 4x4. É possível ir ao delta do Rio Parnaíba (8h de barco) e conhecer a foz que separa os Estados do Maranhão e Piauí. Veja também Parque Nacional dos Lençóis Maranhenses e Passeio de Barco pelo Delta do Parnaíba.

O que há de fantástico? A Praia do Arpoador, com mar calmo e pequenas dunas.

957. **Ubajara – parque nacional – Ubajara, CE (M5).** 320 km de Fortaleza e 81 km de Sobral (a 4 km do centro). Com 563 ha, é o menor dos parques nacionais. Localizado na Serra do Ibiapaba, que possui uma das topografias mais exuberantes do Nordeste, tem nas grutas a sua principal atração. Oferece trilhas, cachoeiras, piscinas naturais, um cânion junto ao Rio Cafundó e um passeio de teleférico. Funciona de 3ª a domingo, das 9h às 14h30. Veja também Cachoeira do Boi Morto.

O que há de fantástico? A Gruta de Ubajara. Com 1.200 m de extensão, possui 8 salões abertos ao público.

958. **Ubatuba, SP (M3).** 236 km de São Paulo e 100 km de Taubaté. Última cidade do litoral norte paulista, oferece praias calmas e outras boas para o surfe. Os passeios náuticos são opções para quem gosta de conhecer ilhas. O Parque Estadual da Serra do Mar abriga mangues, costões e restinga. A cidade é sede de uma das bases do Projeto Tamar e dispõe de um aquário marinho. Veja também Núcleo Picinguaba, Saco da Ribeira, Praia do Félix, Praia do Lázaro, Praia da Fazenda, Trindade, Parati e Cunha.

O que há de fantástico? O mergulho nas ilhas (Anchieta, Vitória, Couves, entre outras), onde é possível conferir a rica fauna marinha.

959. Uberaba, MG (M3). 494 km de Belo Horizonte e 108 km de Uberlândia. Localizada no Triângulo Mineiro, é um dos maiores produtores do boi zebu e grande centro de leilões de gado, com 300 eventos por ano. Cidade natal do médium Chico Xavier, durante décadas recebeu muitos fiéis. Dentre as atrações turísticas, destaca-se o sítio paleontológico de Peirópolis, com fósseis de mais de 85 milhões de anos e um museu.

O que há de fantástico? Abriga a Expozebu, maior exposição de gado zebu do mundo, realizada em maio.

960. Uiramutã, RR (M6). 331 km de Boa Vista e 36 km de Vira Onça. Localizado no alto da Cordilheira de Pacaraima, Uiramutã possui belas paisagens e a maior parte da população é indígena. Veja também Monte Roraima.

O que há de fantástico? A cidade, que abriga um dos pontos mais altos do Brasil (o Monte Roraima, com 2.875 m de altura), faz fronteira com dois países: Guiana e Venezuela.

961. União da Vitória, PR (M2). 236 km de Curitiba e 158 km de Caçador. Município ainda pouco conhecido pelos ecoturistas, União da Vitória possui mais de 100 cascatas, quedas-d'água e cachoeiras. Destaque para o Rio Palmital, com 20 cachoeiras em seus 60 km de extensão.

O que há de fantástico? A Cachoeira das Bromélias. Uma das mais bonitas da região, tem queda de 25 m e área para *camping*.

962. Urubici, SC (M2). 167 km de Florianópolis e 60 km de São Joaquim. A cidade disputa com a vizinha São Joaquim a atenção dos turistas que desejam ver a neve, que costuma cair no inverno. Com relevo acidentado, Urubici tem cachoeiras, rios, grutas, cavernas e morros. Veja também Cascata do Avencal, Cascata do Véu da Noiva, Morro da Igreja e Passeio pela Serra do Rio do Rastro.
O que há de fantástico? O morro da Igreja, com 1.828 m, já registrou a menor temperatura do Brasil: -17,8°, em 1996.

963. Urussuquara – praia – Linhares, ES (M3). 137 km de Vitória e 85 km de São Mateus (a 65 km do centro). Praia deserta, com 15 km de extensão cobertos por uma faixa larga de areia dourada. A combinação de vários ecossistemas (lagoas salobras, restinga e mar) torna o lugar único. O mar é agitado, de tombo. Oferece como alternativa o banho de rio. Veja também Linhares.
O que há de fantástico? Por 2 km, o Rio Barra Seca desce paralelo ao mar, estando separados somente por uma faixa de areia.

964. Utiariti – reserva – Sapezal, MT (M4). 358 km de Cuiabá e 75 km de Campo Novo (a 70 km do centro). Os municípios de Tangará da Serra, Nova Olímpia, Denise, Barra do Bugres, Campo Novo do Parecis e Sapezal têm se tornado um novo pólo de ecoturismo. A região abriga várias aldeias indígenas (em Barra do Bugres há a primeira universidade indígena do país) e possui uma infinidade de rios, cachoeiras e grutas, além de ricas flora e fauna. Sapezal é rica em atrações, como o Balneário do Pubi e a Cachoeira do Juruena.
O que há de fantástico? A reserva dos Utiariti, com ricas flora e fauna, possui uma série de trilhas que cruzam ruínas de missões jesuítas, o Rio Sacre e a Cachoeira Salto da Mulher, com queda de 40 m.

965. **Vale da Ferradura – Canela, RS (M2).** 139 km de Porto Alegre e 9 km de Gramado (16 km do centro, sendo 7 km em estrada de terra). Localizado no parque de mesmo nome, o Vale da Ferradura atrai quase que exclusivamente os amantes de esportes radicais. Oferece trilhas e três mirantes. Veja também Canela.

O que há de fantástico? A emoção de escalar um cânion de 420 m.

966. **Vale da Lua (Chapada dos Veadeiros) – Alto Paraíso, GO (M4).** 422 km de Goiânia, 230 km de Brasília e 11 km de São Jorge (8 km em estrada de terra). Um dos pontos mais visitados da Chapada dos Veadeiros, o Vale da Lua recebeu esse nome por lembrar uma cratera lunar. Suas piscinas, com cerca de 600 milhões de anos, são um convite ao banho (antes do período de chuvas, que começa em outubro e torna a região perigosa). É banhado pelas corredeiras de águas transparentes do Rio São Miguel. Veja também Chapada dos Veadeiros.

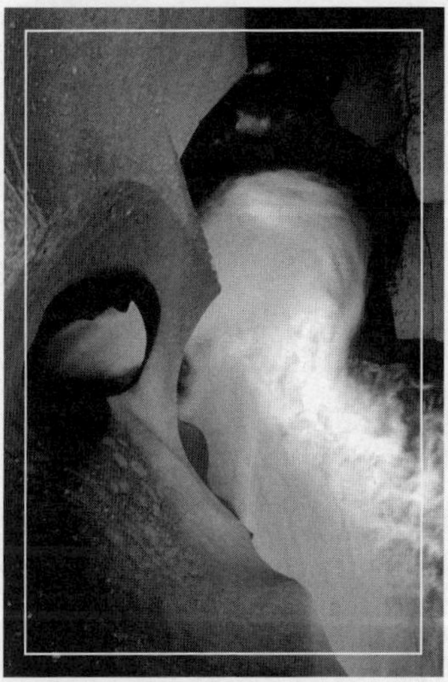

O que há de fantástico? Suas paisagens parecem saídas de filme de ficção científica.

967. **Vale do Apertado – Pimenta Bueno, RO (M6).** 517 km de Porto Velho e 24 km de Espigão d'Oeste (13 km por estrada de terra). Região de 4 km ao longo do Rio Comemoração, abriga várias cachoeiras com piscinas naturais, cavernas e grutas de calcário.

O que há de fantástico? O vale abriga cânions de até 60 m de altura.

968. **Vale do Capão – Palmeiras, BA (M5).** 472 km de Salvador (a 22 km do centro). Situado na Chapada Diamantina, o local foi descoberto por aventureiros que exploravam minas de diamantes na região. Oferece cânions, riachos, corredeiras, grutas, cavernas e cachoeiras. Veja também Chapada Diamantina.

O que há de fantástico? A trilha de 6 km para a Cachoeira da Fumaça, que tem a maior queda do Brasil, com 340 m de altura.

969. **Vale do Catimbau – PE (M5).** 295 km de Recife e 20 km de Arcoverde. Local com muitas trilhas e sítios arqueológicos, o Vale do Catimbau ocupa uma área de 90 mil ha e possui rica vegetação típica da caatinga. Na região vivem remanescentes de tribos indígenas.

O que há de fantástico? O vale possui formações rochosas que parecem esculturas naturais.

970. **Vale Encantado – Parque Nacional do Caparaó – MG/ES (M3).** 328 km de Belo Horizonte, 135 km de Muriaé e 35 km de Dores do Rio Preto, ES. Com área de 31,8 mil ha, o Parque Nacional do Caparaó possui duas entradas, uma por Minas Gerais e outra pelo Espírito Santo e abriga o Pico da Bandeira. O Vale Encantado é formado pelas águas do Rio José Pedro. Veja também Parque Nacional do Caparaó.

O que há de fantástico? O lindo cenário, formado por corredeiras, piscinas naturais e rica vegetação onde predominam bromélias e orquídeas.

971. **Vale do Matutu – Aiuruoca, MG (M3).** 420 km de Belo Horizonte e 43 km de Caxambu (a 16 km do centro). Localizado na Serra do Papagaio, que pertence à Área de Proteção Ambiental da Mantiqueira, o Vale do Matutu abriga mais de cem nascentes (matutu significa nascente sagrada), cachoeiras, rica vegetação de Mata Atlântica e grande diversidade de pássaros. Veja também Caxambu.

O que há de fantástico? Uma comunidade formada por moradores da região e por pessoas que deixaram centros urbanos em busca de uma vida mais saudável oferece programas ecológicos.

972. Vale do Paraíso – Alenquer, PA (M6). 701 km de Belém e 56 km de Santarém (mais 2h de lancha pelo Rio Amazonas e 58 km em estrada de terra). O vale foi formado após a extinção de um rio e no passado foi habitado por tribos indígenas. Veja também Santarém.

O que há de fantástico? A Cachoeira do Paraíso, com três quedas no formato de escadaria e piscinas naturais.

973. Vale dos Dinossauros – Sousa, PB (M5). 430 km de João Pessoa e 42 km de Cajazeiras (a 7 km do centro). Espalhado por vários municípios da região do Alto Piranhas, o vale abriga pegadas fossilizadas de mais de 80 espécies, que variam de 5 cm, como as de um dinossauro menor que uma galinha, até 40 cm, feitas por um animal de 5 m de envergadura e que pesava até 4 toneladas. Uma das trilhas encontradas tem mais de 50 m e é uma das maiores do mundo. As visitas podem ser feitas diariamente, das 7h às 17h.

O que há de fantástico? Com aproximadamente 40 ha, é um dos sítios de estudos paleontológicos mais importantes do mundo e o único da América do Sul.

974. Vale dos Vinhedos – RS (M2). 130 km de Porto Alegre. O Vale dos Vinhedos é formado pelas cidades de Bento Gonçalves, Garibaldi e Monte Belo do Sul (famoso pelos parreirais que cobrem o vale). Como não poderia deixar de ser, as principais atrações são os passeios às vinícolas. Veja também Bento Gonçalves e Garibaldi.

O que há de fantástico? Passear pelas plantações, conhecer o processo de produção e degustar bons vinhos.

975. **Valença, BA (M5).** 271 km de Salvador e 184 km de Feira de Santana. Localizada na Costa do Dendê, a cidadezinha é ponto de partida para pegar a embarcação para a Ilha de Tinharé, onde fica o paradisíaco Morro de São Paulo. Tem poucas praias, sendo que Guaibim é a mais procurada. Veja também Morro de São Paulo.

O que há de fantástico? Valença é o maior produtor de mariscos do Estado.

976. **Valença, RJ (M3).** 159 km do Rio e 35 km de Barra do Piraí. Localizada na Serra Fluminense, tem como atração as antigas fazendas que fizeram parte do Ciclo do Café, no século XIX. Mobiliadas com peças de época, oferecem infra-estrutura turística e estão abertas à visitação com acompanhamento de guias e hora marcada. Veja também Barra do Piraí.

O que há de fantástico? Tomar um banho de cachoeira em uma das antigas fazendas de café.

977. **Vargem Alta, ES (M3).** 125 km de Vitória. Diferente de outros municípios da região serrana capixaba, Vargem Alta tem uma história peculiar: sua colonização italiana no século XIX. Abriga muitas fazendas produtoras de vinhos e pães caseiros. Confira os vitrais e pinturas da Igreja N.S. da Penha, construída em 1930, e as grutas da Andorinha e do Córrego Alto. Veja também Domingos Martins.

O que há de fantástico? O Morro do Alto Formoso, que oferece uma das vistas mais bonitas da região, alcançando Cachoeiro de Itapemirim, o Vale da Fruteira e a baixada do Soturno.

978. **Vassouras, RJ (M3).** 121 km do Rio de Janeiro e 56 km de Volta Redonda. Conhecida no século XIX como a "Cidade dos Barões", Vassouras viveu seu auge durante a exportação do café. A cidade preserva construções da época, como o Museu Casa da Hera (de 1836), os casarões da Praça Barão de Campo Belo e as fazendas do Ciclo do Café, além das cachoeiras Grande e Mato Dentro. Veja também Rio de Janeiro.

O que há de fantástico? As visitas às fazendas de café (há cobrança de ingresso).

979. **Veados – cachoeira – Serra da Bocaina – RJ/SP (M3).** 177 km do Rio de Janeiro, 296 km de São Paulo e 27 km de São José do Barreiro (acesso por estrada de terra). Localizada no Parque Nacional da Serra da Bocaina, que ocupa uma área de 100 mil ha, possui queda-d'água de 200 m.Visite também a cidade colonial de Mambucaba. Veja também Parque Nacional da Serra da Bocaina.

O que há de fantástico? A Serra da Bocaina, uma das maiores reservas de Mata Atlântica do país.

980. **Venda Nova do Imigrante, ES (M3).** 104 km de Vitória e 70 km de Cachoeiro de Itapemirim. Cidade formada por imigrantes italianos que ainda mantém a tradição e a cultura, Venda Nova do Imigrante tem vários atrativos naturais, como o Mirante da Torre de TV, a Serra do Engano, a Cachoeira Alto Bananeiras, a Pedra do Rego e a Igreja de N.S. da Penha (construída em 1895).

O que há de fantástico? Provar o socol, uma espécie de salame produzido na cidade.

981. Véu da Noiva – cachoeira – Chapada dos Guimarães – MT (M4). 70 km de Cuiabá (a 12 km do centro). Localizada nas proximidades do centro de visitantes do Parque Nacional da Chapada dos Guimarães, é formada pelo Rio Coxipó. Deságua entre dois cânions, e o acesso é feito por trilha com baixo grau de dificuldade. Veja também Parque Nacional da Chapada dos Guimarães.

O que há de fantástico? Com queda de 86 m, a Véu da noiva é o principal cartão-postal da Chapada.

982. Véu da Noiva – cachoeira – Itatiaia, RJ (M3). 174 km do Rio de Janeiro, 16 km de Resende e 272 km de São Paulo. Uma das mais visitadas na parte baixa do Parque Nacional do Itatiaia, possui queda-d'água de 40 m e situa-se próxima à Ponte da Maromba. Veja também Parque Nacional de Itatiaia e Pico das Agulhas Negras.

O que há de fantástico? Sua grande piscina natural, que atrai os praticantes de mergulho.

983. Véu da Noiva – cascata – Urubici, SC (M2). 172 km de Florianópolis e 60 km de São Joaquim (acesso pelo Morro da Igreja, a 25 km do centro, sendo 13 km por estrada de terra). Seu contorno sinuoso e o contraste da espuma da água na pedra negra justificam o nome. Possui queda-d'água de 25 m, que atrai praticantes de rapel. Veja também Urubici.

O que há de fantástico? No Morro da Igreja foi registrada a temperatura mais baixa do país: -17,8°C em 1996. No inverno a região costuma ficar coberta de neve.

984. Viaduto 13 – Vespasiano Correia, RS (M2). 130 km de Porto Alegre e 71 km de Lajeado. Com 143 m de altura e 509 m de extensão, é a maior ponte ferroviária da América Latina e uma das maiores do mundo. Há passeios que partem de Lajeado. Veja também Porto Alegre e Ferrovia do Trigo.

O que há de fantástico? O viaduto é utilizado para a prática de rapel e alguns aventureiros já saltaram de pára-quedas.

985. Viana – praia – Ilhabela, SP (M3). 205 km de São Paulo e 6 km de São Sebastião (mais 15 min de balsa, a 3 km do centro). Conhecida como "Capital da Vela" (em julho abriga a maior prova de iatismo da América do Sul), Ilhabela possui um parque estadual, trilhas, cachoeiras e belas praias. A face voltada para o oceano abriga praias desertas e atrai os ecoturistas. As praias do lado continental são mais badaladas e freqüentadas por turistas mais sofisticados, como é o caso da praia do Viana.Veja também Ilhabela.

O que há de fantástico? Com apenas 100 m de extensão, possui belos coqueiros que oferecem boa sombra e abriga um dos melhores restaurantes da ilha.

986. Vicência, PE (M5). 87 km de Recife. Muito procurada pelos praticantes de vôo livre, Vicência tem o mirante da Serra Jundiá como principal atrativo, com duas rampas usadas para vários campeonatos da categoria. A cidade tem importância histórica por abrigar engenhos do século XVIII, como o do Poço Comprido, que preserva a casa grande, a capela e a senzala. A culinária local oferece pratos à base de bananas e bolachas feitas artesanalmente. Veja também Recife.

O que há de fantástico? O Engenho de Tabatinga, com a casa grande em estilo neoclássico.

987. **Viçosa do Ceará, CE (M5).** 348 km de Fortaleza e 34 km de Tianguá. A cidade tem vários atrativos naturais, como cascatas, grutas, lagoas, fontes e pedras. Destaque para o cânion do Rio Itacolomi, a 40 km da cidade, no distrito de Manhoso, que possui rica vegetação e para a Pedra Furada.

O que há de fantástico? Lajes, que abriga esculturas de pedra feitas pela natureza, e a Pedra do Machado, que oferece vista privilegiada do Vale do Lambedouro.

988. **Vila Belmiro – estádio – Santos, SP (M3).** 70 km de São Paulo e 13 km do Guarujá. Inaugurado em 1916, o Estádio Urbano Caldeira (nome oficial desde 1933) tem capacidade para receber cerca de 20 mil expectadores. Em seu gramado foram revelados grandes craques, entre eles o maior jogador de futebol de todos os tempos: Edson Arantes do Nascimento, o Pelé. É possível realizar visitas monitoradas, agendadas previamente, para conhecer o campo e os vestiários. Veja também Santos.

O que há de fantástico? O Memorial do Santos F. C., com fotos, troféus e documentos sobre a trajetória do clube e sobre Pelé. Funciona de 3ª a domingo, das 9h às 19h.

989. Vila – praia – Imbituba, SC (M2). 94 km de Florianópolis e 31 km de Garopaba. De águas azuis e límpidas e areia fina, margeia o centro de Imbituba, com seus 3 km de extensão. É freqüentada por surfistas e boa para bodyboard. Veja também Garopaba.
O que há de fantástico? É considerada o berço do surfe catarinense.

990. Vila Velha, ES (M3). 10 km de Vitória e 45 km de Guarapari. Fundada em 1535, a cidade possui belas praias e tem sua importância histórica retratada no convento N.S. da Penha (de 1558), ícone do Estado. Localizado a 154 m de altura, o convento proporciona ótima vista da cidade. Entre as praias, destacam-se as da Costa, de Itapuã, Barra do Jucu e de Itaparica. Visite também o Museu Ferroviário, à beira do Canal de Vitória. Veja também Vitória, Convento N.S. da Penha e Guarapari.
O que há de fantástico? Segundo uma lenda, o local para a construção do convento foi escolhido pela santa: o quadro com sua imagem sumiu e foi localizado no alto do morro.

991. Vila Velha – parque estadual – Ponta Grossa, PR (M2). 85 km de Curitiba. Com mais de 3.100 ha, é um dos principais santuários ecológicos do Paraná. Possui formações de arenito esculpidas pela natureza há cerca de 340 milhões de anos, que formam figuras como uma

taça, um navio, um urso, um castelo e um camelo. Oferece boa infra-estrutura, trilhas e atrações, como o passeio de ônibus e a descida de elevador de 50 m até um espelho d'água. Veja também Curitiba.

O que há de fantástico? Crateras com 100 metros de profundidade. A principal atração é a Lagoa Dourada, repleta de peixes.

992. Vilarejo do Diogo – Imbassaí, BA (M5). 91 km de Salvador (a 7 km do centro de Imbassaí). Pequena vila de pescadores e agricultores às margens do Rio Imbassaí, o local tem várias dunas. A 12 km fica a badalada Costa do Sauípe. Veja também Imbassaí.

O que há de fantástico? A riqueza do artesanato em palha de piaçaba produzido pelas mulheres da região.

993. Visconde de Mauá, RJ (M3). 195 km do Rio de Janeiro e 40 km de Resende (17 km em estrada de terra sinuosa, péssima nos períodos de chuva). Localizada em um vale entre os Estados de Minas Gerais e Rio de Janeiro, no circuito das águas da Serra da Mantiqueira, a cidade possui rios repletos de trutas, trilhas, cachoeiras e piscinas naturais de águas cristalinas. Oferece boa infra-estrutura e atrativos gastronômicos. Veja também Cachoeira do Escorrega.

O que há de fantástico? A atmosfera romântica e a rica culinária, que atraem muitos casais.

994. **Vitória, ES** (M3). A capital capixaba, conhecida mundialmente pela variedade de peixes existente em seu litoral, abriga o Campeonato Internacional de Pesca Oceânica, que reúne os maiores pescadores de "peixes de bico" do mundo. Em toda a orla da baía são praticadas pesca de arremesso, rede ou puçá. Oferece belas praias e ótima infra-estrutura turística. Seu centro histórico abriga construções coloniais, palácios e igrejas – a mais antiga delas erguida em 1551. A vida noturna é agitada, em bares e barracas à beira-mar.
O que há de fantástico? As tradicionais panelas de barro utilizadas para a preparação da moqueca, prato típico da região. Feitas artesanalmente, são vendidas por uma associação.

995. **Vitória-régia (Rio Amazonas) – Manaus, AM (M6).**

10 km de Manaus. Conhecida como "Rainha dos Lagos", a espécie natural mais popular do Amazonas é formada por uma grande folha com bordas levantadas e espinhosas de até 2 m de diâmetro, que flutua sobre águas rasas e calmas. A vitória-régia suporta até 40 kg e praticamente desaparece no período de seca. No Parque Ecológico do Janauary, próximo a Manaus, há um lago para observação da planta. Veja também Manaus.
O que há de fantástico? A planta símbolo da Amazônia possui uma flor que muda de cor, variando de branco a rosa. Seu nome foi uma homenagem à rainha Vitória, da Inglaterra.

996. **Xapuri, AC (M6).** 188 km de Rio Branco. Localizado no sudoeste da Amazônia brasileira, faz parte do Vale do Acre, região mais povoada do Estado, que tem entre as atrações a prática do turismo ecológico. Os roteiros incluem visitas a seringais para acompanhar de perto o trabalho de extração do látex.

O que há de fantástico? A Reserva Extrativista Chico Mendes, em homenagem ao seringueiro. Com 970 mil ha, abriga bioma predominantemente de Floresta Tropical.

997. **Xingu – parque indígena – Feliz Natal, MT (M4).** 520 km de Cuiabá. Localizado em região de difícil acesso no norte de Mato Grosso, o parque tem como destaque a natureza inexplorada da Região Amazônica e a diversidade cultural dos povos que lá vivem. Hotéis localizados no parque organizam passeios de barco pelos rios Xingu e Von den Steinen, além de visitas a aldeias dos índios trumai e waurá. A pesca esportiva é permitida e os visitantes podem ver uma infinidade de espécies vegetais e animais, com destaque para os onipresentes jacarés.

O que há de fantástico? As aldeias indígenas, com mais de 5 mil habitantes, de 204 tribos e 16 etnias diferentes.

998. **Zilda – cachoeira – Carrancas, MG (M3).** 286 km de Belo Horizonte e 93 km de São João del Rey (a 12 km do centro por estrada de terra). Um dos lugares mais bonitos da região, a Cachoeira da Zilda tem 2 km de extensão e possui uma pequena praia cercada de muito verde. Foi cenário da novela *O Fim do Mundo*, de Dias Gomes. Veja também Carrancas.

O que há de fantástico? Nascente do Rio Capivari, a região possui um tobogã natural de 15 m, o "escorrega", uma gruta e um cânion estreito com cachoeira.

999. **Zoológico de São Paulo – São Paulo, SP (M3).** Localizado na Zona Sul da capital, foi fundado em 1958. Sua área de 824.529 m² de Mata Atlântica original abriga 3.200 animais, sendo 102 espécies de mamíferos, 216 espécies de aves, 95 espécies de répteis, 15 espécies de anfíbios e 16 espécies de invertebrados. Entre os animais raros estão os tigres brancos, também conhecidos como tigres de Bengala. Veja também São Paulo.
O que há de fantástico? Abriga o Zôo Safári, área que permite ao visitante circular entre os animais, no seu carro ou em *van* do parque.

1000. **Zoológico do Rio de Janeiro – Rio de Janeiro, RJ (M3).** Localizado no Parque da Quinta da Boa Vista, antiga residência da família imperial portuguesa, em São Cristóvão, o zoológico tem área de 138 mil m² e abriga 2.100 animais, entre répteis, mamíferos e aves de 400 espécies. Tem o maior plantel de primatas brasileiros e a maior coleção de aves expostas do país. Veja também Rio de Janeiro.

O que há de fantástico? Fundado em 1945, é o mais antigo do Brasil e possui um espaço dedicado à reprodução de espécies ameaçadas de extinção, como o urubu-rei e o mico-leão-dourado.

Coordenador (TV Globo para a Série Fantástico): **Alberto Villas**
Edição: **Esníder Pizzo**
Redação: **Alfredo Caseiro (coordenador); Fernanda Domingues, Gustavo Magaldi e Mami Yasunaga (redatores)**
Ilustrações dos mapas: **Renato Moriconi**
Ilustrações dos ícones: **Flávio Fernandes e Wagner Freitas**
Revisão: **Irene Incaó**
Arquivo Editora Globo: **lugares n.os 164, 436, 451, 461, 662, 853, 946, 966, 978**; A. Alcouloumbré: **lugar n.º 807**; Alexandre Capbelle: **lugar n.º 991**; Alexandre Sant'anna: **lugares n.os 17, 222, 514, 523, 618, 634, 754**; Antonio Batalha: **lugares n.os 273, 424**; Amilton Vieira: **lugares n.os 11, 72, 244, 548, 583, 635**; Assis Hoffmann: **lugares n.os 669, 881**; Biaman Prado: **lugar n.º 141**; Carol Carquejeiro: **lugares n.os 322, 550**; Candido Neto: **lugares n.os 594, 597**; Ciete Silvério: **lugar n.º 589**; Cláudio Laranjeira: **lugares n.os 51, 114, 178, 259**; Clodoaldo Ribeiro: **lugar n.º 420**; Daniel Aratangy: **lugares n.os 181, 542**; Débora Feddersen: **lugares n.os 56, 706**; Denise Adams: **lugares n.os 270, 286, 343, 449, 505, 834, 878**; Dorival Elze: **lugar n.º 196**; Edson Ruiz: **lugar n.º 317**; Edu Lopes: **lugar n.º 290**; Eduardo Tavares: **lugares n.os 157, 470, 476, 821**; Eduardo Queiroga: **lugar n.º 145**; Elena Vettorazzo: **lugares n.os 172, 586, 760**; Ernesto de Souza: **lugares n.os 23, 203, 542, 687, 701, 706, 708, 841**; Fabiano Accorsi: **lugares n.os 25, 26, 300, 311, 473, 995, 1000**; Flávio Canalonga: **lugar n.º 357**; Gabriel Skuk: **lugar n.º 941**; Geyson Magno: **lugares n.os 66, 258, 489, 864**; Hiroto Yoshioka: **lugar n.º 672**; Isac Luz: **lugar n.º 603**; Ivo Coelho: **lugar n.º 686**; J. Moure: **lugares n.os 169, 177, 399, 860**; Kiko Cabral: **lugares n.os 82, 185, 253, 256, 732, 733, 800, 879**; La Costa: **lugares n.os 184, 925**; Leandro Pimentel: **lugar n.º 43**; Luiz Prado: **lugar n.º 352**; Luludi: **lugares n.os 277, 294**; Oswaldo Moricato: **lugares n.os 289, 622, 721**; Roberto Setton: **lugares n.os 139, 347, 406, 862**; Roberto Castro: **lugar n.º 469**; Rogério Albuquerque: **lugar n.º 641**; Sérgio Avila: **lugares n.os 729, 847**; Selmy Yassuda: **lugar n.º 774**; Sílvio Ferreira: **lugares n.º 118, 938**; Sílvio Porto: **lugar n.º 32**; Sommer Andrey: **lugar n.º 658**; Victor Andrade: **lugares n.os 189, 998.**
Demais fotos: **lugares n.os 14, 134, 418, 588, 682, 895:** Ivan Goulàrt Braga; **lugar n.º 96:** Agência O Globo; **lugares n.os 248, 275, 391, 392, 416, 584, 655:** projeto "Litoral do Paraná – Emoções o Ano Inteiro" / Priscilla Forone; **lugar n.º 264:** Fundação de Turismo de Mato Grosso do Sul / Bolivar Porto; **lugar n.º 287:** SETUR AC / Sérgio Vale; **lugares n.os 328, 363, 664, 720:** Vanessa Lessa Assenoff; **lugares n.os 370, 522, 533, 705, 726** e **fotos págs. 2 (A e B), 3 (B), 6 e 7:** SETUR RN; **lugares n.os 425, 553, 844:** Neno Vianna - www.barrocopress.com.br; **lugar n.º 717:** Israel Aires; **lugar n.º 927:** Secretaria de Turismo de Terra Rica PR; **lugar n.º 930:** Sebrae Paraná/Mauro Lapa Frasson.
Agradecimentos: **SETUR Acre (Rita Ramos), SETUR Rio Grande do Norte (Ângela Macedo), Prefeitura de Ouro Preto/MG, Prefeitura de Terra Rica/PR (Sandra), Fundação de Turismo de Mato Grosso do Sul (Maria Luiza/Bolivar Porto), Secretaria de Turismo e Meio Ambiente de Tibagi (Juliana Rezende Nogueira) e Sebrae Paraná (Aldo Cesar Carvalho/Mauro Lapa Frasson).**

2.ª reimpressão: Imprensa da Fé

Dados Internacionais de Catalogação na Publicação (CIP)
(Câmara Brasileira do Livro, SP, Brasil)

1000 lugares fantásticos no Brasil / [organização Alfredo Caseiro; redação Fernanda Domingues, Gustavo Magaldi e Mami Yasunaga; apresentação Zeca Camargo; ilustrações Renato Moriconi]. -- São Paulo: Globo, 2006.

ISBN 85-250-4220-X

1. Ecoturismo 2. Turismo - Brasil - Guias
I. Caseiro, Alfredo. II. Domingues, Fernanda. III. Magaldi, Gustavo. IV. Yasunaga, Mami. V. Camargo, Zeca. VI. Moriconi, Renato.
06-8817

CDD-338.479181

Índices para catálogo sistemático:
1. Brasil: Lugares: Guias turísticos 338.479181